◉ 陕西省"十四五"教育科学规划 2023 年度课题"新时……育与专业教育融合研究"(项目号 SGH23Y2248)研究成果

◉ 陕西省"十四五"教育科学规划 2022 年度课题"小学教师项目式教学能力研究"(项目号 SGH22Y1264)研究成果

◉ 陕西师范大学 2021 年度校级本科教材建设项目研究成果

师范生劳动教育导论

陈　鹏　王峥嵘　王文博　主编

陕西师范大学出版总社　西安

图书代号　JC25N0727

图书在版编目(CIP)数据

师范生劳动教育导论／陈鹏，王峥嵘，王文博主编. —
西安：陕西师范大学出版总社有限公司，2025.3
　ISBN 978-7-5695-3715-4

　Ⅰ.①师…　Ⅱ.①陈…　②王…　③王…　Ⅲ.①劳动
教育—高等师范院校—教材　Ⅳ.①G40-015

中国国家版本馆 CIP 数据核字(2023)第 119797 号

师范生劳动教育导论

陈　鹏　王峥嵘　王文博　主编

责任编辑	胡选宏
责任校对	孙瑜鑫
封面设计	鼎新设计
出版发行	陕西师范大学出版总社
	(西安市长安南路 199 号　邮编 710062)
网　　址	http://www.snupg.com
印　　刷	西安报业传媒集团(西安日报社)
开　　本	787 mm×1092 mm　1/16
印　　张	17.25
字　　数	257 千
版　　次	2025 年 3 月第 1 版
印　　次	2025 年 3 月第 1 次印刷
书　　号	ISBN 978-7-5695-3715-4
定　　价	49.00 元

读者购书、书店添货或发现印装质量问题，请与本社高等教育出版中心联系。
电话:(029)85303622(传真)　85307864

前　言

热爱劳动、勤劳勇敢是中华民族最具代表性的传统美德,劳动教育是中国特色社会主义教育制度的重要内容。党的十八大以来,习近平总书记高度重视青少年劳动教育,历史性地把劳动教育从促进青少年全面发展的途径载体提升为重要教育内容,提出构建德智体美劳全面培养的教育体系的总要求和"培养德智体美劳全面发展的社会主义建设者和接班人"的新时代教育方针。2020 年以来,《中共中央　国务院关于全面加强新时代大中小学劳动教育的意见》(以下简称《意见》)、《大中小学劳动教育指导纲要(试行)》(以下简称《指导纲要》)及《义务教育劳动课程标准(2022 年版)》(以下简称《课程标准》)等文件先后出台,进一步强调了劳动教育在我国教育体系中的重要地位,为开展新时代大中小学劳动教育指明了方向。

《意见》《指导纲要》和《课程标准》不仅从总体上明确了新时代劳动教育的价值定位与行动遵循,而且提出了针对不同学段、面向不同学生分层分类进行劳动教育的要求。在大学生劳动教育层面,《意见》和《指导纲要》提出普通高等学校要"将劳动教育纳入普通高等学校人才培养方案,形成具有综合性、实践性、开放性、针对性的劳动教育课程体系",劳动教育必修课"课程内容应加强马克思主义劳动观教育,普及与学生职业发展密切相关的通用劳动科学知识","除劳动教育必修课外,其他课程结合学科、专业特点,有机融入劳动教育内容"等要求。但从目前已有的大学生劳动教材内容、各高校劳动教育实践来看,尽管当前大学生劳动教育教材不断推出,高校劳动教育也呈现出蓬勃发展、百花齐放的良好态势,但已有的劳动教育课程主要是一般性的劳动教育,很少与大学生学科专业相结合。因此,如何立足大学生学科专业特点,真正将劳动教育与学科专业教育相融合,构建科学的课程教材体系,是高等学校实施劳动教育首先面临的一个独特而重大的课题。

对各师范类专业大学生来说,结合学科专业开展劳动教育,更具有特殊而重要的意义。师范生既是今天劳动教育的教育对象,又是未来劳动教育的实施主体。未来的教师职业、教师劳动,要求他们不仅要了解劳动,还要了解劳动教育;不仅要了解劳动和劳动教育,还要从教育的角度专业地理解劳动和劳动教育;不仅要习得一般性的劳动观念、知识和技能,还要习得与教师职业相关的劳动观念、知识和技能;不仅要有较高的劳动能力,还要有较高的劳动教育能力。只有这样,师范生才能真正胜任未来的教师劳动,才能成为拥有良好劳动素养的优秀教师。

基于以上理念,本教材紧扣《意见》《指导纲要》要求,参照《课程标准》,结合师范专业特点,整合教育学原理、中外教育史、教育政策学、教育法学及教师教育学等教育科学相关学科知识,融合劳动安全学、劳动保障学、劳动关系学等劳动科学相关学科知识,从劳动观念、劳动精神、劳动科学、教师劳动、劳动教育关系、劳动教育内容、劳动教育思想、劳动法律法规、劳动教育政策、教师劳动能力培养、中小学劳动教育课程教学等方面,进行了深入系统的阐述和介绍。教材将劳动教育与师范生职业发展深度融合,着力为提升师范生劳动素养,帮助师范生更好从事未来教师劳动,成长为高素质专业化创新型未来优秀教师奠基。

为便于教学使用,全书模块化设计内容。全书共三个模块六章,第一模块为理论篇(第一章、第二章),旨在筑牢师范生劳动及劳动教育理论知识之基;第二模块为政策篇(第三章、第四章),旨在引导师范生把握劳动及劳动教育政策法规之变;第三模块为实践篇(第五章、第六章),旨在提升师范生劳动素养和劳动教育课程施教之能。三个模块一起,从理论、政策、实践三个层面,系统阐述了师范生劳动教育,体现了学术性、专业性、系统性和实践性的统一。全书由陕西师范大学陈鹏教授全程指导和把关审定,导论、第三章、第四章和第六章由咸阳师范学院王峥嵘老师执笔,第一章、第二章、第五章由陕西师范大学王文博老师执笔。本书可作为高等院校各师范专业劳动教育课程教材,亦可作为在职教师和其他各类人员学习了解师范生劳动教育、开展中小学劳动教育教学与研究的参考书。

尽管我们竭尽全力做好全书的编写工作,但因才疏学浅,难免有不足之处,还望各位读者不吝指正,也期待更多专家学者关心、支持和投入师范生劳动教育事业,汇聚起推动师范生劳动教育高质量发展的磅礴力量。

编者

2025 年 1 月

目　录

导　　论

高等教育是直接面向职业、直接培养高素质劳动者、直接通向工作和劳动岗位的教育，每个专业的教育，都带有劳动教育的性质。因此，高等学校的劳动教育在培养大学生基本劳动素养的基础上，还要结合学科专业，开展与专业相关的劳动观念、劳动知识、劳动精神、劳动习惯等教育。作为高等教育重要类型的师范生劳动教育，也是如此。

一、师范生劳动教育的内涵

师范生劳动教育是以培养师范生正确劳动观念、较高劳动能力、高尚劳动精神和良好劳动习惯为主要目标的教育活动。从观念、能力、精神和习惯四个维度来看，师范生劳动教育有着丰富的内涵。

1. 从树立"崇尚劳动"的劳动观念到"矢志教育"的教育情怀

在观念维度，师范生劳动教育通过相应的教学活动，帮助师范生深刻理解劳动是人类发展和社会进步的根本力量，充分认识劳动创造人、劳动创造价值、劳动创造美好生活的客观规律，牢固树立劳动最光荣、劳动最崇高、劳动最伟大、劳动最美丽的劳动观。在此基础上，进一步对师范生开展热爱教师职业和教师劳动的教育，引导师范生把教书育人作为自己的神圣使命，树立追求真理、务实肯干的自立意识，无私奉献、爱岗敬业的价值取向与潜心育人、服务教育的教育情怀。

2. 从培养"基础全面"的劳动能力到"精湛高超"的教育能力

在能力维度，提升师范生基础全面的基本劳动能力，是师范生劳动教育的基本要求。通过对师范生开展基本的劳动教育，使师范生掌握基本的劳动知识和技能，正确使用常见的劳动工具，具备完成一定劳动任务的基础能力。在此基础上，还需对师范生开展有针对性的劳动教育，使其具备未来从事教师劳动所必需的专业劳动知识和能力，以更好胜任未来的教师劳动。

3. 从塑铸"勤俭奋斗"的劳动精神到"甘于奉献"的教育家精神

在精神维度，师范生劳动教育以培养学生"爱岗敬业、争创一流、艰苦奋斗、勇于创新、淡泊名利、甘于奉献"的劳模精神，"崇尚劳动、热爱劳动、辛勤劳动、诚实劳动"的劳动精神，"执着专注、精益求精、一丝不苟、追求卓越"的工匠精神为主要目标，师范生劳动教育亦是如此。在此基础上，还要在劳动教育中不断淬炼师范生"心有大我、至诚报国的理想信念，言为士则、行为世范的道德情操，启智润心、因材施教的育人智慧，勤学笃行、求是创新的躬耕态度，乐教爱生、甘于奉献的仁爱之心，胸怀天下、以文化人的弘道追求"[①] 的教育家精神气质与精神属性，时刻以教育家精神为标尺，学习和培养教育家精神，为今后在教师岗位上把知识、价值、爱心、智慧、品格无所保留地倾注给学生、奉献给教育事业奠定坚实的思想基础。

4. 从形成"自觉担当"的劳动习惯到"潜心育人"的职业习惯

在习惯维度，师范生劳动教育首先要求师范生从自我服务开始，形成良好的"自觉担当"劳动习惯，继而形成"潜心育人"的职业习惯。在师范生劳动教育教学中，要通过巧妙设定劳动主题，开展相对烦琐、复杂的劳动活动，以及与专业相关的劳动实践活动，提升完成劳动任务的挑战难度，帮助师范生生成自觉自愿、认真负责、诚实守信、吃苦耐劳的劳动习惯，并形成勤于实践、百折不挠、精益求精的职业习惯，为其进入教师岗位后，快速适应职业需求，掌握精湛师艺，成为卓越教师夯实基础。

---

① 《习近平致全国优秀教师代表的信》，《光明日报》2023 年 9 月 10 日。

二、师范生劳动教育的内容

师范生作为未来教师队伍的预备队，既是当前大学劳动教育的受教者，也是未来中小学劳动教育的施教者。开展师范生劳动教育，不只是落实当前高等学校劳动教育的任务要求，更为重要的是给中小学培养有良好劳动素养的、能推进中小学劳动教育有效实施的优秀师资。因此，师范生劳动教育的内容，核心是要以马克思主义劳动价值观的塑造为引导，切实提高师范生劳动理论水平，逐步培养师范生劳动精神，不断增强师范生劳动能力，形成良好劳动习惯和品质，在心之所向与身体力行的相互促进中，培养和提升师范生作为未来教师的劳动素养，特别是培养其未来从事中小学劳动教育教学的能力。

1. 着力塑造劳动价值观

"劳动教育的核心目的是有效实施中国特色社会主义劳动价值观的教育"[①]。实际上，价值观对具体行动总是发挥着潜在的重要作用，不但构成行动的深层动力，而且指引着行动的方向，因此，任何行动都不是价值无涉的，也都不可能脱离相应价值观的规约。在很大程度上，有什么样的价值观可能就有什么样的行动。师范生作为未来的教师，其价值观本身还处在形成发展的关键阶段，劳动价值观的塑造更应该充分利用这一关键期，培养师范生作为未来教师应该具备的劳动素养，特别是正确的劳动价值观，让他们能够为人师表、身体力行，具备实施劳动教育的基本条件与前提，从而在教育教学全过程中，能够培育精神、塑造观念、引导行为，培养具备劳动精神与劳动能力的时代新人。

根据《中共中央　国务院关于全面加强新时代大中小学劳动教育的意见》（以下简称《意见》），结合师范生发展实际，师范生劳动价值观塑造至少包含三个方面：

一是准确理解劳动价值观。师范生要在学习了解古今中外各种劳动教

---

① 徐长发:《新时代劳动教育再发展的逻辑》,《教育研究》2018 年第 11 期,第 16 页。

育观点和思想的过程中，通过对比、吸收、互鉴等方式，充分认识、准确理解和形成马克思主义劳动观，如此，才能以自身的准确理解和深度认同影响未来的中小学生。

二是牢固树立劳动价值观。劳动光荣是一种优良的传统，但这种传统在当今受到了严峻挑战，劳动与回报、利益甚至投机等勾结起来，不劳而获或少劳而得的歪风邪气甚嚣尘上，师范生作为未来教书育人的主力，特别需要树立劳动最光荣、劳动最崇高、劳动最伟大、劳动最美丽的劳动价值观，并尽可能将其传递给青少年一代。

三是不断践行劳动价值观。劳动价值观的形成是一个过程，劳动实践既是形塑劳动价值观的载体，也是检验、加强劳动价值观的途径，师范生只有以实干的热情和真干的魄力践行劳动价值观，才能不断加深对劳动价值观的体悟。

2. 切实培育劳动精神

劳动精神形成于长期的劳动实践，反映劳动者风貌、代表劳动者形象，这种精神一旦形成又会反作用于劳动实践，对提高劳动实践的品性具有重要推动作用。"尤其在社会主义社会，劳动精神是社会起支柱作用的精神"[①]。自古以来，有关教师的种种比喻如"园丁""蜡烛""灵魂工程师"等，都是教师作为教书育人的特定劳动者的劳动精神的生动刻画。师范生要立从教之志，就要彰显为师的风采、弘扬为师的精神，只有精神上达到一定高度，才能在工作中明确定位、坚定理想，言传身教、立德树人。

《意见》指出，劳动教育要"体会劳动创造美好生活，体认劳动不分贵贱，热爱劳动，尊重普通劳动者，培养勤俭、奋斗、创新、奉献的劳动精神"，这是对劳动教育培育劳动精神的宏观概括和整体要求。通过劳动教育培育师范生的劳动精神，特别需要把握好劳动精神的四个维度：

一是劳模精神。劳模精神是对广大劳模身上所积累和展现出的价值观

---

① 何云峰、万婕:《劳动精神的主体性阐释》,《思想理论教育》2020 年第 6 期,第 5 页。

念、道德风范、精神风貌和行为准则等的高度概括，是教育、引导和激发广大劳动者积极性、主动性和创造性的强大精神力量。师范生只有自觉弘扬"爱岗敬业、争创一流，艰苦奋斗、勇于创新，淡泊名利、甘于奉献"的劳模精神，才能在教书育人岗位上做出一番成就。

二是劳动精神。劳动精神是劳动者劳动认知和劳动实践的统一，是对其劳动认知、劳动态度、劳动热情、劳动实践等的高度凝练，展现了劳动者在劳动过程中的正向思想情感、积极价值态度、优良行为特质和良好劳动精神风貌。师范生只有自觉弘扬"崇尚劳动、热爱劳动、辛勤劳动、诚实劳动"的劳动精神，才能真正落实好立德树人的根本任务，才能以这种精神影响未来从教的学生。

三是工匠精神。工匠精神是指工匠们在从事某一领域劳动实践或在钻研某一项技艺时所表现出的优秀思想意识和行为特征，并逐渐发展为集体性、时代性的精神特质。师范生只有自觉弘扬"执着专注、精益求精、一丝不苟、追求卓越"的工匠精神，才能在未来的教师岗位上追求卓越、行稳致远。

四是教育家精神。教育家精神是以教育家和优秀教师为代表的广大教师群体在教育实践中所体现出来的对教育事业的深层次理解和坚定信念，是推动教育事业不断前进、不断创新、不断超越的动力引擎。在第三十九个教师节到来之际，习近平总书记致信出席全国优秀教师代表座谈会的各位教师，深刻阐释了教育家精神的丰富内涵和实践要求，精辟概括了中国特有的教育家精神特质，即"心有大我、至诚报国的理想信念，言为士则、行为世范的道德情操，启智润心、因材施教的育人智慧，勤学笃行、求是创新的躬耕态度，乐教爱生、甘于奉献的仁爱之心，胸怀天下、以文化人的弘道追求"①，教育家精神为我们今后加强教师队伍建设指明了奋进方向、提供了根本遵循、注入了磅礴动力。师范生只有深入学习和准确把握教育家精神的时代价值和内涵特征，才能增强争做未来教育家和建设教

---

① 《习近平致全国优秀教师代表的信》，《光明日报》2023 年 9 月 10 日。

育强国的精神力量，才能为强国建设、民族复兴伟业做出更大贡献。

3. 更深掌握劳动理论

理论是行动的先导。劳动教育理论知识是提升师范生劳动素养的基础，也是师范生毕业后走上教师工作岗位从事教育劳动的行动指南。因此，新时代的师范生，应该了解劳动教育的相关理论知识，理解新时代劳动教育的丰富内涵。

《大中小学劳动教育指导纲要（试行）》（以下简称《指导纲要》）指出，劳动教育要"加强马克思主义劳动观教育，普及与学生职业发展密切相关的通用劳动科学知识"，这是对劳动教育传授劳动理论知识的整体要求。对师范生而言，这是远远不够的。师范生不仅要懂劳动，还要懂劳动教育；不仅要懂劳动教育，还要从教育的角度，更为专业地理解劳动教育；不仅要学会劳动教育，还要学会教劳动教育。唯有如此，师范生才能真正胜任未来教师劳动的要求，才能切实承担起为党育人、为国育才的初心使命，成为一个真正拥有良好劳动素养的专业教育工作者。基于以上认识，我们认为师范生需要掌握的劳动理论，主要包括以下三个方面的内容：

一是劳动基础理论知识。作为师范生，首先要掌握扎实的劳动基础理论知识。这里包括劳动与劳动教育的基本理论、劳动观念与劳动教育思想，劳动与教育、劳动与劳动教育、劳动教育与其他四育的相关关系，等等。

二是劳动科学知识。师范生作为劳动者，还需要掌握劳动关系、劳动保障、劳动安全等最基本的劳动科学知识，这样才能更好地从事教师劳动。

三是教师劳动知识。师范生即将从事的教师劳动，既有自己的理想追求，又有自身的理论武装，更有自觉的职业规范和高度成熟的技能技巧，具有不可替代的独立性。因此，师范生还需要掌握一定的教师劳动知识。

4. 有效提升劳动能力

劳动能力的培养和提升，既是劳动教育的基本要求，也是劳动教育的核心内容。相比于劳动价值观和劳动精神，过硬的劳动能力，既是避免劳动中出现"心有余而力不足"尴尬境况的必然要求，也直接决定着劳动实效的达成。当前的"95后""00后"师范生，成长于我国经济社会快速发展的时代，物质生活条件相对优越，劳动教育缺失，在接受师范教育前，他们大多可能自身就存在劳动观念淡薄、劳动能力欠缺等问题。如何更好地应对新形势下的新要求，也成为师范生劳动能力培养的现实命题。《意见》指出，通过劳动教育，要使学生"具备满足生存发展需要的基本劳动能力，形成良好劳动习惯"，这为新时代师范生劳动能力的培养确定了基本坐标。师范生作为未来教师，担负着为民族复兴培养时代新人的重要使命，他们是否具备相应的劳动能力，是否形成了良好的劳动习惯，不仅影响其本身能否以教书育人而安身立命，更为重要的是能否影响着受教学生的劳动能力获得和终身发展。加强师范生劳动能力培养，促进其劳动能力提升，不仅是个人专业发展之必然，还是推进未来劳动教育之必需。具体而言，师范生劳动能力培养和提升应围绕两个方面：

一是基本劳动能力的夯实。教育家陶行知曾要求乡村教师具有"农人的身手""师范生要学习种菜、烧饭"。这里，"农人的身手"主要是指师范生要参与生产性劳动学习，而"种菜、烧饭"则是强调师范生还要注重参与生活劳动。他甚至提出"不会种菜，不算学生""不会烧饭，不得毕业"[①]，以此强调这些基本劳动能力在师范生培养中的重要价值。

二是专业劳动能力的形成。常言道"学高为师"。只有今天夯实师范生的为师之基，明天他们才可能胜任教书育人工作，这种专业劳动能力的形成至少包括专业知识的不断获得、专业情意的持续加深、专业素养的有效提升等。

---

① 陶行知：《试验乡村师范学校答客问》，载《陶行知文集》，山西教育出版社，2021，第195页。

5. 培养劳动教育能力

《指导纲要》中明确要求中小学要配齐劳动教育教师。但目前，我国很少有高校开设专门的劳动教育专业，基础教育学校也普遍缺少专业的劳动教育专、兼职教师。中小学校普遍面临开设劳动教育必修课的刚性要求与现实情况中专、兼职劳动教育教师供给不足的矛盾。所以，《指导纲要》特别强调加强师资队伍建设，指出："高等学校要加强劳动教育师资培养""把劳动教育纳入教育行政干部、校长、教师、辅导员培训内容，开展全员培训，强化劳动意识、劳动观念，提升劳动教育的自觉性。对承担劳动教育课程的教师进行专项培训，提高劳动育人意识和专业化水平。"

在此背景下，师范生劳动教育的目标，就是让师范生不仅树立正确的劳动价值观，具备较高的劳动技能水平，更要培养其开展中小学劳动教育的能力，以更好地满足基础教育一线急需高水平的专、兼职劳动教育师资的现实需求。

师范生在校学习期间，一方面，应结合本专业特点，学习中小学劳动教育课程教学的相关理论知识，学会撰写中小学劳动教育课程教学设计，根据不同的劳动教育目的、情境、内容、对象等，选择恰当的教育方式，开展劳动教育课堂教学，学会运用各种评价方式评价学生的劳动教育成果。另一方面，还应学会从其他课程中提炼劳动教育要素，在所教学科中融入劳动教育内容，推进其他学科与劳动教育课程的深度融合。

三、师范生劳动教育的意义

师范生的培养不仅关系到师范生自身的成长，更关系到国家和民族的未来。开展师范生劳动教育，有着重大的现实意义。作为未来的人民教师，他们如何理解劳动本身和劳动教育，他们的劳动素养如何，既影响着其走上工作岗位后从事教师劳动的实践，以及在此过程中个人价值的实现，也影响着立德树人教育根本任务的落实和教育强国目标的实现。加强师范生劳动教育，不仅关系到他们未来能否在教书育人中实现个人专业发展和个人价值，更重要的是，还关系到他们能否真正担负起为党育人、为国育才的神圣使命。

1. 落实立德树人教育根本任务的现实要求

党的十八大明确提出把立德树人作为教育的根本任务，为新时代教育改革发展指明了方向、明确了重心。"立德树人这一根本任务内含着立什么德、树什么人两个基本内容"①，立德树人"立"的是国之大德、社会公德和个人私德，"树"的是能担当中华民族伟大复兴使命的全面发展的社会主义建设者和接班人。立德树人根本任务的实现需要通过"五育并举"来实现，劳动教育作为五育之一，在学生精神培育、意志锤炼、格局塑造等方面具有天然优势，其通过劳动培养受教育者热爱劳动、崇尚劳动等高尚的人格品质。在这个意义上，劳动教育既是立德树人的重要内容，也是实现立德树人教育根本任务的重要途径。

教师是教育发展的第一资源。劳动教育的有效推进和教育价值的实现离不开教师。教师的劳动素养不仅是他们以教书育人的教师劳动而安身立命的必要条件之一，更重要的是，这也影响着受教育学生劳动素养的养成和全面发展。因此，教师成为新时代劳动教育目标达成的中坚，同时也是最关键的变量。作为未来教师的师范生，既是当前正在接受教育的大学生，也是未来立德树人的主力军。在他们心中种下怎样的劳动种子，未来就可能收获什么样的劳动成果，而这种劳动成果从微观看就是劳动教育本身的目标能否达成以及在何种程度上达成，从宏观看就是关乎国之大计、党之大计的立德树人教育的根本任务能否有效落实、目标能否有效实现。因此，加强师范生这一特殊群体的劳动教育，既是立足当下，促进师范生个体发展的必然抉择，也是面向未来，推动中小学劳动教育有效实施，落实立德树人根本任务，培养一代代德智体美劳全面发展的社会主义建设者和接班人的内在要求。

---

① 靳玉乐、张铭凯:《新时代中国特色社会主义教育思想体系的核心理念》,《西南大学学报》(社会科学版)2020 年第 1 期,第 6 页。

2. 新时代教师队伍建设的前瞻选择

党的十八大以来，习近平总书记多次做出关于教师队伍建设的重要论述，强调了教师队伍建设在新时代教育发展中的重要性。这些论述都表明教师在新时代教育发展中具有举足轻重的作用。党的二十大报告指出，"教育、科技、人才是全面建设社会主义现代化国家的基础性、战略性支撑"，吹响了加快建设教育强国的号角。教师队伍与教育、科技、人才密切相关，教师队伍是教育强国的第一资源，是科技强国的关键支撑，是人才强国的重要保障。这也意味着，要实施科教兴国战略、人才强国战略、创新驱动发展战略，就必须大力推进师范生培养，造就一批又一批支撑世界上最大规模教育体系的"大国良师"。近年来，国家先后颁布《中共中央 国务院关于全面深化新时代教师队伍建设改革的意见》《乡村教师支持计划（2015—2020 年）》《教师教育振兴行动计划（2018—2022 年）》《中西部欠发达地区优秀教师定向培养计划》等重要政策文件，大力推进师范生培养，大力加强高素质专业化教师队伍建设。

劳动教育能为师范生培养、为新时代教师队伍建设做些什么，师范生劳动教育都有哪些内容，新时代教师队伍建设能从劳动教育中汲取怎样的养分，诸如此类的问题，是开展师范生劳动教育要首先思考的。实际上，劳动教育对于师范生的价值，主要体现在劳动价值观的塑造、劳动精神的培育、劳动教育理论的掌握，劳动能力的夯实和劳动教育能力的培养上。一位优秀教师，一方面必须自身具备相应的劳动品质、素质与能力，能够做到以身示范；另一方面，需要能够帮助学生形成这些劳动品质、素养与能力，即具备有效实施劳动教育的能力。如果今天的师范生在接受高等教育的过程中塑造了正确的劳动价值观、高尚的劳动精神，并形成了坚实的劳动能力和劳动教育能力，那么未来走上教师岗位，就有可能更好地传劳动之道、授劳动之业，不只成为传授知识的"经师"，更重要的是成为立德树人的"人师"。

3. 教师自身专业发展的内在驱动

新时代，中华民族伟大复兴战略全局和世界百年未有之大变局给教育内外环境带来的深刻变化，现代化经济转型升级对教育的迫切需求和人民群众不断提高的教育期盼，以及教育的育人质量、教育社会服务功能的实现等等，这些变化都对教师专业发展提出了新的要求。教师专业发展是一个持续不断的过程，在社会高速发展、信息转瞬更新的当今，教师的角色、任务、作用等都发生了翻天覆地的变化，传统的"传道受业解惑"的教师，需要在自我的不断解构与建构中适应新发展诉求。师范生既是当前的大学生，也是未来的教师，正在接受职前教师教育的这个阶段是他们专业发展的基础阶段和关键阶段，在这一阶段学习的为师之知、培育的为师之情、坚固的为师之意、开启的为师之行，都对他们的专业发展具有重要价值和深远影响。正如有研究者所言，大学生接受劳动教育可以看成是一个获取有关劳动的所有知识的过程，是将"活性劳动知识""感性劳动知识""理性劳动知识"不断融合、相互转化的动态平衡过程。在这个意义上，重视师范生劳动教育，不但在于帮助同学们通晓为师的知行之实，而且在于助力同学们领悟为师的情、意之要，以此，使得劳动教育成为师范生这一未来教师群体专业发展的新驱动力。

具体来看，基于专业发展的师范生劳动教育不应仅仅满足于对师范生一般性劳动素养的培养，即对师范生开展日常生活劳动、生产劳动和服务性劳动的教育，还应围绕师范生如何提升教师专业能力、更好胜任教师劳动等，开展专业劳动能力的教育，特别是针对基础教育阶段对专、兼职劳动教育教师的迫切需求，开展师范生中小学劳动教育教学能力的培养。只有这样，劳动教育才能为师范生烙印师范底色、夯实为师之资、成就为师之实提供宝贵契机，帮助作为未来教师的师范生获得专业发展的重要驱动。

总之，教师教育是基础教育的"母机"。师范类专业所承担的主要任务，在于培养能够胜任教师劳动的各级各类学校教师，其办学质量直接关乎国家和民族的未来。而作为未来教师的师范生，既是当前劳动教育的受教育者，也是未来实施劳动教育的主体，其劳动素养的高低，直接关乎其能否真正担负起为党育人、为国育才的神圣使命。习近平总书记强调，

"一个人遇到好老师是人生的幸运，一个学校拥有好老师是学校的光荣，一个民族源源不断涌现出一批又一批好老师则是民族的希望"①，这就要求我们一定要把劳动教育纳入师范专业课程体系建设之中，让德智体美劳这一要求充分融入师范生培养的全过程，努力培养具有较高劳动素养的优秀未来教师。

---

① 习近平:《基础教育要遵循青少年成长特点和规律》,载《论党的青年工作》,中央文献出版社,2022,第 130 页。

理论篇

第一章 劳动

人民创造历史，劳动开创未来。劳动是推动人类社会进步的根本力量。

劳动是财富的源泉，也是幸福的源泉。

——摘自习近平《在同全国劳动模范代表座谈时的讲话》

（《人民日报》，2013 年 4 月 29 日）

 **本章简介**

本章主要介绍劳动的基本概念与特征；中国传统劳动观、马克思主义劳动观和新时代中国特色社会主义劳动观；以劳模精神、劳动精神、工匠精神为主要内容的劳动精神；与学生未来职业发展密切相关的通用劳动科学知识；师范生未来将要从事的教师劳动相关知识。

学习目标

1. 掌握劳动的概念、特征，了解劳动与教育的关系，形成对劳动的正确认识。

2. 理解中国传统劳动观、马克思主义劳动观及新时代中国特色社会主义劳动观，形成正确的劳动观念。

3. 掌握劳模精神、劳动精神、工匠精神的内涵与特点，培养和弘扬劳模精神、劳动精神和工匠精神。

4. 了解劳动科学、劳动关系、劳动伦理、劳动安全及劳动保障的内涵、特点与发展趋势等，掌握最基本的劳动科学知识。

5. 掌握教师劳动的发展、特点和价值，形成对教师劳动深刻而正确的认识。

劳动是创造物质财富和精神财富的过程，是人类特有的基本社会实践活动，是人类社会存在和发展的基础。劳动推动人类社会发展，从蒙昧到文明，从低级到高级，从落后到进步。没有劳动，就没有人类的一切。劳动与社会生活中的每个人息息相关，离开劳动，人类甚至无法生存和生活。作为未来教师的师范生，首先应该对劳动基本理论和知识有一个全面而系统的了解。

第一节　劳动概述

2012 年 11 月 15 日，习近平总书记在十八届中共中央政治局常委同中外记者见面时讲话指出："人民对美好生活的向往，就是我们的奋斗目标，人世间的一切幸福都需要靠辛勤的劳动来创造。"[①] 劳动是幸福的源泉，美好的生活要靠辛勤劳动来实现。如果人民只懂得过美好的生活而不懂得"人世间的一切幸福都需要靠辛勤的劳动来创造"，那美好生活的目标就永远也不能实现。

一、劳动的内涵

劳动的内涵具有跨学科、多维度和宽视野的特点，在不同学科视域下，劳动有着不同的内涵。

---

① 习近平:《人民对美好生活的向往,就是我们的奋斗目标》,载中共中央文献研究室编《十八大以来重要文献选编》,中央文献出版社,2014,第 70 页。

（一）词源学视角的劳动内涵

在词源学视角上，劳动一词的内涵是不断发展变化的，最初大多指向体力劳动，但伴随着劳动生产力不断提高，劳动的内涵逐渐增加，不断有新的内涵出现。

"劳"与"动"最初是含义独立的两个词。在《说文解字》中，"劳"释为"劇也。从力，熒省。熒，火烧冂，用力者劳"。"劳"字形从"力"，为会意字，加省略了"火"的"熒"（熒，表示火烧房屋，用力救火者疲惫辛苦的样子），一般作动词使用，本意为费力，意为"用力劳苦"。如《论语·子路》载："子路问政，子曰'先之，劳之。'请益，曰：'无倦。'"这里的劳即为"劳作"之意。而在《说文解字》中，"动"为形声字，形旁为"力"，声旁为"重"，释为"作也"，意为"起身作事"。"动"一般作动词使用，本意为"操作""行动""移动"。如《孟子·滕文公上》载："为民父母，使民盼盼然，将终岁勤动，不得以养其父母。"此处，动就是"劳作、操作"的意思。《孙子兵法·军争篇》载："故兵以诈立，以利动，以分合为变者也。"这里的动即为"行动、移动"之意。

作为一个词语，"劳动"一词最早见于《庄子·让王》中的"春耕种，形足以劳动"，其最初含义是"操作、体力活动"，后逐渐衍生出"烦劳、劳累"的意思，如三国曹魏文学家曹植的《陈审举表》之中："陛下可得雍容都城，何事劳动銮驾暴露于边境哉！"可见，在中国古代，一般将劳动视作"耕作""操劳"，主要是指体力劳动。在西方社会漫长的发展过程中，劳动（labour）也含有辛劳、痛苦、费力的意思。上溯到古希腊时期，实践哲学传统的创始者亚里士多德把人类活动由高级到低级划分概括为沉思、实践和制作（即生产劳动）三个等级。其中，由奴隶所从事的生活资料生产活动"制作（即生产劳动）"是最低等的活动。可见，在西方的最初认识中，劳动与奴隶紧密相关，与艰辛和痛苦紧密相连，主要也是指从事物质财富生产的体力劳动。

时代发展到今天，"劳动"一词有了更丰富的语义内涵。《辞海》解释劳动有四个含义："人们改变劳动对象使之适合自己需要的有目的的活动；操作，活动；专指体力劳动；客套话。"《现代汉语词典》对劳动一词也有四种释义："人类创造物质或精神财富的活动；专指体力劳动；进行体力劳动；敬辞，烦劳。"《中国大百科全书（哲学卷）》将劳动定义为"人类特有的基本的社会实践活动，也是人类通过有目的的活动改造自然对象并在这一活动中改造人自身的过程"。《牛津高级英汉双解词典》中，劳动（labour）一词既可作动词，又可作名词，主要释义有"劳动，体力劳动；劳动者，劳动，劳动力；分娩，生产；奋斗；努力工作，干苦力活等"。

（二）马克思主义视角的劳动内涵

马克思主义是我们立党立国的根本指导思想，是我们党的灵魂和旗帜。马克思主义从不同维度，对劳动的内涵进行了分析和阐述。

1. 哲学维度的劳动内涵

以马克思主义唯物史观来分析劳动的内涵，劳动实质上是创造世界、创造历史和创造人本身的社会实践活动。这一界定强调人类通过有意识、有目的的生产劳动，创造出了人类的物质世界和精神世界，强调人类在劳动过程中创造了人类历史，马克思指出："人们为了能够'创造历史'，必须能够生活。但是为了生活，首先就需要吃喝住穿以及其他一些东西。因此第一个历史活动就是生产满足这些需要的资料，即生产物质生活本身，而且，这是人们从几千年前直到今天单是为了维持生活就必须每日每时从事的历史活动，是一切历史的基本条件。"[1] 同时强调在劳动中，人们在改变自然界的同时，也改变着人类自身，正如恩格斯所说的："劳动是整个人类生活的第一个基本条件，而且达到这样的程度，以致我们在某种意义上不得不说：劳动创造了人本身。"[2]

---

[1] 马克思、恩格斯:《马克思恩格斯文集》第1卷,人民出版社,1995,第531页。
[2] 马克思、恩格斯:《马克思恩格斯文集》第9卷,人民出版社,2009,第550页。

2. 政治经济学维度的劳动内涵

马克思主义政治经济学是一种基于劳动创造商品价值的劳动经济学说。从这个维度看，劳动是商品价值的唯一源泉，是劳动力（含体力和脑力）的支出和使用。在这一界定中，一是强调了劳动是商品价值的唯一源泉。在《资本论》中，马克思提出了劳动的二重性理论，这一理论把劳动区分为具体劳动和抽象劳动，劳动的二重性统一于劳动过程之中。其中，凝结在商品中的一般的、无差别的抽象劳动是形成商品价值的唯一源泉。商品具有价值，是因为它是社会劳动的产物，商品价值的大小，取决于生产这件商品的相对劳动量。二是强调了劳动是劳动力（含体力和脑力）的支出和使用。在《资本论》中，马克思提出："劳动力的使用就是劳动本身。劳动力的买者消费劳动力，就是叫劳动力的卖者劳动。"[1]

3. 教育学维度的劳动内涵

马克思主义教育观点是一种强调教育与生产劳动相结合，以促进人的全面发展的劳动解放学说。从这个维度看，劳动是形成人的本质、实现人的全面发展的重要途径。在这一界定中，一是强调劳动在形成人的本质过程中的决定性意义。"人的本质不是单个人所固有的抽象物，在其现实性上，它是一切社会关系的总和。"[2] 以人为对象的教育必须关注人的社会关系。而生产劳动是建构人的社会关系的主要载体，人正是通过生产劳动才形成了现实的社会关系。因此，马克思认为，生产劳动对于个人具有决定性的意义。他说："个人怎样表现自己的生命，他们自己就是怎样。因此，他们是什么样的，这同他们的生产是一致的——既和他们生产什么一致，又和他们怎样生产一致。"[3] 在马克思、恩格斯看来，劳动形成人的本质。二是强调劳动是实现人的全面发展的重要途径。马克思、恩格斯通过对人类社会发展的历史考察，特别是对工场手工业取代个体手工业、进而走向机器大工业历史进程的考察发现，不合理的社会分工会造成人的片面发

---

① 马克思、恩格斯:《马克思恩格斯全集》第 3 卷,人民出版社,2002,第 207 页。

② 马克思、恩格斯:《马克思恩格斯选集》第 1 卷,人民出版社,1995,第 501 页。

③ 马克思、恩格斯:《马克思恩格斯选集》第 1 卷,人民出版社,1995,第 147 页。

展，从而提出现代教育的目标就在于实现人的全面发展。只有通过提高人多方面的劳动能力、实现人的全面发展，才能使人有能力适应工种的变化和创造出更多的劳动财富，而教育与生产劳动相结合是培养人全面发展的唯一方法。

综合以上不同学科视野下对劳动内涵的界定，我们认为，劳动是以实现人类个体自身全面发展和推动社会进步为价值取向，以创造物质财富和精神财富为直接目标，综合运用智力和体力的人类特有的、最基本的一种实践活动。

二、劳动的特征

尽管在不同的时代背景下，在不同的学科视域下，劳动有着不同的形式和内涵，但不同形式和内涵的劳动也有一些共同的特征。这些共同特征规定了劳动区别于人类其他社会实践活动的特殊性。

（一）人本性

从劳动的主体来看，劳动是人类所特有的社会实践活动，是以人作为劳动主体的有目的地认识和改造自然的能动活动。劳动使得人类和动物区别开来，使得人类从自然性转向社会性，是人类特有的本质属性。尽管从表面上看，劳动是人类对有用的自然物的获取和占有，似乎与自然界某些动物活动没有什么区别，但是，诸如蜘蛛织网捕食猎物、燕子通过衔草筑巢繁殖后代、河狸在水中筑坝等行为，只是一种动物的本能，并不能称之为劳动。而人类的劳动是人们在自觉劳动意识驱动下的有意识、有目的的实践活动，这是人类与动物天生本能活动的本质区别。人类通过劳动活动主动改变自然界，通过有意识地制造工具，并利用工具改变自然对象，以满足自己生存与发展的需要。

（二）目的性

从劳动的目标来看，劳动是人类有目的、有意识的社会实践活动。人类的劳动不是盲目的，而是有明确的目的和目标，人们在进行劳动前就知道为什么去做、做什么、怎么做，以及做到什么样与什么程度。正如马克思所指出的："最蹩脚的建筑师从一开始就比最灵巧的蜜蜂高明的地方，是他在用蜂蜡建筑蜂房以前，已经在自己头脑中把它建成了。劳动过程结束时得到的结果，在这个过程开始时就已经在劳动者的表象中存在着，即已经观念地存在着。"[1]

（三）自然性

从劳动的主体和劳动的对象看，人类的劳动具有自然性。一方面，作为劳动主体的人本身就是一种自然力，就是自然的一部分，人使用自身所具有的臂、腿、头和手，从事劳动，其实也是自然力的运用。另一方面，人通过劳动与自然这个最基本的劳动对象进行物质变换，劳动是人和自然之间的和谐交互与适应过程，"是制造使用价值的有目的的活动，是为了人类的需要而占有自然物"[2]。人类通过劳动作用于身外的自然并改变自然，同时也改变着自身的自然。

（四）价值性

从劳动的目的看，人类的劳动是创造物质财富和精神财富的社会实践活动。劳动就是人类付出一定的脑力或体力，运用劳动工具对劳动对象进行加工改造的活动，其目的是创造满足人类生活需要的使用价值。劳动的价值性把劳动同人类其他有目的但非劳动的实践活动进行了区分。如休息、游戏、观影等活动，虽然也具有目的性，也是人类的实践活动，但因为没有进行物质财富和精神财富的创造，就不能称之为劳动。

（五）发展性

从劳动的内涵和作用看，人类的劳动具有发展性。一方面，在不同历史时期，劳动生产力发展水平和人们创造财富的方式不同，因此，劳动的内涵和形态也是发展变化的。如原始社会的采集、狩猎等劳动，农业社会的农业劳动，工业社会的制造、采矿等传统工业劳动，后现代社会现代服务业、高科技研发、金融法律、文体健康等创新型劳动。伴随着劳动生产

---

[1] 马克思、恩格斯:《马克思恩格斯全集》第23卷,人民出版社,2002,第213页。

[2] 马克思、恩格斯:《马克思恩格斯全集》第23卷,人民出版社,2002,第208页。

力的发展，新时代"劳动的内容将会越来越丰富多彩；劳动形式将会是越来越富于变化；劳动者的流动性将会逐渐增强；劳动的世界性将把人类劳动联结为一体；劳动者的体力支出会越来越少，而智力支出会越来越多；劳动生产率将会越来越高，人的闲暇时间会越来越多；劳动主体的作用会越来越突出，人才的重要性会越来越突出，世界各国对人才的争夺战会越来越加剧；劳动仍然是人们谋生的重要手段，但其乐生性将逐渐成为重要内容"。[①] 越来越多的传统劳动形态逐渐退出历史舞台，大量的新兴产业、新型职业层出不穷，促使劳动的形态发生了变化。另一方面，劳动是推动人类社会发展的根本动力。通过劳动，人类不断地适应自然、改造自然，发展了劳动生产力，创造了物化的世界，从而不断地推动着社会的进步和发展。正如马克思所说："整个所谓世界历史不外是人通过人的劳动而诞生的过程。"[②]

三、劳动与教育

苏联教育家马卡连柯认为，劳动永远是人类生活的基础，是创造人类生活幸福和文明的基础。在教育工作中，劳动也应当是最基本的因素之一。劳动不仅创造了人类，还成就了教育。

（一）教育起源于劳动

关于教育的起源，历史上有许多不同的观点。其中，教育的劳动起源说是人类教育起源的正确观点，它的合理性及正确性源于马克思主义的唯物史观，其代表人物是苏联教育家米丁斯基和凯洛夫。

教育的劳动起源说认为教育起源于劳动，起源于劳动过程中社会生产和生活的需要，起源于劳动过程中社会生产需要和人的发展需要的辩证统一。人类在劳动中实现了自身由类人猿向人的飞跃式进化，同时，也在劳动中逐步积累了生产和生活的经验，产生了将这些经验传授给下一代的实

---

① 王凤兰、黎延年：《论知识经济条件下劳动的内涵和外延》,《社会科学论坛》2003 年第 5 期,第 5 页。

② 马克思、恩格斯：《马克思恩格斯全集》第 3 卷,人民出版社,2002,第 310 页。

际需要，继而产生了教育。

马克思、恩格斯的劳动学说是教育的劳动起源说的理论基础。马克思、恩格斯认为，研究人类的一切历史活动，必须以具体的社会物质生产为基本出发点。人类社会在生产和生活过程中形成了各种需要，教育就是其中一大需要。不同于其他动物，人类不是单纯依靠自发的生命本能，而是主要依靠有目的、有意识的社会实践活动而生存和发展。人类的实践活动要求作为社会关系总和的人，必须具有并不断发展进行多方面活动的能力，其中最主要的是进行社会生产与生活的能力。人类的这种能力本身具有社会性和历史继承性。社会性表现为社会发展要求对人们随时随地进行交流和传播生产与生活的经验与知识技能等，使其为更多人所掌握，以促进整个社会生产和生活能力的不断提高。历史继承性表现为社会发展要求将每一发展时期所积累的这种经验和能力，传给新生一代，以保证人类社会生产和生活的持续不断发展。伴随着人类这种交流、传授活动的进行，教育便随之产生。

（二）教育随劳动发展而发展

教育不仅起源于人类社会的生产与生活劳动，而且伴随着人类社会劳动生产力水平的发展与劳动形式的变化而不断发展与完善。劳动活动为教育的产生和发展提供了可能性和必要性。

1. 紧密融合：原始社会的教育与劳动关系

在原始社会里，人类社会劳动生产力水平极其低下，人们主要使用石器进行劳动，靠打猎、捕鱼和采集谋生。尽管人们终日劳作，但也仅仅勉强维持最低生活需要；人们共同劳动，共同享用劳动成果；人与人之间是平等的，享有同样的权利。

在这一时期，教育与劳动是紧密融合的关系。由于劳动生产力水平低下，教育还没有从社会生产活动中分离出来，没有专门的教育机构和专职教育人员。经验的传递是在人们的生产劳动过程和日常生活中进行的。年长的一代带领着年轻一代一起制作工具、器皿，进行采集、渔猎等，向他们传授在这些劳动实践中获得和积累的技术与经验，同时也向他们传授在生产生活劳动中形成的各种生活习惯、行为规范及原始宗教等社会生活经验。原始社会的生产力发展水平和劳动形式决定了在教育对象上，全体社会成员拥有均等的教育权利和机会，所有人都有同样的权利、机会施加或接受教育；在教育方式上，主要是在生产生活过程中，通过口耳相传和实践观摩来进行；在教育内容上，没有详细的分科教育，传授的主要是生产和生活经验。如在我国历史上，就有燧人氏教人钻木取火、有巢氏教民构木为巢、伏羲氏教民以猎、神农氏教民稼穑等传说。这些均体现了原始先民在劳动中教育、在教育中劳动的特点。

2. 分化脱离：古代社会的教育与劳动关系

古代社会，一般指奴隶制社会和封建社会。与原始社会相比，这一时期的劳动生产力水平有了显著提高，相应地，教育与劳动的关系也逐步呈现出分化脱离的特征。

这一时期，伴随着劳动生产力水平的发展和剩余产品的出现，人类社会出现了脑力劳动与体力劳动的分工，也逐渐从无阶级社会进入阶级社会。这一时期的教育也伴随着脑力劳动与体力劳动的分工与对立、阶级与奴隶制的产生，呈现出与生产劳动相脱离、相对立的特征。在教育机构上，统治阶级为了培养自己的接班人，建立了专门的教育机构——学校，学校从此成为教育的主要形式，教育成为独立的社会活动。如我国夏朝出现了"庠""序"等教育机构；在公元前 2500 年的埃及，出现了人类历史上最早的学校——宫廷学校。在教育目的上，教育的目的主要是把受教育者培养成为统治阶级所需要的官吏，而不是培养劳动者。在教育对象上，教育开始具有阶级性，受教育者主要是贵族、官吏等子弟，直接从事生产劳动的奴隶和农民则没有机会接受学校教育。在教学内容上，教育重点传授的是"治人之术"，如我国古代社会主要学习"三纲五常""四书五经"等，与社会生产密切相关的劳动知识和劳动技能则被排除在教育内容之外。教育与劳动的分化脱离从奴隶社会开始，在封建社会继续得到了强化，至今还产生着一定的消极影响。

3. 相互促进：现代社会的教育与劳动关系

现代社会，一般指工业社会和信息化社会。在以机器化大生产为主要特征的工业社会和以信息技术广泛应用为主要特征的信息化社会，教育与劳动呈现出相互促进的新型关系。

首先，大机器生产的出现和发展，促使劳动生产力水平不断提高。这一方面为教育的发展，尤其是为受教育者有时间接受教育提供了保障；另一方面，对教育培养人才提出了更高更多的要求。其次，工业社会在客观上要求直接从事生产的工人不仅要掌握一定的科学知识和技能，还应具备不断进行技术创新的能力，以确保社会生产效率的提高。与此同时，大工业生产也要求管理阶层不断提高管理水平。这就决定了现代学校教育既要培养大批熟练工人，又要培养现代生产的经营者和管理者。

在这种背景下，学校教育逐渐普及，成为现代人都能享受的权利。现代生产所创造的高度发达的劳动生产率和科学技术，为教育同生产劳动相结合提供了可能性，教育的生产性不断增强。在教育制度上，既包括面向新生一代的普通教育，又有面向劳动者的成人教育；既有基础教育，又有各种类型的职业教育。伴随着劳动的发展，现代教育呈现出多层次、多类型的特点。在教学方式上，伴随着现代生产的发展和科学技术的进步，教学媒介、手段和方法日益创新，出现了演示、实验、在线教学、混合式教学、虚拟仿真等新的教学方式。在教学内容上，伴随着各类新型劳动的出现和劳动分工的细化，新学科新专业纷纷出现，教育内容得到了极大的丰富，科学技术教育的分量逐步增加，教育成为科学知识再生产和发展科学技术的重要手段，对提高劳动生产力和增加社会财富起着重要的作用。优先发展教育事业成为包括我国在内的世界多国的战略选择。

（三）教育与生产劳动相结合

教育与生产劳动相结合是社会主义教育的根本原则和重要方法。这一思想的形成经历了一个漫长的过程。

早期空想社会主义者提出的教育与生产劳动相结合的思想是马克思、恩格斯提出这一思想的"萌芽"和"曙光"。这一思想萌芽最早是由早期空想社会主义思想家、英国学者托马斯·莫尔在其著作《乌托邦》中提出来的。在书中,他指出劳动是人们生活的必需品,主张"无论男女,从小就在学校接受农业教育,并到田地上实践"①。由此提出了对儿童的教育需要与适当的农业、手工业劳动相结合的思想。另一位空想社会主义者罗伯特·欧文进一步发展了这一思想,提出教劳结合具有使儿童德智体均得到发展的作用和价值,有助于改善当时"脑体分离对立"的社会现状,并帮助实现"理想世界"。

18世纪,法国思想家卢梭开始重视劳动在个体发展中的重要作用,他在《爱弥儿》一书中说:"劳动是社会的人不可豁免的责任。任何一个公民,无论他是贫或是富,是强或是弱,只要他不干活,就是一个流氓。"②他提出"互相调剂"的观点,对脑力劳动与体力劳动结合的重要性进行了阐述。19世纪初,瑞士教育家裴斯泰洛齐强调劳动教育在推进人的全面发展中的重要作用,主张将教育与生产劳动相结合,并通过开办新庄农场和斯坦兹孤儿院等教育机构,对他的这一思想进行实践,对西方的初等教育及师范教育产生了巨大而深远的影响。

马克思、恩格斯在批判性继承前人思想的基础上,立足对人类社会历史发展规律和资本主义初期机器化大生产时代的把握,科学阐释并确立了马克思主义教育与生产劳动相结合这一思想,并强调这一思想是"造就全面发展的人的唯一方法"③,是"改造现代社会的最强有力的手段"④。与空想社会主义者不同,马克思、恩格斯主义教育与生产劳动相结合的思想把对劳动生产力、科学技术发展水平的深入考察作为理解和阐释这一思想的基础。这一思想也在很大程度上影响了我国的劳动教育乃至整个教育体系,教育与生产劳动相结合的思想也始终成为我国党的教育方针重要内容的有机组成部分。

---

① 托马斯·莫尔:《乌托邦》,戴镏龄译,商务印书馆,1982,序言第5页。
② 卢梭:《爱弥儿·论教育》,李平沤译,人民教育出版社,1985,第249页。
③ 马克思、恩格斯:《马克思恩格斯文集》第23卷,人民出版社,2002,第535页。
④ 马克思、恩格斯:《马克思恩格斯全集》第23卷,人民出版社,2002,第540页。

（四）马克思主义教育与生产劳动相结合思想的内容

马克思、恩格斯认为，劳动是作为一切社会关系总和的人的本质性规定，也是一种人类特有的创造物质财富和精神财富的实践活动，劳动创造了人、创造了人类社会、创造了人类历史，劳动的终极价值取向是通过教劳结合这一唯一途径实现每一个人自由而全面的发展。[①]因为"生产劳动给每一个人提供全面发展和表现自己全部体力的和脑力的能力的机会，这样，生产劳动就不再是奴役人的手段，而成了解放人的手段"[②]，"从工厂制度中萌发出了未来教育的幼芽，未来教育对所有已满一定年龄的儿童来说，就是生产劳动同智育和体育相结合，它不仅是提高社会生产的一种方法，而且是造就全面发展的人的唯一方法"[③]。这一思想的核心思想内核主要包括：

第一，阐述了教育与生产劳动相结合这一思想的合理性。马克思、恩格斯在1848年《共产党宣言》中，第一次提出了开展教育同生产劳动相结合的观点："对所有儿童实行公共的和免费的教育。取消现在这种形式的儿童的工厂劳动。把教育同物质生产结合起来……"[④] 马克思在1866年起草的《临时中央委员会就若干问题给代表的指示》中进一步指出，"现代工业吸引男女儿童和少年来参加伟大的社会生产事业，是一种进步的、健康的和合乎规律的趋势，虽然在资本主义制度下它是畸形的。"[⑤] 马克思在当时一方面批判资本家在工厂中使用童工，另一方面，他已经意识到了现代科技的发明和应用所带来的巨大劳动生产力，以及通过教育使童工熟练掌握现代生产技术的重要性。进一步，他认为劳动者的劳动和教育相结合将成为一种必然趋势。

第二，认为教育与生产劳动相结合是提高社会生产的重要方法，作为

---

① 李进忠：《守正创新：以"劳"育时代新人的逻辑机理和实现路径》，《北京教育（高教）》，2020年第2期，第8—9页。

② 恩格斯：《反杜林论》第3版，人民出版社，1999，第311页。

③ 马克思、恩格斯：《马克思恩格斯选集》第2卷，人民出版社，1995，第212页。

④ 马克思、恩格斯：《马克思恩格斯全集》第4卷，人民出版社，2002，第491页。

⑤ 马克思、恩格斯：《马克思恩格斯全集》第16卷，人民出版社，2002，第216页。

途径是造就自由全面发展的人的唯一方法，作为手段是改造现代社会的最强有力的手段之一。一方面，从适应劳动生产力发展的角度看，马克思在对人类发展历史，特别是机器化大生产下的劳动现状进行深入考察的基础上，指出：随着自动化机器体系的引入，不论是从价值增值形式还是从物质形式来看，劳动都不再像前期那样是支配整个生产过程的主导因素，而是沦为生产过程的一个次要环节。① 这意味着，人从直接劳动者转向为现代化大工业生产过程的控制者、监督者和调节者。基于这一新的特性和巨大转变，马克思认为科学和技术教育是"现代生产的内在趋势"，在这一趋势下，教育与生产劳动相结合成为劳动生产力发展的必然要求，成为提高社会生产的重要方法。生产劳动对人的发展起着重大作用，人是在劳动过程中形成和发展的。另一方面，从促进每一个个体自由而全面发展的角度看，机器化大生产导致的个体智力与体力的分离，也需要通过教育与生产劳动相结合的中介途径才能解决。通过这种中介，体力劳动和脑力劳动才能得以充分结合，并使个体的体力、智力、精神道德各方面得到自由而充分的发展，成为自由而全面发展的人。这是马克思主义教育与生产劳动相结合这一思想的终极理想。

（五）马克思主义教育与生产劳动相结合思想的发展

在马克思、恩格斯创立这一重要思想的基础上，列宁对这一重要思想进行了进一步创新和发展，并具体应用于"十月革命"胜利后苏联的教育实践。首先，列宁提出教育与生产劳动相结合是建设未来社会的一项重要原则，并将这一思想运用到社会主义革命和建设实践中。列宁强调："没有年轻一代的教育和生产劳动的结合，未来社会的理想是不能想象的；无论是脱离生产劳动的教学和教育，或是没有同时进行教学和教育的生产劳动，都不能达到现代技术水平和科学知识现状所要求的高度。"② 其次，列宁还阐述了现代生产、科学技术和生产劳动之间的关系，提出现代生产是

---

① 转引自孙乐强《超越"机器论片段"：〈资本论〉哲学意义的再审视》，载张一兵主编《马克思哲学思想发展史研究》第5卷，中央编译出版社，2018，第1538页。

② 列宁：《列宁全集》第2卷，人民出版社，1984，第461页。

科学技术和生产劳动过程相结合的产物，既把培养未来社会主义劳动者的教育过程同现代生产劳动相结合，亦要把正在从事的生产劳动和现代科学技术的教学相结合。再次，重视综合技术教育，使受教育者"从理论上和实践上熟悉各主要生产部门"。最后，关于生产劳动的含义，除了体力劳动、生产劳动外，列宁还主张公益性义务劳动也是生产劳动，并开创了"星期六义务劳动"的先河。

中国共产党历代领导人坚持以马克思主义为指导，把马克思主义与中国革命建设相结合，推进教育与生产劳动相结合的思想创新性发展。1958年，毛泽东同志首次将教育与生产劳动相结合写入党的教育方针。他还探索了教育实习、半工半读等符合当时国情的教育和生产劳动相结合的方式。党的十一届三中全会以后，邓小平同志深刻总结反思社会主义建设正反两方面的经验，进一步深化了对教育与生产劳动相结合的认识，提出脑力劳动和体力劳动相结合的教育方针，强调教育与生产劳动相结合是培养社会主义建设合格人才的根本途径。20世纪末21世纪初，江泽民同志进一步拓展了教育与生产劳动相结合的内涵，提出教育与生产劳动相结合是坚持社会主义教育方向的一项基本措施。新时代，习近平总书记进一步传承和发展了教育与生产劳动相结合的思想，把劳动教育纳入我国全面发展的高水平教育体系中，瞄准构建德智体美劳全面培养的教育新体系这一新目标，把教育与生产劳动相结合这一思想原则方法的理论内涵和实践指导意义推向了新的发展阶段和新的历史高度。

第二节　劳动观念

劳动观念是个体对劳动的态度与看法，属于世界观、思想道德素养等领域的关键内容。使学生形成正确、科学的劳动观，不仅是学校劳动培养的重要目标，也是德育体系不可分割的一部分。在不同时代、不同社会、不同的人有着不同的劳动观。新时代中国特色社会主义劳动观是马克思主义劳动观与中国传统劳动观相结合的产物，是马克思主义劳动观在新时代的继承和发展。

一、中国传统劳动观

习近平总书记在文艺工作座谈会上讲话中指出："中华优秀传统文化中许多思想理念和道德规范，不论是过去还是现在，都有其永不褪色的价值。"在中华优秀传统文化中，蕴含着重视劳动、辛勤劳动等劳动观念，这些观念为新时代中国特色社会主义劳动观产生和发展提供了丰富滋养。

（一）中国传统劳动观的来源

1. 传统神话故事

在中国神话故事中，蕴含着许多朴素的劳动观念。古人通过神话故事来赞美劳动，讴歌劳动者，表达对劳动和劳动者的崇尚和尊重。如，盘古开天辟地的故事，女娲炼石补天和抟土造人的传说，不仅阐述劳动能够创造世界的道理，亦是对劳动的赞美，同时也揭示出劳动是为了更多人的幸福的道理；精卫填海、愚公移山、神农尝百草等故事告诉人们，面对困难要不屈不挠、自立自强，迎难而上、锲而不舍，同时也传扬了勤劳勇敢、不畏艰苦的劳动精神。

2. 诸子百家学说

诸子百家是后世对先秦学术思想人物和派别的总称。春秋战国时期，由于劳动生产力的发展和社会制度的变迁，出现了中国文化发展的第一次巅峰——百家争鸣，即诸子百家学说。诸子百家学说丰富多彩，其智慧为中华民族精神的养成提供了养分和基础。中华文明的基本价值观念，许多都出自诸子百家学说当中，中华传统文化中的劳动思想自然也不例外。在各家学说中，以墨家的劳动思想最为有名，而儒家的劳动思想对中国人的影响最大。

3. 经典文学作品

文学活动是人类具有审美意识的一种高级精神活动，是人类社会所特有的现象，它对人类社会的发展进步以及人的全面自由发展均具有重要意义。从古至今，许多经典文学作品和经典书籍中都有描写劳动人民、赞美劳动的思想内容，反映了中国传统劳动思想。如陶渊明《归园田居》中的"种豆南山下，草盛豆苗稀。晨兴理荒秽，戴月荷锄归。道狭草木长，夕露沾我衣。衣沾不足惜，但使愿无违"，抒写了诗人热爱劳动，享受田园生活的情感；白居易《观刈麦》中的"田家少闲月，五月人倍忙。夜来南风起，小麦覆陇黄。妇姑荷箪食，童稚携壶浆。相随饷田去，丁壮在南冈。足蒸暑土气，背灼炎天光。力尽不知热，但惜夏日长"，描写了农忙时节人们不怕炎热辛苦，勤奋劳作的场景。在中国经典文学作品中，还有许多描写劳动和劳动者、赞美劳动和劳动者的不朽篇章，都展现了劳动创造美好生活的道理，也反映了中华民族热爱劳动、崇尚劳动、诚实劳动的优良传统。

4. 家风家训思想

家风是指一个家庭在漫长的生产生活中代代相传，逐步形成和积淀下来的家族成员需要共同遵守的生活方式、生活习惯、精神风貌、道德品质、审美格调和价值取向等方面的总和，是一个家族的文化品格。家训是一个家族以树立和传承优良家风为核心目标，对子孙后世立身处世、持家治业的教诲，是家风的具体表现形式。在中国传统的家风家训中，向来注重家庭在社会中的积极作用，认为国是大家，家是小国，家国情怀，家国一体，由此也形成了颇具特色的家风家训文化。在许多优秀的家风家训中，都蕴含着崇尚劳动、珍惜劳动成果等理念，如耕读传家、勤俭兴家、唯德之勤等。

（二）中国传统劳动观的内容

1. 重视劳动

中国传统劳动观非常重视劳动，重视劳动对个人、对国家的重要作用。《管子·八观》言"天下之所生，生于用力；用力之所生，生于劳身"，意思是说天下的一切都是人们通过劳动得来的。墨子重视劳动对人的发展的重要作用，其在《墨子·非乐》中提出"赖其力者生，不赖其力者不生",表达了人的生存发展离不开劳动,劳动对人而言是根本性、常识性的活动。孔子重视辛勤劳动对国家发展的重要作用,《论语·子路》载:"子路问政,子曰:'先之劳之。'请益,曰:'无倦。'"是说子路向孔子请教为政之道,孔子告诉他,身先士卒带好头,让老百姓辛勤劳动,就是为政之道。子路请求老师讲得再详细一些,孔子说,不要有所松懈倦怠。孔子的话反映了儒家关于辛勤劳动与国家发展关系的基本观点,即一个国家如果在领导者的带领下确立了以辛勤劳动为荣、以好逸恶劳为耻的风气,就能蒸蒸日上、繁荣昌盛;反之,如果人们贪图享受,松懈倦怠,整个社会也会世风日下、每况愈下。

2. 以民为本

中国传统劳动观中也包含以民为本,重视劳动者、尊重劳动者的思想。儒家主张"民贵君轻""以民为本",如《孟子·梁惠王》载:"不违农时,谷不可胜食也;……五亩之宅,树之以桑,五十者可以衣帛矣。鸡豚狗彘之畜,无失其时,七十者可以食肉矣。百亩之田,勿夺其时,数口之家可以无饥矣。谨庠序之教,申之以孝悌之义,颁白者不负戴于道路矣。七十者衣帛食肉,黎民不饥不寒,然而不王者,未之有也。"孟子对梁惠王的答问,就体现了以民为本的思想。唐代诗人白居易的《卖炭翁》、北宋张俞的《蚕妇》等大量诗词歌赋,也都表达了对劳动人民的同情。

3. 勤于劳动

辛勤劳动是中华民族的传统美德,是中国传统劳动观的重要内容。《尚书·周书》中说"功崇惟志,业广惟勤",意思是指成就一番事业,仅有高远志向远远不够,一定要付出辛勤劳动。爱岗敬业是儒家思想的重要内容,《礼记·学记》言"一年视离经辨志,三年视敬业乐群",告诫人们对自己的事业要尽职,与他人相处要和睦。《礼记·中庸》讲"君子素其位而行,不愿乎其外",要求人们忠于职守,努力做好自己职责内的事情。北魏贾思勰在其《齐民要术》中多次使用"勤"的概念,提出"勤力可以不贫,谨身可以避祸"。墨子主张"强力从事",即在立大志的基础上，通过辛勤劳动来实现人生抱负或国家治理。南宋理学家朱熹在其《治家格言》中告诫子弟"黎明即起，洒扫庭除，要内外整洁。既昏便息，关锁门户，必亲自检点"，也是贯穿了一个"勤"字。

4. 艰苦奋斗

艰苦奋斗是中华民族的优良劳动传统。从大禹治水到愚公移山等神话故事，都反映了中华民族自强不息、艰苦奋斗的精神。孟子《告子》言，"故天将降大任于斯人也，必先苦其心志，劳其筋骨，饿其体肤，空乏其身，行拂乱其所为，所以动心忍性，曾益其所不能"，强调艰苦奋斗的重要性。清代思想家、教育家颜元说："君子之处世也，甘恶衣粗食，甘艰苦劳动，斯可以无失矣。"[1] 意思是指君子的生活方式，是甘愿穿简陋的衣服，吃简单的饭食，甘愿从事艰苦的劳动，这样就可以保证没有什么过失了，强调了艰苦奋斗与君子人格培养之间的关系。

5. 倡导节约

珍惜劳动产品，倡导勤俭节约是中华民族的优良传统。墨子在其《节用》篇言，"其倍之，非外取地也，因其国家去其无用之费，足以倍之"，其意是说财利的增长，并不是向外掠夺土地的结果，而是国家根据实际情况省去无用之费，使得国家财富加倍增长的结果；墨子还说，只要根据实际用途合理使用财物，必然会"用财不费，民德不劳，其兴利多矣"。朱子《治家格言》用"一粥一饭，当思来之不易；半丝半缕，恒念物力维艰"告诫子弟节俭；曾国藩以"家俭则兴，人勤则健；能勤能俭，永不贫贱"倡导勤俭。

6. 精益求精

中国传统劳动观还包含了精益求精的匠人精神。《庄子·达生》写"佝偻者承蜩"，就是一个驼背人捕蝉的故事，这个佝偻者通过大量练习，练手腕、练臂力、练站功，练就了一身基本功，捉知了时，身体竖得像木桩一样，纹丝不动，举竿的手臂就像枯木的树枝，最后捉知了

---

① 颜元:《颜元集》,王星贤、张芥尘、郭征点校,中华书局,1987,第 750 页。

"就像在地上拾取一样"。孔子评价其"用志不分，乃凝于神"，告诉人们只有专注于自己从事的工作，心无旁骛，用心去感受、去创造，才会达到出神入化的境界。还有《庄子·养生主》所写的"庖丁解牛"、欧阳修笔下的"卖油翁"，这些故事都说明了只要执着专注，就能修得精湛技艺的道理。

总之，中华优秀传统文化中闪烁的劳动思想光芒，是中华文明得以传承并不断发扬光大的内生密码，是新时代中国特色社会主义劳动思想产生和发展的重要源泉。

二、马克思主义的劳动观

劳动是马克思、恩格斯揭示人类及人类社会历史发展的钥匙，劳动理论是马克思主义理论体系的逻辑起点，而劳动观是马克思主义劳动理论的核心构成。

（一）马克思主义劳动观的形成过程

在资本主义纷繁复杂的历史条件下，马克思、恩格斯在对欧洲古典政治经济学家的劳动价值论、德意志古典哲学家的劳动哲学、空想社会主义者的劳动思想等进行广泛研究与批判继承的基础上，创立并形成了马克思主义劳动观。总的来说，马克思主义劳动观的产生和发展大致经历了四个阶段，并相应地提出了四种理论形态。

1. 马克思主义劳动观的萌芽阶段：异化劳动理论的提出

1844 年 8 月以前，是马克思主义劳动观的初创阶段，异化劳动理论是其最主要的理论形态，主要观点集中在《1844 年经济学哲学手稿》之中。

马克思异化劳动理论分析了异化劳动的基本含义，认为在资本主义大生产中，工人不能把劳动当作他自己体力和智力的活动来享受，因此，工人越劳动，越无法实现人的自由发展。马克思异化劳动理论还对异化劳动的基本环节、哲学基础及四种基本规定进行了分析。同时，也揭示了资本主义异化劳动的本质是旧的社会分工，为马克思主义唯物史观及科学社会主义理论的提出提供了重要支撑。

2. 马克思主义劳动观的创立：唯物史观的提出

从 1844 年 8 月到 1848 年 2 月《共产党宣言》发表，这是马克思主义劳动观的创立阶段，其标志是马克思主义唯物史观的提出。这一时期，马克思主义劳动观主要通过《关于费尔巴哈的提纲》《神圣家族》《德意志意识形态》等一系列著作体现出来。其中，《德意志意识形态》在唯物史观的发展史上具有重大意义。

马克思主义唯物史观认为，人类社会的基本矛盾是生产力和生产关系之间的矛盾、经济基础和上层建筑的矛盾，这是推动社会发展的基本动力。马克思主义唯物史观的形成对马克思主义劳动观的形成和发展产生了非常重要的影响，它不仅为马克思主义政治经济学研究提供了科学的世界观和方法论，而且确定了马克思主义政治经济学的研究对象和研究出发点。

3. 马克思主义劳动观的发展：劳动价值理论的提出

从 1848 年 2 月到 1871 年巴黎公社革命的爆发，是马克思劳动观的发展阶段。在这一时期，马克思主义劳动观最重要的理论成果就是科学劳动价值理论的形成，其代表性著作包括《伦敦笔迹》《1857—1858 年经济学手稿》《1861 - 1863 年经济学手稿》《资本论》第一卷等。劳动价值理论的提出是马克思主义劳动观成熟的标志。

马克思、恩格斯以马克思主义唯物史观为指导，明确了劳动的基本内涵，划分了劳动的种类，分析了劳动与价值、剩余价值的关系，更加深入地揭示了资本主义社会异化劳动的根源和秘密。尤其是通过分析资本主义劳动二重性和资本主义再生产过程，马克思、恩格斯揭示了资本主义劳动的本质和内在矛盾，从而为克服资本主义异化劳动，实现劳动的本质回归提供了科学的路径。

4. 马克思主义劳动观的完善：劳动解放理论的提出

1871 年巴黎公社革命以后，马克思、恩格斯进一步吸收了历史学、文化人类学、考古学和自然科学的最新成就，从人类发展史的角度探索了劳动在创造人和人类社会中的作用，揭示了人的本质和劳动的本质，提出了劳动解放理论，从而使得马克思主义劳动观得到进一步完善。

（二）马克思主义劳动观的主要内容

马克思主义劳动观的主要内容，包括劳动创造论、劳动价值论、劳动解放论三部分。

1. 劳动创造论

马克思、恩格斯从唯物史观的角度提出，劳动是人类最基本的社会实践活动，是人类社会生存与发展的基石，是人的本质。劳动创造了人、人类社会和人类历史。

首先，劳动创造了人本身。恩格斯指出："劳动是整个人类生活的第一个基本条件，而且达到这样的程度，以致我们在某种意义上不得不说：劳动创造了人本身。"① 正是劳动，将人与猿区分开来，实现了从猿到人的历史性转变。在《劳动在从猿到人转变过程中的作用》一文中，恩格斯系统阐述了劳动在人类从猿进化为人的过程中的作用。劳动使类人猿从直立行走到手脚分工，从四肢和大脑的发育到语言和思维的发展，再到制造工具，最终使人和猿彻底揖别。恩格斯把制造工具看作是真正意义的劳动，是整个人类生活的第一个基本条件，因而是"劳动创造了人本身"。

其次，劳动是人的本质。马克思在《1844年经济学哲学手稿》中指出，区分一个种群、种族的根本立足点，在于其生命活动性质，而人的根本生命性质就是劳动。相比于自然界其他动物单纯满足生存本能并束缚于自己本能的欲求，人类虽然同为自然的一部分，但他们能够通过劳动，逐渐摆脱对自然的依赖，同时，在满足自身生存的基础上，又能够突破自身和客观条件的桎梏，进一步通过劳动去适应、改造自然，在不断劳动和不断创造的过程中不断自我超越，印证了劳动的伟大以及人类存在的意义，这正是马克思所描述的"人类的存在论"。

再次，劳动创造了人类社会。马克思在提出劳动是人的类本质的基础

---

① 恩格斯:《自然辩证法》,中共中央马克思恩格斯列宁斯大林著作编译局编译,人民出版社,2018,第303页。

上，进一步阐明了"人的本质是社会关系的总和"，劳动在创造人的同时，也创造了人类社会。人类通过劳动关系构成了内外联系的统一整体，即一切社会关系的总和。人通过劳动生产获取生活必需品，建立起各种社会关系，通过劳动满足生存、情感与发展的需要。"劳动是人的类本质"本身就意味着人的本质属性是社会属性。于是，人的类本质与人的社会本质取得了内在的统一。

最后，劳动创造了人类历史。人类历史是人本身、社会以及自然界通过劳动实践活动而相互作用发展的。马克思指出："整个所谓世界历史不外是人通过人的劳动而诞生的过程。"① 在谈及人类社会历史的起源时，马克思、恩格斯认为："人们为了能够'创造历史'，必须能够生活。但是为了生活，首先就需要衣、食、住以及其他东西。因此第一个历史活动就是生产满足这些需要的资料，即生产物质生活本身。同时这也是人们仅仅为了能够生活就必须每日每时都要进行的（现在也和几千年前一样）一种历史活动，即一切历史的基本条件。"② 可见，社会历史建立的基础是劳动，人类发展的历史就是劳动发展的历史，劳动为人类的生存发展提供必要条件，是人类社会进步的根本动力。

2. 劳动价值论

马克思从政治经济学的角度提出了劳动价值论，这是马克思主义劳动观走向成熟的标志。劳动价值论阐释了商品经济的本质特征和运行规律，肯定了活劳动即指在物质资料的生产过程中劳动者的脑力和体力的消耗过程，是价值创造的唯一源泉，并奠定了剩余价值论的理论基础。劳动价值论包括了商品二因素和劳动二重性理论。

首先，商品二因素理论。马克思认为，商品就是用来交换的劳动产品，是人类社会在历史发展阶段中劳动的产物，是劳动的外在表现形态，它体现的是劳动的本质。马克思从商品入手，引出商品的二因素——价值

---

① 马克思、恩格斯：《马克思恩格斯全集》第42卷，人民出版社，2002，第310页。

② 马克思、恩格斯：《马克思恩格斯全集》第3卷，人民出版社，2002，第31页。

和使用价值，商品的价值是指凝结在商品中的无差别的人类劳动，而商品的使用价值就是物的有用性。价值与使用价值两者辩证地统一于一个商品之中，缺少这两个因素中的任何一个，物品都不可能成为商品。价值的存在要以使用价值的存在为前提，使用价值是价值的物质承担者。

在资本主义生产方式下，资本家通过买卖劳动力进行生产，劳动力成为商品，资本家按照劳动力的价值支付劳动者一定的工资。同时，资本家通过延长劳动时间和提高劳动生产率的方式，提高劳动力所创造出来的价值，这个价值和资本家所支付的劳动力的价值之间存在着差额，这个差额就是剩余价值。马克思通过对资本家私人占有社会财产、从而拥有或占有劳动的权利，研究得出劳动才是资本主义社会真正赖以发展的基础性、根本性的东西，私有制是万恶之源等结论，并且在此基础上，阐释了劳动的异化、阶级理论和剥削理论。

其次，劳动的二重性理论。劳动二重性指的是具体劳动和抽象劳动，劳动的二因素决定了商品的二重性。具体劳动创造使用价值，抽象劳动创造价值。生产商品的劳动实际上是抽象劳动与具体劳动的对立统一。这种对立统一表现在：第一，价值表现方面。就使用价值说，有意义的只是商品中包含的劳动的质，也就是怎样劳动、什么劳动的问题；就价值量说，有意义的只是商品中包含的劳动的量，这种劳动已经化为没有质的区别的人类劳动，是劳动多少、劳动时间多长的问题。第二，劳动的二重性决定了商品的两个因素。一方面是人类劳动力在生理学意义上的耗费，就相同的或抽象的人类劳动这个属性来说，它形成商品价值。另一方面是人类劳动力在特殊的有一定目的的形式上的耗费，就具体的有用的劳动这个属性来说，它生产使用价值。在劳动过程中，个人的、具体的劳动创造使用价值，社会的、抽象的劳动创造价值，劳动就是使用价值的生产和价值的生产的有机统一。

3. 劳动解放论

马克思在资本主义私有制决定社会生活条件的前提下提出异化劳动的理论，他指出："工人生产的财富越多，他的生产的影响和规模越大，他就越贫穷。工人创造的商品越多，他就越变成廉价的商品。"①劳动异化导致了人的类本质的异化。异化状态是人类解放和自由的障碍，要改变这个状态，就必须通过革命消灭资本主义赖以生存的经济基础——私有制。只有这样，人类才能获得真正的劳动快乐和自由，才能获得根本的解放。这样的人类解放理想并非是子虚乌有的"乌托邦"，而是建立在"人的现实劳动"基础之上的人的解放和社会解放的统一。

人的自由解放是马克思终生为之奋斗的主题，它贯穿了马克思主义理论体系的始终。马克思认为人的解放不是单纯的精神愿望，也不是先决的命定，而是人通过对象性活动不断加深认识并且与客观世界互相确证的主体化过程。人的解放也就是每个人在自由全面地创造世界的活动中实现自由全面的发展。劳动解放依靠人的劳动实践活动，是消灭异化劳动、实现劳动自由的必由之路。

马克思指出："劳动首先是人和自然之间的过程，是人以自身活动来中介、调整和控制人和自然之间的物质变换的过程。"② 任何生物的生命和自身能力都是有限的，人和动物一样在长期适应客观环境的活动中寻找最适合自身发展、对自身生命损耗最小的路径实现最大化的生存和繁衍。但人与动物不同的是，动物的这种效益遵循的是本能，而人的生存与繁衍则具有自觉性、能动性及目的性。因此，人能够根据自身的条件和需要，自主自觉地和对象世界进行交换，也就是说，人在为了实现自身目的而与自然交互的过程中达到自主自由，即依靠劳动将观念目的变为现实。马克思认为，人通过劳动促进劳动生产力极大发展，缩小为了生存而必需的生命消耗，最大限度地获得能够实现自己自由全面发展的物质基础，并且在劳动中不断扩大和丰富人的社会交往关系，使人不断克服自然造成的客观障碍，摆脱压迫性社会的枷锁，劳动逐步转化成人的自由的活动，实现了人的自由解放。在此基础上，马克思指出，生产劳动同教育相结合，不仅是

---

① 马克思、恩格斯:《马克思恩格斯文集》第 1 卷,人民出版社,1995,第 4 页。

② 马克思、恩格斯:《马克思恩格斯文集》第 5 卷,人民出版社,1995,第 177 页。

提高社会生产的一种方法，而且是造就全面发展的人的唯一方法。

（三）马克思主义劳动观的延续发展

作为一种具有与时俱进的理论品质的劳动观，马克思主义劳动观形成后并不是一成不变的，而是伴随人类社会的发展而不断变化发展。

十月革命胜利后，世界上第一个社会主义国家苏联成立，资本主义也由自由竞争阶段进入到垄断时期。列宁在这一历史条件下继承和发展了马克思主义的劳动观，提出了保护劳动者身心健康、对劳动者开展教育、合理使用劳动者、颂扬共产主义劳动态度、强调劳动纪律及提高劳动生产率等观点。

毛泽东等老一辈无产阶级革命家开启了马克思主义劳动观中国化的进程。毛泽东劳动观的主要内容包括：在思想上，坚持马克思主义劳动观基本原理，重视劳动生产在人类历史发展过程中的作用，将劳动与整个国家、民族未来的命运紧密联系在一起；在政治上，重视体力劳动在锻造无产阶级革命意识中的作用，强调干部是普通劳动者，要参加集体生产劳动，重视体力劳动者与重视脑力劳动者（知识分子）相结合等；在经济上，进一步创造性地发展了马克思主义劳动要素论，强调科技创新和提高劳动生产率，坚持社会主义按劳分配原则；在教育上，强调教育必须与生产劳动相结合等。邓小平提出"科学技术是第一生产力""允许一部分人先富起来，提倡先富带动后富，最终实现共同富裕"。江泽民提出"尊重劳动、尊重知识、尊重人才、尊重创造"四个尊重方针。胡锦涛在论述社会主义荣辱观时提出了"以辛勤劳动为荣，以好逸恶劳为耻"的劳动理念。

三、新时代中国特色社会主义劳动观

新时代中国特色社会主义劳动观是习近平新时代中国特色社会主义思想的重要组成部分。新时代中国特色社会主义劳动观一方面重申了马克思唯物史观、劳动价值论以及人的解放学说中关于劳动的经典观点，另一方面弘扬了中华优秀传统文化中的劳动思想，并赋予新的时代内涵，形成了包括"崇尚劳动"的劳动价值观、"热爱劳动"的劳动教育观、"实干兴邦"的劳动实践观以及"民族复兴"的劳动发展观的理论体系。

（一）"崇尚劳动"的劳动价值观

习近平总书记高度重视劳动对于个体、社会和国家的重要价值，基于马克思主义劳动观，提出："人民创造历史，劳动开创未来。劳动是推动人类社会进步的根本力量。"① 进而引导全社会，尤其是青少年学子们"崇尚劳动"。

在个体层面，习近平总书记强调指出："劳动是财富的源泉，也是幸福的源泉。人世间的美好梦想，只有通过诚实劳动才能实现；发展中的各种难题，只有通过诚实劳动才能破解；生命里的一切辉煌，只有通过诚实劳动才能铸就。"② "幸福不是毛毛雨，幸福不是免费午餐，幸福不会从天而降。人世间的一切成就、一切幸福都源于劳动和创造。"③ 这些都蕴含着习近平总书记关于劳动对于个人重要价值的深刻洞察，即只有踏实劳动、辛勤劳动，才能把美好的理想从缥缈的梦想之境带回到无比坚实的现实之中，才能过上幸福的生活。

在社会层面，习近平总书记立足时代，创造性地发展了马克思主义有关劳动创造人类的重要观点，进一步指出："人类是劳动创造的，社会是劳动创造的。"④ 要在全社会营造"崇尚劳动"的"蔚然风气"。这不仅看到了劳动之于个人的全面发展的重要作用，更是看到了劳动之于社会整体的创造性作用。

在国家层面，习近平总书记强调："劳动创造了中华民族，造就了中

---

① 习近平:《在同全国劳动模范代表座谈时的讲话》,https://www.gov.cn/ldhd/2013 – 04/content/2013 – 04 – 25./2023 – 05 – 12,访问日期:2024 年 5 月 5 日。

② 同①

③ 习近平:《在会见中国少年先锋队第七次全国代表大会代表时的讲话》,《人民日报》2015 年 6 月 2 日。

④ 习近平:《在知识分子、劳动模范、青年代表座谈会上的讲话》,人民出版社,2016,第 9 页。

华民族的辉煌历史，也必将创造出中华民族的光明未来。"① 这既是历史唯物主义所昭示的客观真理，也是习近平总书记劳动价值观的集中彰显，而要真正学深悟透这一新时代的劳动价值观，作为时代新人的青年大学生就必须从"崇尚劳动"做起。

（二）"融入五育"的劳动教育观

习近平总书记站在推动实现中华民族伟大复兴的高度，着眼于为中国特色社会主义事业培养具有德智体美劳全面发展品质的优秀建设者和接班人、培养勇于担当民族复兴大任的时代新人，创造性地把劳动教育提升到与德育、智育、体育、美育并重的、全面发展的教育五大内容之一。

习近平总书记提出，新的历史条件下的劳动教育是新时代中国特色社会主义教育制度的重要内容，是德智体美劳全面发展的教育体系的重要组成部分。在 2018 年全国教育大会上，习近平总书记强调指出："要在学生中弘扬劳动精神，教育引导学生崇尚劳动、尊重劳动，懂得劳动最光荣、劳动最崇高、劳动最伟大、劳动最美丽的道理，长大后能够辛勤劳动、诚实劳动、创造性劳动。""要努力构建德智体美劳全面培养的教育体系，形成更高水平的人才培养体系。"② 习近平总书记的这番讲话，是对一个时期以来我国教育当中出现的劳动教育地位降低、实施弱化等困境的纠偏，强调了新时代劳动教育的重要性，将劳动教育的地位从促进德智体美的途径和载体提升为与德智体美并重的五大内容之一，把劳动教育看作是五育并举、全面培养的教育体系的重要组成部分。之所以如此强调新时代劳动教育的重要性，习近平总书记也给出了明确的答案："要通过各种措施和方式，教育引导广大青少年牢固树立热爱劳动的思想、牢固养成热爱劳动的习惯，为祖国发展培养一代又一代勤于劳动、善于劳动的高素质劳动

---

① 习近平:《必须充分发挥我国工人阶级的重要作用》,载《论坚持人民当家作主》,中央文献出版社,2021,第 28 页。

② 习近平:《培养德智体美劳全面发展的社会主义建设者和接班人》,载《习近平著作选读》第 2 卷,人民出版社,2023,第 202 - 203 页。

者。"① 习近平总书记从更高的站位上提出了对劳动教育重要性的认识，在这种理论站位的背后，是把劳动教育作为培育时代新人的重要内容，是作为党和国家领导人对以劳动托起中国梦的高瞻远瞩。

（三）"实干兴邦"的劳动实践观

劳动价值观和劳动教育观不是彼此孤立的，而是有着共同的目标与诉求，这种共同的目标和诉求集中体现在"实干兴邦"的劳动实践观上。

首先，在新时代，大力推进"实干兴邦"的伟大事业，必须充分发挥共产党员的先锋模范作用。习近平总书记强调："劳动，是共产党人保持政治本色的重要途径，是共产党人保持政治肌体健康的重要手段，也是共产党人发扬优良作风、自觉抵御'四风'的重要保障。广大党员、干部要带头弘扬劳动精神，增强同劳动人民的感情，带头在各自岗位上勤奋工作、踏实劳动。"② 让共产党员人人能劳动、会劳动、愿劳动、爱劳动，只有这样，由这些发自内心热爱劳动的千千万万共产党员组成的中国共产党，才能在伟大事业中更好地发挥领导核心作用，使"实干兴邦"的激情与豪言，化作促进经济社会各项事业健康发展的精神力量。

其次，通过劳动实践真正做到和实现"实干兴邦"，必然涉及各行各业，必然牵涉数以千万计的普通劳动者，这需要树立对不同种类的劳动行业都持守职业平等、劳动神圣的观念。习近平总书记在多个场合、多次会议上反复强调："劳动没有高低贵贱之分，任何一份职业都很光荣"③ "一切劳动，无论是体力劳动还是脑力劳动，都值得尊重和鼓励；一切创造，无论是个人创造还是集体创造，也都值得尊重和鼓励。"④ 只有在这种平等的劳动观的指导之下，不同行业的劳动者才能齐心协力，共同实现"实干

---

① 《习近平在乌鲁木齐接见劳动模范和先进工作者、先进人物代表 向全国广大劳动者致以"五一"节问候》，《人民日报》2014 年 5 月 1 日。

② 同①

③ 习近平：《在知识分子、劳动模范、青年代表座谈会上的讲话》，人民出版社，2016，第 9 页。

④ 习近平：《在庆祝"五一"国际劳动节暨表彰全国劳动模范和先进工作者大会上的讲话》，载《论坚持人民当家作主》，中央文献出版社，2021，第 120 页。

兴邦"的誓言。

最后，在新时代，劳动实践观还具有一个极其重要的时代内涵，即随着经济社会的高速发展，科技创新对国民经济发展的贡献率占比越来越高，这必然要求我们在劳动实践中高度重视和发挥科技含量高的劳动行业的作用。要实现我们的目标，归根到底要靠辛勤劳动、诚实劳动、科学劳动。由此可见，在"实干兴邦"的劳动实践观中，我们应紧随时代发展，紧跟科技步伐，不断提高劳动的科技含量，这样才能在竞争日益激烈的国际国内环境中，高效、绿色、可持续地实现中华民族的复兴梦、强国梦、幸福梦。

（四）"民族复兴"的劳动发展观

习近平总书记多次强调："实现中华民族伟大复兴，绝不是轻轻松松、敲锣打鼓就能实现的，要付出更为艰巨、更为艰苦的努力"①，这就是"民族复兴"的劳动发展观。

首先，要积极开展劳动精神教育活动。意识之于物质活动而言，具有一种极其重要的、不可忽视的能动作用。如果能把这种意识的能动作用善加引导，使之直接或间接地作用于为民族复兴而奋力拼搏的全体中华儿女，那么，在民族复兴的征程上，我们将具有更强大的精神力量，以坚定信心、砥砺意志奋勇前进。而在这其中，最为重要的莫过于习近平总书记突出强调的劳模精神、劳动精神和工匠精神，三种精神层层递进，都是中国精神的生动体现，是推动社会发展的强大精神动力。

其次，要在更高水平和更高层次上不断增强劳动者的劳动素质，把提高劳动者素质，培养高素质劳动大军作为新时代劳动教育的目标。习近平总书记指出："劳动者素质对一个国家、一个民族发展至关重要。劳动者的知识和才能积累越多，创造能力就越大。提高包括广大劳动者在内的全民族文明素质，是民族发展的长远大计。面对日趋激烈的国际竞争，一个

---

① 习近平：《培养德智体美劳全面发展的社会主义建设者和接班人》，载《习近平著作选读》第 2 卷，人民出版社，2023，第 200 页。

国家发展能否抢占先机、赢得主动，越来越取决于国民素质特别是广大劳动者的素质。"① 在推动实现中华民族伟大复兴的关键期，习近平总书记多次强调了新的历史条件下提升劳动者素质对于实现中华民族伟大复兴、实现"两个一百年"奋斗目标的重要性，并指明了新时代培养高素质劳动者的方向和目标。这是习近平总书记对马克思主义劳动学说中关于劳动者思想的丰富，也是根据我国发展社会主义事业的伟大实践提出的科学判断。

最后，为了实现中华民族伟大复兴，必须大力倡导创新性劳动。伴随着创新驱动发展战略的实施、新时代数字经济到来、人工智能崛起，创新成为当今时代发展的主题，创新驱动发展战略成为我国的重要发展战略，加之新技术、新模式、新业态、新产业不断涌现，创新性劳动已成为新时代劳动的重要内容，同时也对劳动者创新性的劳动能力提出了新的要求。习近平总书记指出："创新是一个民族进步的灵魂，是一个国家兴旺发达的不竭动力，也是中华民族最深沉的民族禀赋。在激烈的国际竞争中，惟创新者进，惟创新者强，惟创新者胜。"② 随着世界科技创新的突飞猛进，劳动者亦必须跟上时代潮流，只有加强创新性劳动学习，提高创新能力，释放创造热情，才能适应国家和社会发展需求。

第三节　劳动相关的精神

伟大的时代呼唤伟大的精神，伟大的精神推动伟大的事业。新时代是奋斗者的时代，是以劳动为荣的时代，需要我们大力弘扬劳模精神、劳动精神、工匠精神，以高尚的精神塑造人，以先进的事迹感召人，以美好的情操引导人，以模范的作用教育人。

---

① 习近平:《在庆祝"五一"国际劳动节暨表彰全国劳动模范和先进工作者大会上的讲话》,载《论坚持人民当家作主》,中央文献出版社,2021,第123页。

② 习近平:《创新正当其时,圆梦适得其势》,载《论党的青年工作》,中央文献出版社,2022,第44页。

一、劳模精神

在我国经济和社会发展的不同历史阶段，一代又一代的劳动模范作为各领域、各战线上的骨干和中坚，为党和人民建立了丰功伟绩，铸就了伟大的劳模精神。

（一）劳模精神的内涵

劳动模范是党和政府对在社会主义建设中做出突出贡献、取得显著成绩的劳动者授予的一种荣誉称号，又指获得劳动模范称号的劳动者（简称"劳模"）。劳模精神是对广大劳模身上所积累和展现出的价值观念、道德风范、精神风貌和行为准则等的凝练概括，是教育、引导和激发广大劳动者积极性、主动性和创造性的强大精神力量。

（二）劳模精神的特点

1. 先进性

劳模精神的先进性体现在，它是一种先进的思想理念和价值追求，是从广大劳动者中脱颖而出的劳模身上所体现出的先进精神，是激励广大劳动者学先进、向先进看齐的榜样精神。这种先进性通过劳动模范的高尚境界和先进事迹来体现，也通过为广大劳动者树立学习的榜样和楷模来体现。

2. 群众性

劳模精神的群众性是指劳模精神产生、发展和升华都来源于广大劳动者，更是指劳动精神是激励更多劳动者崇尚劳动、积极劳动的强大精神力量。一方面，劳动精神体现在从广大劳动者中脱颖而出的劳模身上；另一方面，又为广大劳动者指明了奋斗的目标和方向，是激励广大劳动者建功新时代，以劳动托起中国梦的宝贵精神财富和强大精神力量。

3. 时代性

劳模精神孕育于革命战争时期，历经新中国成立初期、社会主义建设时期、改革开放新时期、新时代的发展，其内涵不是单一、静止的，而是与时俱进、不断发展完善的。劳模精神既有相对稳定的基本特征，又有不同的时代主题，体现和引领着不同时代的先进思想和价值追求，具有鲜明的时代性。新时代的劳模精神是伟大时代精神的重要组成部分。

4. 教育性

劳模精神本质上是一种榜样精神，是一种教育引导广大劳动者坚定理想信念、积极投身劳动、提高劳动效率、勇追时代潮流的精神力量。因此，劳模精神具有教育性。这种教育性既体现在教育引导广大劳动群众自觉提高劳动技能和劳动业绩方面，更体现在塑造广大劳动者正确的世界观、人生观和价值观方面。

（三）劳模精神的内容

劳模精神包括"爱岗敬业、争创一流，艰苦奋斗、勇于创新，淡泊名利、甘于奉献"等内容，其中，爱岗敬业是本分，争创一流是追求，艰苦奋斗是作风，勇于创新是使命，淡泊名利是境界，甘于奉献是修为。

1. 爱岗敬业、争创一流

爱岗敬业是指劳动者无论从事什么职业，身处何种岗位，都热爱本职岗位，并以严肃认真、尽职尽责的态度对待自己的本职工作的工作态度。爱岗敬业是在劳动分工的条件下崇尚劳动的劳动观在职业劳动上的体现。广大劳模身上体现出的爱岗敬业的职业态度和职业道德，使爱岗敬业成为劳模精神的首要内涵。广大劳动者要以劳模为榜样，做到爱岗敬业。首先，要具有强烈的主人翁意识和勇担使命的责任意识。其次，要做到干一行爱一行。只有在情感上对岗位、对劳动发自内心的热爱，才能在行动上自觉地干好一行，才会把所从事的职业当作事业来看待和追求。最后，爱岗敬业要具备过硬的业务技术。干事创业，不但要有工作热情，而且需要不断提高工作能力。要立足岗位，认真学习业务知识，不断钻研工作的新思路、新方法，努力成为胜任本职工作的"行家里手"。

争创一流是指劳动者在工作中争取创造名列前茅的或者最好的工作成绩或业绩的积极作为、奋发向上的精神风貌。广大劳模在工作中不断强化自身竞争意识，以舍我其谁的勇气去奋斗、以蓬勃向上的朝气去进取、以一马当先的锐气去开拓、以敢为人先的风范去拼搏、以争创一流的情操去奋进，争当各个行业的排头兵，为我们树立了榜样，形成了争创一流的宝贵精神。广大劳动者要像劳模那样，努力在各行各业争创一流。首先，要设立一流的工作标准。要在高起点上追求更高，在新起点上求新求变，迎难而上，在更高水平上创造出一流的工作业绩。其次，要不断拓宽工作视野。要用宽广的发展视野，跳出本单位本系统的范围，跳出原有思维、原有状态的局限，在更大范围、更高层次上找座次、定坐标、求突破。最后，要有积极进取的良好心态。面对困难和挫折，多从积极的方面去思考，从可能成功的一面去努力，不安于现状，勇于开拓、锐意创新，努力创造一流成绩。

爱岗敬业、争创一流体现了广大劳模恪尽职守、创先争优的职业道德及高度的历史使命感、责任感。大力弘扬爱岗敬业、争创一流的精神，是对劳动卑贱的错误价值认知的应对，是对唯脑力劳动论、体力劳动卑贱论、体力劳动简单论等错误认识的批评，是推动全社会形成崇尚劳动、热爱劳动，以辛勤劳动、诚实劳动为荣，以好逸恶劳、不劳而获为耻的良好风尚的重要精神动力。

2. 艰苦奋斗、勇于创新

艰苦奋斗是指劳动者勤俭节约，珍惜劳动成果，克服艰难困苦，甘于苦干的精神和品质。艰苦奋斗作为一种积极的、健康的工作作风和生活态度，一种思想境界和价值取向，是劳模精神稳定而永恒的本色。广大劳动者要像劳模那样，发扬艰苦奋斗的精神。首先，在思想上增强吃苦耐劳的意识。要认识到，在劳动实践中，越是条件艰苦、困难较多，越能磨炼人的意志，越能培养吃苦耐劳、坚忍不拔的品格和作风。其次，在精神上保持昂扬奋进的锐气。实现中华民族伟大复兴不是敲锣打鼓、轻轻松松就能实现的，需要我们发扬艰苦奋斗、勤俭节约的精神。人生的道路难免会遇到逆境和挫折，需要我们保持艰苦奋斗的精神，在逆境中锤炼意志，在磨砺中锻炼成长。最后，在行动上做到吃苦在前、享乐在后。

勇于创新是指广大劳模敢于突破老规矩，敢于打破旧框框，敢于接受新事物，敢于巧干，在劳动实践中创造性地建立新机制、创设新思路、采取新方法、取得新成绩的精神和品质。创新是一个民族发展进步的灵魂，是一个国家兴旺发达的动力。广大劳模之所以成为广大劳动者学习的模范和榜样，很大程度上源于他们不断钻研科学技术，不断增强勇于创新的意识，不断提升善于创新的能力，不断形成创新的成果、创新的技术和创新的思想。广大劳动者要像劳模那样，积极弘扬勇于创新的精神。第一，要培养创新思维。要敢于突破、敢于怀疑、敢于扬弃，敢想、敢说、敢做，形成求异、求新、求特、求奇、求变的创新思维。第二，要培养创新勇气。要敢想、敢干、敢闯，敢于创新，敢于开拓，敢于挑战极限，敢于突破自己。第三，要提高创新能力。要提高创新心理素质，要有独到见解，做到独具匠心、独具慧眼、独辟蹊径、独创新法。第四，要善于抓住机遇。机会是给有准备的人的。没有机会，要创造机会；有了机会，则要勇敢地抓住。第五，要执着追求。创新需要一种执着的科学探索精神。创新的道路不是一帆风顺的，需要反复面对失败而不气馁，直至成功。

艰苦奋斗、勇于创新体现了广大劳模吃苦耐劳、坚忍不拔的优良作风和强烈的开拓意识、创新意识，也体现了劳模精神的基本特征与时代内涵的有机统一。在新时代，我们不仅要传承好老一辈劳模忘我的劳动热情和吃苦耐劳的优良传统，更要弘扬与时俱进、开拓创新的时代品格，紧握时代前进的脉搏，锐意进取、创新创优，推动我国经济社会高质量发展。

3. 淡泊名利、甘于奉献

淡泊名利就是劳动者超脱世俗的诱惑和困扰，合理地控制自己的欲望，豁达客观地看待名声与利益，脚踏实地地专心干事，为国家和社会发展贡献价值和力量。淡泊名利是中华民族的传统美德，是做人的崇高境界。许多劳模几十年如一日，默默耕耘，专注做事，是为而不争、一心为民的典范。我们要以劳模为榜样，学习他们淡泊名利的优秀品质。首先，要以平静之心对待自己。面对名和利，我们要保持高尚的人格和淡泊的心境，放下名利，轻装上阵。其次，要以平稳之心处事。要少一点名利、多一点淡泊，少一点奢求、多一点知足，少一点索取、多一点奉献，做到多淡泊、多知足、多奉献。最后，要以平常之心对待名利。在价值观多元化的当今社会，一些人受到拜金主义、享乐主义等腐朽思想的影响，其价值观被扭曲，认为只有获得名誉、金钱和地位才是能力的象征，否则就是无能的表现。为了抵制、纠正这种错误认识，我们需要将个人荣誉、物质利益、待遇享受、社会地位看得淡一些，经受住名利得失的考验，更加超然、更加纯粹地投入到本职工作中去。

甘于奉献是指心甘情愿地为他人或集体服务，不计较个人得失，不图回报的品质和行为。甘于奉献是马克思主义理论中大力倡导的共产主义道德原则和规范，是马克思主义职业价值观最崇高的目标，更是我国社会公德、职业道德、家庭美德、个人品德等优良道德品质的重要内容。广大劳模无一例外地在各自的事业中不求回报地默默付出，将自己的幸福融入国家和人民的幸福之中。正是如此，劳模和劳模精神才获得了全社会的认同，劳模精神才焕发着光彩和生机，才能成为凝聚人、鼓舞人前进的磅礴力量。我们要从三个方面努力学习广大劳模甘于奉献的品质。首先，要在本职岗位上默默付出。要一步一个脚印，步步经得起考验，扎扎实实做好自己所承担的工作；要甘于付出，凡事不能把自己置于以个人为圆心、以个人利益为半径的圆中而不能自拔；对于工作任务，不能拈轻怕重，不管干过没干过、困难有多大，都要勇于承担，努力完成。其次，要勇于承担社会责任。每个人在社会上都有某种定位，承担着一定的社会责任，认真履行好这些责任是甘于奉献的基础。最后，要做好充分准备。奉献必须有所准备，思想动力准备是前提，没有思想动力准备，就不可能主动做出奉献；知识能力准备是条件，没有知识能力准备，就做不出应有的奉献；劳动付出准备是关键，没有劳动付出准备，就会在奉献面前退却。

淡泊名利、甘于奉献是中华民族传统美德的重要组成部分，是新时代劳动者应有的高尚品格。淡泊名利、甘于奉献体现了广大劳模任劳任怨、不计得失的模范行动，反映了广大劳模大公无私、不怕牺牲的价值取向和高尚情操。在新时代，我们要向劳模及先进人物学习，专心干事，默默付出，只有这样，才能把自己塑造好、把人生规划好、把事业开创好。

二、劳动精神

劳动精神是马克思主义劳动观的丰富和发展，是中国共产党人精神谱系的重要组成部分，是习近平新时代中国特色社会主义思想的重要内容。

（一）劳动精神的内涵

劳动精神是劳动者劳动认知和劳动实践的统一，是对其劳动认知、劳动态度、劳动热情、劳动实践等的高度凝练，展现了劳动者在劳动过程中的正向思想情感、积极价值态度、优良行为特质和良好劳动精神风貌。

（二）劳动精神的特点

1. 主观性

劳动精神体现了劳动者主观的劳动认知和劳动实践，其核心和根本源于劳动者对劳动的主观认识和看法。随着时代的发展，科技的进步，人们的劳动观念发生了很大变化，甚至出现了不劳而获、好逸恶劳等错误认识。劳动精神能够引导广大劳动者特别是青少年树立正确的劳动观念，进而形成端正的劳动态度、良好的劳动习惯和行为等。

2. 能动性

劳动精神对于劳动者的劳动认知和行为具有能动的支撑和引领作用。"人民创造历史，劳动开创未来"，人世间所有的幸福生活都是靠辛勤劳动换来的，都需要全体劳动者脚踏实地的辛勤劳动。而这种辛勤劳动需要劳动精神来激发、引领和支撑。

3. 实践性

劳动精神的实践性是指劳动精神是在劳动者长期的劳动实践中产生的，是劳动者劳动实践的抽象表达。同时，弘扬劳动精神能够引导、帮助广大劳动者更好地进行劳动实践。劳动实践既是劳动精神培育的出发点，也是其落脚点。

4. 教育性

培育积极的劳动精神是新时代劳动教育的重要目标。开展劳动精神培育，将有助于涵养劳动者的实干品质，有助于砥砺劳动者的奋斗意志，有助于发掘劳动者的创新潜力，有助于增强劳动者的奉献意识。

（三）劳动精神的主要内容

劳动精神包括"崇尚劳动、热爱劳动、辛勤劳动、诚实劳动"等主要内容，其中，崇尚劳动是态度，热爱劳动是情感，辛勤劳动是美德，诚实劳动是品质。

1. 崇尚劳动

崇尚劳动就是树立正确的劳动认知和劳动态度，充分认识到劳动最光荣、劳动最伟大、劳动最崇高、劳动最美丽的道理。崇尚劳动是一种对劳动的认知和态度，是社会个体发自内心地对劳动产生的崇敬与礼赞，是对劳动最光荣、劳动最崇高、劳动最伟大、劳动最美丽的内心认同。崇尚劳动不仅要尊重劳动实践，还要尊重劳动者及劳动者的劳动成果。要做到崇尚劳动，首先，要认识到一切劳动的价值，形成对脑力劳动和体力劳动无差别的尊重。习近平总书记也特别强调："在我们社会主义国家，一切劳动，无论是体力劳动还是脑力劳动，都值得尊重和鼓励。"[1] 新时代实现中华民族伟大复兴需要数以万计的高素质劳动者，特别需要体力和脑力劳动能力俱佳，具有创新精神和实践能力的高素质劳动者。同时，随着劳动生产力的发展和科学技术水平的不断提高，体力劳动和脑力劳动的差别会越来越小，直至消失。因此，我们要认识到每一份职业都有其存在的必要性和独特价值，劳动面前人人平等，要尊重体力劳动、尊重体力劳动者，不因其职业性质而差别对待。其次，要尊重劳动者。劳动的主体是劳动者，劳动所创造的一切物质财富和精神财富都是由劳动者创造的。没有劳动者，就没有劳动这一人类特有的实践活动。最后，要珍惜劳动成果。劳动成果是劳动者通过有目的的劳动实践活动而产生的成果，凝结着劳动者无差别的人类劳动，具有价值和使用价值，我们要珍惜劳动成果，节约劳动成果。

---

[1] 习近平：《在庆祝"五一"国际劳动节暨表彰全国劳动模范和先进工作者大会上的讲话》，载《论坚持人民当家作主》，中央文献出版社，2021，第120页。

2. 热爱劳动

热爱劳动就是培养自觉劳动、积极劳动、主动劳动的情感。热爱劳动是一种对劳动的情感，是真心投入劳动的前提，是个体由劳动意识转化为劳动行为的重要环节。从有积极投身于劳动的主观意愿，到在劳动过程中发现劳动的乐趣、得到劳动的锻炼、保持对劳动的热情，再到尊重劳动者、珍惜劳动成果，体现了对劳动递进式的心理变化。要培育广大劳动者特别是青少年热爱劳动的精神，在精神层面，要引导、教育其认可劳动价值，热爱劳动实践，对劳动形成一种内生的热情，对劳动保持一种发自内心的热爱；在实践层面，要鼓励、支持其积极劳动、主动劳动，无论面对多大困难都不轻言放弃，在劳动中找到人生乐趣，实现人生的价值。

3. 辛勤劳动

辛勤劳动就是形成实干的劳动美德，促使劳动者形成勤勉做事、求真务实的优良品质。辛勤劳动作为一种优秀的劳动品质，是中华传统劳动美德在新时代的生动延续，也是对全体劳动者的基本要求。无论是体力劳动者付出辛劳和汗水，还是脑力劳动者付出智慧和心血，都属于劳动者的辛勤劳动，都值得被肯定、被尊重、被珍惜。只有辛勤劳动，才能最大限度地实现劳动者的价值；只有辛勤劳动，才能开创美好的未来。辛勤劳动还是劳动精神最主要的实践形态。社会主义现代化事业从蓝图绘就到具体实施，是一项极其宏大的社会系统工程，需要几代人乃至几十代人的辛勤劳动与接力奋斗。

4. 诚实劳动

诚实劳动就是培养诚信的劳动品德，是对劳动者在劳动过程中要脚踏实地、恪尽职守，遵守相关法律法规，秉持实事求是的态度去从事劳动、对待劳动成果的道德要求。人无信不立，业无信不兴。诚实劳动是一种对劳动的底线要求，是马克思主义劳动伦理的基本规定，也是对劳动者品德的客观规定。习近平总书记指出："人世间的美好梦想，只有通过诚实劳动才能实现；发展中的各种难题，只有通过诚实劳动才能破解；生命里的一切辉煌，只有通过诚实劳动才能铸就。"[1] 幸福不会从天降，世间所有的幸福都是用勤劳的双手换来的。要坚决抵制一切投机取巧、不劳而获的行为，树立诚实劳动的劳动伦理。要做到诚实劳动，一是要在劳动过程中求真务实，一切从实际出发，避免一切弄虚作假的劳动行为；二是必须坚守法律道德底线，通过合法劳动换取劳动报酬和劳动成果。

三、工匠精神

纵观历史，工匠精神始终是推动中华文明持续向前发展的强大精神动力。

（一）工匠精神的内涵

工匠是能工巧匠的简称。工匠精神是指工匠们在从事某一领域劳动实践或在钻研某一项技艺时所表现出的优秀思想意识和行为特征，并逐渐发展为集体性、时代性的精神特质，它是劳动者对从事工作全身心投入、对掌握技艺精益求精的一种宝贵精神。

（二）工匠精神的特点

1. 实践性

工匠精神产生于匠人的实践活动，同时又被匠人运用到造物过程中，主要通过工匠的生产活动表现出来。工匠精神经过不断发展，其内涵也变得更为丰富，具有鲜明的实践性。另外，工匠精神也只有用于推动劳动者像工匠一样追求用高超的技艺去生产出一流产品时，它的作用才能被充分发挥出来。

2. 发展性

工匠精神的发展性首先是其内涵的不断丰富。工匠精神所体现的是历史发展过程中优秀工匠群体具有的意识、行为和心理状态的集合，在不同历史阶段，工匠精神的内涵也在不断丰富，体现出明显的时代特征。其

---

[1] 习近平：《在同全国劳动模范代表座谈时的讲话》，载《习近平关于实现中华民族伟大复兴的中国梦论述摘编》，中央文献出版社，2013，第 81 页。

次，新时代的工匠精神已不只是表示工匠们所具备的价值取向，还是社会中所有劳动者在工作中的行为追求。

3. 人本性

工匠精神是对努力工作的劳动人民的一种价值肯定。根据马斯洛的需要层次理论，工匠精神反映的是匠人们在工作中追求自我价值的实现。这种自我价值的实现，摆脱了仅仅追求生理、安全等较低层次的需要，更多的是通过辛勤劳动、期待得到别人的认同和欣赏的高层次需要，以此增强自身的成就感、满足感与自豪感，体现着自身存在的价值。

（三）工匠精神的主要内容

工匠精神包括"执着专注、精益求精、一丝不苟、追求卓越"等主要内容，其中执着专注是一种坚守精神，精益求精是一种工作态度，一丝不苟是一种实干品质，追求卓越是一种创新思维。

1. 执着专注

执着专注是指工匠们坚定不移、长期钻研一项技艺、一份工作，或心无旁骛、集中全部精力从事某项技艺、完成某项工作时的专注态度。执着专注是工匠精神的基本特征，是一种全神贯注的精神状态，是一种坚守精神。这种坚守精神体现在两个方面：一是许多匠人"一生只为一事来"，数十年如一日，成年累月钻研一项技艺或一份工作，用自己一颗匠心、一份执着不断耕耘，最终推动了行业的发展、时代的进步。二是许多匠人在完成某项工作的过程中，始终保持着全身心投入的良好状态，心无旁骛、潜心钻研、精雕细琢和创新创造，以"偏毫厘而不敢安"的一丝不苟态度打造出一件又一件精品。无论是古代改进造纸术的蔡伦，还是今天经历数百次失败后发明青蒿素的屠呦呦，他们身上都体现着执着专注的工匠精神。

2. 精益求精

精益求精是指工匠们在工作中谨慎认真、反复钻研、不断推敲、追求卓越的职业美德。精益求精首先是一种工作状态，体现工匠们不断地优化、改进技术，追求自身技艺的"炉火纯青"，追求专业的不断精进，突破他人所不能做到的精湛工艺。精益求精还是一种工作标准，体现了工匠们对自身作品的完美要求。我国历史上有很多杰出的工匠，他们的作品及名声之所以能流传百世，就是因为他们身上体现了精益求精的精神。当今很多发达国家的一些企业及其产品，之所以有着强大的全球竞争力，其根源也是因为展现了精益求精的工匠精神。

3. 一丝不苟

一丝不苟是指工匠们一种做事的境界和自我要求，强调工作细节上的严格和工作态度上的严谨。一丝不苟是指能够精准认知事物，对于产品的设计、生产等步骤皆保持较高水准的要求及规范，并严格遵循标准及规范进行一系列操作；同时，在实际操作进程中，除执行标准程序，还特别重视产品加工及质量的不断提高，将认真、耐心始终融入产品制造及质量提高优化过程之中。新时代劳动者应始终坚持高标准、严要求，仔细打磨、臻于至善，在劳动与创作中，弘扬一丝不苟、爱岗敬业的工匠精神，涵养精雕细琢的匠心理念。

4. 追求卓越

追求卓越是指工匠们追求更好的质量、更高的技术、更完美的作品，取得最优秀的劳动成果或追求自我超越，成为所从事领域最优秀的人的职业追求。追求卓越不仅是一种职业态度，更是新时代劳动者的奋斗目标。追求卓越首先体现在追求产出最优秀的劳动成果上，毫不懈怠地对待每一件作品，是把事情做到最好，把技术做成艺术，在符合标准的基础上，不断打磨，不断追求完美，直到达到尽善尽美的优秀品质。追求卓越还体现在对现有技术进行大胆革新，为行业带来突破性贡献的创新精神。追求卓越还体现在对待自身上，不断反省自己、完善自己、提升自己和超越自己，努力追求成为所从事领域最优秀的人，是工匠们对人生境界以及优秀品质的追求。

劳模精神、劳动精神、工匠精神作为一个整体，反映了广大人民和劳动群众的精神面貌。"三个精神"之间既有共性和关联，又有特色和区别；每个精神既有传统的含义，又有新时代的新要求。共性与联系体现在共性上，"三个精神"都源于劳动；在关联上，"三个精神"有递进关系，劳动精神是基础，工匠精神是动力，劳模精神是方向。特色与区别体现在特色上，劳动精神的主体是劳动者，工匠精神的主体是工匠，劳模精神的主体是劳模；在区别上，"三个精神"既有字面的区别，又有内涵的差异，劳模精神是榜样的引领力量，工匠精神是职业的内在力量，劳动精神是创造的基础力量。所以，劳模精神引领时代的发展和社会的进步；工匠精神激发每一位职场人士要精心、精准、精致地对待工作，做到精益求精；劳动精神引导每一位劳动者诚实做人、踏实做事。

第四节　劳动科学

人作为劳动实践的主体，如何在劳动中确证自我；人通过劳动，如何在改变对象的实践中，确立自身的地位，实现自身的价值；人在劳动过程中，如何处理各种关系，以保证人的劳动目的实现，对这些问题的探究，形成了一个学科系统，即劳动科学。《指导纲要》提出，劳动教育"课程内容应加强马克思主义劳动观教育，普及与学生职业发展密切相关的通用劳动科学知识"，为帮助师范生在未来更好地开展此项工作，本节将对劳动科学知识进行梳理与介绍。

一、劳动科学的相关概念

（一）劳动科学的内涵

劳动科学作为一个科学系统，是以人类劳动为研究对象，从不同学科角度对劳动问题及其发展规律，以及与劳动问题密切相关的社会关系进行分门别类的研究，从而形成一个系列的各具专业特色的学科群。[①] 劳动科学是不同的具体劳动学科通过内在逻辑关系形成的科学系统的统称，具有

---

① 刘向兵主编《劳动通论》第 2 版,高等教育出版社,2021,第 48 页。

学科"类"的基本特征。理解劳动科学的内涵,需要从三个方面来把握。

1. 劳动科学的研究对象是人类劳动

劳动科学的研究对象是人类劳动。在长期劳动实践中,在创造物质财富和精神财富的过程中,人们试图从生动、直观和感性的劳动活动中,发现贯穿劳动过程始终的规律,形成对人类劳动的真理性认识和规律性把握。人们试图以人类劳动作为纽带,形成对人同自然的关系、人同社会的关系以及人与人之间关系的全面认识。

2. 劳动科学的研究内容是劳动问题

劳动科学关注的是劳动者在劳动过程中产生的具体问题以及与劳动问题相关的一切自然、社会关系、心理及其调整问题。具体研究内容包括劳动者、劳动实践活动及其关系问题,其中最为核心的问题就是劳动关系中的劳动者自身存在和发展的意义、对劳动者的本质规定、劳动者自身权益及其保障,以及由劳动者权益保障所衍生出来的经济问题、法律问题、伦理问题、社会问题、生理问题、卫生问题等。

3. 劳动科学的本质是一个学科系统

劳动科学中的每个具体学科都有自己确定的研究对象,也有对学科本身的外延、基本内涵以及具有学科特色的研究方法的各自规定,呈现出学科的相对独立性。同时,还有一些具体学科是某个其他学科同劳动问题的有机结合而形成的一个新的交叉学科。这些具体的劳动学科和新的交叉学科一起形成一个科学系统,作为构筑劳动科学系统的组成要素,共同构成了劳动科学。

(二)劳动科学系统中的学科

劳动科学是不同的具体劳动学科通过内在逻辑联系形成的系统的学科群,这个学科群既涉及社会科学,也涉及自然科学。

1. 劳动科学包含的主要学科

作为一个学科系统,劳动科学主要包括劳动经济学、劳动生理学、劳动卫生学、劳动统计学、劳动保护学、劳动伦理学、劳动法学、劳动社会学、劳动管理学等具体学科。

劳动科学作为既有自然科学属性又有人文社会科学属性的科学系统，随着自然科学的发展和社会科学的进步，其领域正在不断拓展，其学科也正在不断丰富。一方面，劳动科学中的一些已有学科通过汲取新的知识成分得到了完善和发展，学科内涵不断丰富；另一方面，一些其他学科与劳动学科不断交叉融合，导致新的劳动学科的出现，并进一步确立了学科的合理性。

2. 劳动科学包含的学科划分

在劳动科学系统内部，每一门具体的劳动学科专业都有自己的学科独立性和内在规定性，同时，不同学科之间存在的现实内容及研究对象的差异，使劳动科学存在明显的结构性特点。按照不同学科分类标准，可以对劳动科学内部的各门劳动具体学科做如下划分。

（1）按照学科总体属性划分。由于劳动科学系统中的各门学科既有同自然科学联系紧密的学科，也有同人文社会科学联系紧密的学科，因此，按照学科总体属性，可以将劳动科学划分为带有自然科学属性的劳动学科系统和带有人文社会科学属性的劳动学科系统。

具有自然科学性质的劳动学科，如劳动生理学、劳动卫生学、劳动统计学、劳动保护学等；具有人文社会科学性质的劳动学科，如劳动伦理学、劳动法学、劳动社会学、劳动管理学等。

（2）按照学科理论与实践偏向划分。由于劳动科学系统中的各门学科理论与实践偏向各不相同，有的偏劳动理论，有的以实际操作为主，还有的兼顾理论与实践，因此，按照学科理论与实践偏向，可以将劳动科学划分为劳动理论学科、实践操作性劳动学科、兼顾理论与实践操作的劳动学科三类。

劳动理论学科，如劳动哲学、劳动伦理学、劳动美学、劳动文化学、劳动未来学等；实践操作性劳动学科，如劳动法学、劳动保险学、劳动统计学、劳动心理学、劳动生理学、劳动卫生学、劳动保护学、劳动定额学等；兼顾理论与实践操作的劳动学科，如劳动经济学、劳动社会学、劳动管理学、社会保障学等。

值得注意的是，劳动科学作为一个正在发展和完善的科学系统，随着自然科学的发展和社会科学的进步，其领域正在不断拓展，其内涵正在不断丰富。相应地，对劳动科学的学科划分，也在不断调整和变化。

二、劳动关系

劳动关系是生产关系的重要组成部分，也是基本而重要的社会关系之一。自从有了社会劳动，就有了劳动关系。

（一）劳动关系概述

1. 劳动关系内涵

劳动关系主要指用人单位与劳动者在劳动场所结成的用工关系。劳动者为用人单位提供劳动，用人单位为劳动者提供报酬，以此支持劳动者的生存与发展。

《中华人民共和国劳动法》《中华人民共和国劳动合同法》将劳动关系界定为劳动者与用人单位之间的经济社会法律关系。关于劳动关系的认定，《中华人民共和国劳动合同法》第七条规定："用人单位自用工之日起即与劳动者建立劳动关系。"

2. 劳动关系特征

劳动关系具有平等性、隶属性以及国家意志与当事人意志相结合的双重属性。

（1）平等性。平等性是指在法律面前，用人单位和劳动者享有平等的权利。在建立劳动关系时，双方基于双向选择、遵循自愿协商的原则订立劳动合同。在终止劳动关系时，任何一方都有权遵循法律规定，单方决定解除劳动关系。

（2）隶属性。隶属性是指劳动者在劳动关系建立之后和解除之前，即在实现劳动过程中应当遵守用人单位的规章制度，服从用人单位的约束管理，双方形成领导与被领导的隶属关系。

（3）双重属性。双重属性是指劳动关系的建立、维系、终止过程既有基于劳动者与用人单位双方协商的共同意愿的体现，也有遵循法律规范规定的国家意志的体现。

（二）和谐劳动关系

劳动关系是否和谐，事关用人单位及广大职工的切身利益，事关经济发展与社会和谐。

1. 和谐劳动关系的基本内涵

和谐劳动关系是指规范有序、公正合理、互利共赢、和谐稳定的劳动关系。当前我国正在通过市场调节方式和国家干预形式相结合的方式，不断化解利益矛盾冲突，促进形成具有中国特色的和谐劳动关系。

2. 和谐劳动关系的基本特征

（1）规范有序。规范有序是和谐劳动关系的基本前提。所谓规范有序，是指必须按照法定规范建立健全相关劳动关系法律法规。只有尽量建立与完善劳动关系协调构建的体制机制，有关劳动纠纷才有可能依法得到及时有效的处理，劳动关系才能拥有依法建立和运行的基础，从而使作为每个劳动关系主体的社会成员都可以各获其岗、各司其职，即畅通了劳动关系主体双方利益诉求表达的渠道，各担其责、共享其成。

（2）公正合理。公正合理是构建和谐劳动关系的重要保障。所谓公正合理，就是在构建劳动关系过程中，要充分考虑用人单位和劳动者双方各自的不同特点，要坚持依据社会公正、规则公平的基本构建原则，科学合理地确定劳动关系主体中用人单位和劳动者双方的权利和义务关系，努力平衡劳动关系主体中用人单位和劳动者双方的利益关系，使劳动者对于经济利益和民主权利的获取，可以得到更加充分的保护。

（3）互利共赢。互利共赢是和谐劳动关系的核心要求。所谓互利共赢，就是在我国社会主义经济制度和政治制度已经确立的基本前提下，用人单位和劳动者双方在劳动关系中所要形成的一种利益与命运共同体的表现方式。这使得劳动关系中的用人单位和劳动者双方具备了内在的、本质的、深层的利益关系一致性，从而使双方能够始终做到发展共谋、成果共创、利益共享、风险共担，并且围绕做大做强做优这一共同目标密切合作。

（4）和谐稳定。和谐稳定是构建和谐劳动关系的终极目标。所谓和谐稳定，就是在劳动关系领域或在生产生活过程中，对于一些不可避免的争议，劳动关系中的用人单位和劳动者主体双方能够通过协商、协调等方式解决争议。

3. 和谐劳动关系构建

新时代，构建中国特色的和谐劳动关系，是坚持中国特色社会主义道路、贯彻中国特色社会主义理论体系、完善中国特色社会主义制度的重要组成部分，是加强和创新社会管理、保障和改善民生的重要内容，是建设社会主义和谐社会的重要基础，是经济持续健康发展的重要保证，是增强党的执政基础、巩固党的执政地位的必然要求，具有重要的现实意义。

2015 年，中共中央、国务院印发《关于构建和谐劳动关系的意见》，对构建我国新时期的和谐劳动关系进行了顶层设计。《关于构建和谐劳动关系的意见》是改革开放以来中共中央下发的首个有关劳动关系的文件，系统阐述了构建中国特色和谐劳动关系的重大意义、指导思想、基本原则、目标任务、政策措施和组织保障，是对新时期构建和谐劳动关系工作的总体部署，具有里程碑意义。

三、劳动伦理

（一）劳动伦理的内涵

劳动伦理是以人性需要为价值导向，规范、协调和发展"劳动者—生产要素"关系的一系列价值观念和道德准则，反映的是一种基于劳动基础上的人与人的间性道德，体现在劳动过程各环节。[①] 这一概念揭示了劳动伦理的三个关键性特质：首先，劳动伦理产生于劳动者与劳动生产要素之间的互动关系，表面上看是人与物的关系，但实质上包含了人与人、人与社会、人与自然等的关系，更多的是对劳动过程中与人相关的道德问题的研究。其次，劳动伦理以人性需要为前提性概念设置，人性超越物性，彰

---

① 马唯杰:《劳动伦理研究》,苏州大学出版社,2017,第 44 页。

显劳动中人的地位的至高无上。正是作为劳动实践主体的人及其人性，使得劳动的伦理性得以成立和凸显。最后，共同劳动、公共生活构成劳动伦理的生成场域，如果离开社会化的劳动活动，劳动伦理便失去了存在与发展的土壤。

（二）劳动伦理的内容

1. 有尊严的劳动

人的社会存在是一种劳动形态的存在，劳动与尊严是人格审美的基础，是人的尊严的保护，劳动者首先是要实现有尊严的劳动。劳动不仅是劳动者创造物质财富和精神财富的实践活动，而且还是劳动者作为人的一种自在的精神追求和自我价值的实现。因此，劳动本身就是有尊严的活动，从事劳动的劳动者也天然地具备尊严。无论劳动者从事何种职业和工种，也无关劳动者的身份地位，每一个劳动者的尊严必须得到维护和保证，每一个劳动者的劳动必须得到尊重。

2. 公平的劳动

公平的劳动是人类劳动自由与劳动真理的永恒追求，既是劳动伦理的核心内容，也是劳动伦理的本质要求。公平劳动表现在劳动力市场上就业机会均等，禁止用工歧视；表现在与劳动付出相对等的劳动报酬，同工同酬；还表现在受到广泛而有效一致的劳动保护；等等。

3. 自由的劳动

劳动是人存在的特征，是人的本质需要，是一种自由自觉的活动。自由的劳动是指劳动不仅是手段，而且是目的，是个体自我实现需要的体现，是人的本质需要。正如马克思所说，劳动是"实在的自由"，是一种人生的目的，是自由的、自主的、自觉的、自愿的，是劳动者的自我实现、自我创造和自我升华。

4. 幸福的劳动

劳动是获取一切幸福的基础。在自由劳动的基础上，幸福劳动是指劳动者在劳动中不断改造客观世界获取物质生产资料，同时还生产创作精神资料，以改造自身主观世界，满足自身精神文化需求，充盈自身精神世界，进而获得精神层面上的愉悦的过程。

（三）劳动伦理的时代趋势：体面劳动

1. 体面劳动的提出和发展

在 1999 年 6 月举行的第 87 届国际劳工大会上，国际劳工组织劳工局局长胡安·索马维亚首次提出了"体面劳动（Decent Work）"的概念。胡安·索马维亚提出，要促进男女在自由、公正、安全和具备人格尊严的条件下，获得体面的、生产性的工作机会，包括劳动者的权利得到保护、有足够的收入、充分的社会保护和足够的工作岗位等。胡安·索马维亚提出这一概念，旨在通过促进就业、加强社会保障、维护劳动者基本权益以及开展政府、企事业单位和工会三方的协商对话，来保证广大劳动者在自由、公正、安全和有尊严的条件下工作，给予劳动者尊严感、获得感与价值感。

2005 年，联合国大会正式把体面劳动作为联合国系统推动实现的千年发展目标之一。在 2008 年的国际劳工大会上，国际劳工组织又通过了《国际劳工组织关于促进社会正义和实现公平全球化宣言》，把体面劳动从理论倡议上升为所有成员国都必须努力达成的目标。今天，体面劳动作为全球性目标，已成为国际社会的共识。

作为一种新的劳动伦理形态，"体面劳动"摒弃以往对劳动的目的性关注，转为对作为劳动主体的劳动者的对象性关注，是从劳动者的立场和角度看劳动，也是从劳动与个体发展之间的关系去揭示劳动的崇高与神圣。

2. 马克思主义蕴含的体面劳动思想

从马克思的思想视域出发，体面劳动就是有人格尊严的劳动、有权益保障的劳动和能自我实现的劳动。

马克思在他的中学毕业论文《青年在选择职业时的考虑》中，就提到了"体面"二字，并立志选择为人类福利而劳动的"最有尊严"的职业，"独立地进行创造"。在他的《1844 年经济学哲学手稿》中，马克思以自由劳动为价值尺度，从"当前的经济事实"出发，揭示了资本主义制度下的工人"异化劳动"的不体面本质。在《资本论》与《工人调查表》中,马克思又从工人遭受的"过度劳动"着眼,批判了在资本主义雇佣制度下工人的不体面劳动状态。

在马克思看来,在资本主义制度下,人的劳动表现为异化劳动。虽然人通过劳动获得工资及物质生活资料,但是也仅能满足自身劳动力再生产的基本需要,其他的剩余劳动及其由此生产的物质生活资料,全都被资本家无情地压榨和剥削了。资本家占有了劳动者的剩余价值。当劳动生产力发展到一定程度以后,伴随着人类劳动进程的加快,劳动异化将被逐渐抛弃,人们将摆脱过去的强制和压迫,在自由自觉的劳动中,体会到快乐与满足,获得越来越多的尊严感受。因此,体面劳动是对异化劳动的超越,是走向自由劳动的中间环节。

马克思主义认为,尊重劳动是体面劳动的本质所在,保障权益是体面劳动的基本要求,消解异化是体面劳动的根本途径。

3. 体面劳动的实现是新时代党和政府的不懈追求

党的十八大以来,党和政府高度关注推进体面劳动的实现。2013 年,习近平总书记在同全国劳动模范代表座谈时,强调"要坚持社会公平正义,排除阻碍劳动者参与发展、分享发展成果的障碍,努力让劳动者实现体面劳动、全面发展"①。2015 年,在庆祝"五一"国际劳动节暨表彰全国劳动模范和先进工作者大会上的讲话中,习近平总书记再次强调"要建立健全党和政府主导的维护群众权益机制""努力让劳动者实现体面劳动、全面发展。"② 推进体面劳动,最大程度地保障劳动者的自由、公正、安全和有尊严,不仅体现了社会主义社会的本质,还能极大激发劳动者的积极性、主动性,推动中国式现代化建设,推动中华民族伟大复兴中国梦的实现。

---

① 习近平:《在同全国劳动模范代表座谈时的讲话》,《光明日报》2013 年 4 月 29 日。

② 习近平:《在庆祝"五一"国际劳动节暨表彰全国劳动模范和先进工作者大会上的讲话》,载《论坚持人民当家作主》,中央文献出版社,2021,第 122 页。

四、劳动安全

劳动是人类赖以生存和发展的基础，任何生产劳动都会伴生不同类型、不同程度的劳动安全风险。劳动安全是劳动者依法享有的基本劳动权，保障劳动安全是劳动者、用人单位、社会必须共同遵守的基本法则。随着我国国民经济的持续发展，越来越多的职业安全问题暴露出来，一系列重大安全事故发生，患职业病的人数呈现明显增长趋势。因此，预防劳动安全事故发生，避免和减少职业病伤害，成为需要我们高度关注的问题。

（一）劳动安全内涵

劳动安全是指在劳动过程中，为防止劳动者受到各种伤害而采取的防护措施。不同的职业，无论是体力劳动者还是脑力劳动者，都因为劳动方式、劳动条件和劳动场所不同，存在与职业有关的不同的安全风险。如农民在喷洒农药过程中，存在因农药使用不当而中毒的安全风险；工人在操作机器过程中，存在因操作失误而发生的机械伤害风险；科研人员可能存在"亚健康""过劳死"等风险；医生在抗击疫情的过程中存在被感染的风险。因此，如何避免风险，让劳动者在劳动过程中始终保持健康的状态，就是劳动安全的内容。

根据保护的对象细分，劳动安全包括人身安全、财产安全、卫生安全三种类型。人身安全是指消除危害人身健康的一切不良因素，保障劳动者的生命安全和健康舒适。财产安全是指消除损坏设备、产品和其他物品的一切危险因素，保证生产的正常进行。卫生安全是指在劳动场所和生产过程中，消除有毒有害物质，防止危害劳动者身体健康或者引起职业病等疾病发生的卫生制度措施。

（二）劳动安全事故

劳动安全事故是指在劳动过程中突然发生的、伤害人身安全或健康，或者损坏设备设施、造成经济损失的意外事件。在实际劳动过程中，需要高度重视劳动安全问题，任何一个疏漏都可能导致严重的劳动安全事故。

归纳起来，劳动安全事故一般有下列十一种类型。

（1）物体打击，是指物体在外力作用下对人体造成伤害，它是劳动者在劳动过程中经常碰到的一种事故类型。

（2）火灾，是指在时间和空间上失去控制的燃烧所造成的伤害。这也是一种常见事故。

（3）爆炸，是指由于认知、环境或管理等原因，物质发生急剧的物理、化学变化，瞬间释放出大量能量，并伴有强烈的冲击波、高温高压和地震效应等，造成财产损失、物体破坏或人身伤亡等事故。

（4）车辆伤害，是指机动车辆引起的伤害事故。劳动者在上下班途中或作业过程中，由机动车辆引起的伤害。

（5）机械伤害，是指机械设备与工具引起的绞、碾、碰、割、戳、切等伤害。如工件或刀具飞出伤人，切屑伤人，手或其他部位被刀具划伤、被转动的机器缠压等。

（6）触电，是指电流流经人体，对人体造成生理伤害的事故，包括触电、雷击伤害等。

（7）高处坠落，是指由危险重力势能差引起的伤害事故。高处坠落也是劳动者在作业过程中，经常发生的一种事故。

（8）起重伤害，是指劳动者从事起重作业时引起的伤害事故。

（9）淹溺，因大量水经口鼻进入肺部，造成呼吸道阻塞，发生急性缺氧而窒息死亡的事故。

（10）坍塌，指建筑物、堆置物等倒塌，土石塌方等引起的事故。劳动者在作业过程中，最常见的坍塌事故就是土石塌方、堆积货物坍塌、脚手架坍塌等。

（11）灼伤，是指酸碱盐等高温物质对人体皮肤造成的灼伤。劳动者在进行焊接、锻造等作业中，一定要注意提防高温物质对人体皮肤造成的灼伤，尽量减少皮肤暴露。

（三）职业病

职业病是指劳动者在劳动过程中，因接触粉尘、放射性物质和其他有毒、有害因素而引起的疾病。

为了预防、控制和消除职业病危害，防治职业病，保护劳动者健康及其相关权益，经2001年10月27日第九届全国人大常委会第二十四次会议，我国通过并发布了《中华人民共和国职业病防治法》，并在2018年12月29日十三届全国人大常委会第七次会议对该法进行了第四次修改。《中华人民共和国职业病防治法》对职业病的防治与管理做了详细规定。

在劳动者职业卫生保护方面，该法赋予劳动者如下权利：获得职业卫生教育、培训；获得职业健康检查、职业病诊疗、康复等职业病防治服务；了解工作场所产生或者可能产生的职业病危害因素、危害后果和应当采取的职业病防护措施；要求用人单位提供符合防治职业病要求的职业病防护设施和个人使用的职业病防护用品，改善劳动者的工作条件；对违反职业病防治法律、法规以及危及生命健康的行为提出批评、检举和控告；拒绝违章指挥和强令进行没有职业病防护措施的作业；参与用人单位职业卫生工作的民主管理，对职业病防治工作提出意见和建议。

《中华人民共和国职业病防治法》还规定了劳动者应履行的职业卫生保护义务：劳动者应当学习和掌握相关的职业卫生知识，增强职业病防范意识，遵守职业病防治法律、法规、规章和操作规程，正确使用职业病防护用品，维护职业病防护设备，发现职业病危害事故隐患应当及时报告。

教师作为一个特殊的职业群体，是开展教育教学活动的主体，教师的健康状况不仅关系着个人生活质量和教育教学任务的有效完成，而且对学生的身心健康发展具有重要影响。随着教育教学改革的推进及现代生活节奏的加快，多方面的压力使得一些教师身体抵抗力下降，如果不能有效做好预防工作，教师也容易患上职业病。常见的教师职业病有咽喉炎、颈椎病、慢性胃炎、痔疮、下肢静脉曲张等。

第五节　教师劳动

教师劳动是师范生未来将要从事的主要职业劳动，作为未来教师，师范生必须了解自己将要从事的教师职业，同时，还要形成一定的从事教师职业劳动的能力。

教师是受一定社会的委托，经过专门培养训练，在学校中开展专门的教育教学活动，以促进学生身心发展的专业人员。教师所从事的专门的教育教学活动即为教师劳动。这种劳动通过传授科学文化知识，引导学生发展智力、培养技能、技巧和形成良好的世界观、道德品质，以此推进劳动力的再生产。教师劳动经历了一个漫长的发展演变过程，在长期的演变过程中，逐渐形成了自身的特点和价值。

一、教师劳动发展

教师劳动伴随着人类社会的产生而产生，并随着时代的变革而不断发展变化。

（一）前专门化阶段

在制度化教育形成以前，教师劳动是一种非正式的经验传授活动，教师职业尚未成为一门职业，从事教育工作的教师也不是专职人员。这一时期，没有专门的教育机构，人们在现实生活化的示范、模仿与实践中传递生产和生活经验。相应地，社会上也没有培养教师的专门机构，没有专门的教师，教师先后由原始部落的首领、有经验的长者、官吏或者僧侣等担任。后来，伴随着古代专门教育机构的出现，人们对教师从业有了最基本的要求，如至少应会使用文字，但这些要求非常低，基本上受过一点教育的人都可以达到，如，在早期欧洲，退伍军人、家庭主妇等只要有一点文字知识都可以充任教师，同时，学校和教师的工作也不存在标准要求等。总之，在这一阶段，教师劳动是一种经验性的教育，这种教师劳动没有以教育科学、心理科学为基础，缺乏规范的机构保障和管理制度，教师职业还没有成为一种正式的专门化职业。

（二）专门化阶段

第一次工业革命之后，人类社会进入了一个新时代，即现代社会。现代社会是以现代工业为基础的科学化、民主化、革命化的社会。现代社会催生了现代教育，并呈现出科学性、民主性和革命性的特征。伴随着现代教育的产生，人类开启了教师专业化的进程，教师劳动实现了由兼职到专门职业的转变。义务教育的普及和班级授课制的出现使人们逐渐意识到，在普及教育过程中产生和发展起来的学校，不但需要大批拥有知识的教师，而且需要他们具备一定的教育知识、技能和教学管理能力，这些都需要由专门的机构通过对教师进行专门培训来实现。因此，专门培养教师的师范学校应运而生，这标志着教师从经验性教师向专业性教师的历史性变革，也标志着人类教育史上教师专业化的开始。

（三）专业化阶段

20 世纪 60 年代以后，世界各国经历了从扩大教师数量到更加关注提升教师质量的过程，兴起了教师专业化运动，教师专业化逐渐成为世界教师职业发展的共同目标。1966 年 10 月，联合国教科文组织与国际劳工组织联合发布《关于教师地位的建议书》，提出应把教师工作视作专门的职业，这种职业要求教师经过严格的、持续的学习，获得并保持专门的知识和特别的技术。这是首个以官方文件形式对教师专业化的专门规定，被誉为教师专业"唯一的综合性国际标准"的纲领性文件。

20 世纪 80 年代以来，教师专业化成为国际教师教育发展的新潮流和新趋势。这种潮流和趋势，对教师不仅有传统意义上的知识方面的要求，而且还包括对教师专业素养、专业能力等方面的要求，同时，还进一步要求教师要终身学习、不断发展自己。

教师不仅是学科专家，还是教育专家，教师专业化的终极目标，就是要使教师像律师、医生等职业一样具有不可替代性。1986 年，美国卡内基工作小组、霍姆斯小组先后发布了《国家为培养 21 世纪的教师做准备》《明天的教师》两个重要报告，明确提出以教师专业性作为教师教育改革和教师职业发展的目标，呼吁加快建设专业化教师队伍，对美国乃至世界的教师教育发展产生了重大的影响，推进了教师专业化的进程。1996 年，联合国教科文组织召开第 45 届国际教育大会，大会的主题是"加强教师在世界变局中的作用（strengthening the role of teachers in a changing world）"，强调"确信教师是在各级各类学校课堂中并通过所有渠道推进教育变革的关键分子""在提高教师地位的整体政策中，专业化是最有前途的中长期策略"。由此可见教师专业化逐步成为国际社会的共识。

中华人民共和国成立以来，特别是改革开放以来，随着国家和社会对教师队伍建设的不断重视和对高质量教师需求的不断提高，我国教师专业化程度也在逐步提升。1986年，国家教委出台《关于中小学教师考核合格证书试行办法》，要求中小学教师必须获得"教材教法考试合格证书"和"专业合格证书"，这是我国首次在教师学科专业和教育专业两个方面做出的专业性规定。1993年颁布的《中华人民共和国教师法》规定"教师是履行教育教学职责的专业人员"，第一次从法律层面确认了教师的专业地位。1995年颁布的《中华人民共和国教育法》规定"国家实行教师资格、职务、聘任制度，通过考核、奖励、培养和培训，提高教师素质，加强教师队伍建设。"随后，国务院颁布的《教师资格条例》再次明确提出"中国公民在各级各类学校和其他教育机构中专门从事教育教学工作，应当依法取得教师资格"，"不具备教师法规定的教师资格学历的公民，申请获得教师资格，应当通过国家举办的或者认可的教师资格考试"，这些规定从操作层面上进一步强化了教师专业发展。2001年起，我国全面实施教师资格认证工作。这些法规与相关政策的相继出台，标志着我国在教师专业化进程上不断前进。

2006年3月，教育部正式启动教师专业标准研制工作，着力解决教师专业发展的根本方向问题。2012年2月，教育部发布《幼儿园教师专业标准（试行）》《小学教师专业标准（试行）》《中学教师专业标准（试行）》一系列教师标准，这是我国首次发布的教师专业标准，标准从专业发展的基本理念、基本内容和实施建议等方面，分别对幼儿园教师、小学教师、中学教师的任职提出了专业化的具体要求。2013年9月，教育部又印发了《中等职业学校教师专业标准（试行）》，对中职教师提出了专业化要求。2018年1月，中共中央、国务院颁布《关于全面深化新时代教师教育队伍建设改革的意见》，教育部等五部门印发《教师教育振兴行动计划（2018—2022 年）》，两个文件分别指出，要"提高教师培养层次，提升教师培养质量。推进教师培养供给侧结构性改革，为义务教育学校侧重培养素质全面、业务见长的本科层次教师，为高中阶段教育学校侧重培养专业突出、底蕴深厚的研究生层次教师"，"为普通高中培养更多专业突出、底蕴深厚的研究生层次教师，为中等职业学校（含技工学校，下同）大幅增加培养具有精湛实践技能的'双师型'专业课教师，为幼儿园培养一大批关爱幼儿、擅长保教的学前教育专业专科以上学历教师，教师培养规模层次满足保障国民教育和创新人才培养的需要。"这些法规与政策的出台为推进我国教师专业化提供了基本的制度保证，有力提升了我国教师整体素质和专业化水平。根据全国教育事业发展统计公报，截至 2022 年，我国各级各类学校专任教师已达到 1880.36 万人。① 经过漫长的发展历程，教师劳动作为一种高度专业化的活动，对其实施者——教师，有独特的专业要求和从业条件，有专门的培养制度和理论武装，要求教师具有自觉的职业规范和高度成熟的技能技巧，教师职业具有不可替代的专业性。在我国，进一步提升教师专业化水平，培养和造就党和人民满意的高素质专业化教师队伍，也成为新时代教师队伍建设的时代目标和主题。

二、教师劳动特点

任何劳动都有其自身的特点，教师劳动也不例外。由于教育目的、教育过程和教育对象等的特殊性，教师劳动具有鲜明的特点。

（一）专业性

一种职业要被认可为专业，一种劳动要被认可为专业性劳动，应该具备三方面的特征：具有不可或缺的社会功能；依托完善的专业理论和专业技能；依靠高度的专业自主权和权威性的专业组织。从这三个角度来看，

---

① 教育部:《2022 年全国教育事业发展统计公报》, http://www. moe. gov. cn/jyb_sjzl/sj-zl_fztjgb/202307/t20230705_1067278. html/2023 – 07 – 05/2023 – 11 – 05,访问日期:2024 年 5 月 5 日。

今天的教师劳动具有高度的专业性。

首先，教师劳动具有不可或缺的社会功能。教师是人类科学文化的传播者，教师劳动在人类文明延续发展中起着重要作用；教师是人类灵魂的工程师，教师劳动对塑造青少年的思想品德起着特别重要的作用；教师还是人的潜能的发掘者，教师劳动使每个学生发展的可能性转化为现实性。

其次，教师劳动依托完善的专业理论和专业技能。教师劳动所依托的专业知识和专业技能具有双重的学科属性，即学科知识和教育教学知识，前者决定了教师劳动的"学术性"，强调的是教师在任教学科的学术水平，后者决定了教师劳动的"师范性"，强调的是教师教育学科的专业素养。

最后，教师劳动依靠一定的专业自主权和专业组织。当前，在世界各国，成立了各种教师专业组织，通过对教师资格的审核、鉴定、注册，课程、教法的评价等途径，使教师的专业劳动具有一定程度的专业自主和专业自治。

（二）复杂性

教育是教师和学生之间的一种心灵撞击，教师劳动是教师和学生之间情感和思想的交流与互动，教师劳动具有复杂性。

首先，教师劳动的对象——学生，其多样性和发展性决定着教师劳动的复杂性。一方面，每一个学生都是独立个体，他们既有共同的生理、心理特点，遵循一定的发展规律，又有各自不同的天赋、经历、性格、爱好和特长等，需要教师全面把握学生身心发展的共性特征和个体差异，因材施教；另一方面，学生是发展变化的个体，其生理、心理、社会性等时时处在发展变化中，这种变化发展是连续性和阶段性的统一，需要教师准确把握学生身心发展的特征，开展适当的教育。

其次，教师劳动任务的多样性决定着教师劳动的复杂性。教师的劳动具有多方面的任务，教师既要向学生传授科学文化知识，使他们具有为社会发展服务的本领，又要培养学生的思想道德情操，使他们具有高尚思想情操和献身精神，教师需要做"经师"和"人师"相统一的"大先生"。

另外，教师既要对学生开展智育，又要对学生开展德育、体育、美育和劳动教育，要坚持五育并举、五育融合，以促进学生全面发展。

最后，影响学生发展因素的多样性决定着教师劳动的复杂性。学生的发展是受遗传、环境和教育等多种因素制约影响的，是学校、社会和家庭等共同作用的结果。学生入校后，仍然直接或间接地接受着社会和家庭的影响。如何有效发挥学校的主导作用，充分发挥家庭的基础作用和社会的主体作用，形成教育合力、协同育人，是教师劳动中重大而复杂的教育课题，需要教师具有高超的教育智慧，也使得教师劳动充满了复杂性。

（三）创造性

"教学有法，教无定法"。作为培养人的教师劳动，并不像工业流水线上生产产品那样机械地开展，而是充满了创造性，教师劳动是一种创造性劳动。

首先，教师劳动的对象决定了教师劳动具有创造性。苏霍姆林斯基说过，"教师行业具备的最重要的创造性特征之一，是它服务的对象（儿童）经常发生变化，每天和前一天相比都是不同的。"[①] 教师每一个劳动对象——学生，都是具有自我意识，有思想、有情感、有需要的活生生的个体，都常常处在发展变化之中，这决定了教师劳动需要因人而异、因势而变、因时而新。

其次，教学内容和方法的多样性决定了教师劳动具有创造性。教师需要从知识的海洋里精选合适的、经典的、最新的教学内容，采用一定的教学方法，把书本上的知识技能以一种形象具体的、容易为学生接受的方式传授给学生。这些都要求教师创造性地选择、组织、设计和实施教学活动。教学是一门科学，教师必须遵循科学的规律、原则和方法，教学更是一门艺术，它要求教师结合教学目标和学生特点，对教学内容进行创造性加工，对教学方法进行创造性设计。

---

① 苏霍姆林斯基：《给教师的建议》，马琳译，四川文艺出版社，2022，第3页。

最后，教育情境的不确定性也决定了教师劳动具有创造性。教师劳动总是在一定的教育情境中发生的，而教育情境往往是难以控制的，预料不到的情况可能随时发生。这就需要教师有"教育机智"，要善于捕捉教育情境的即时变化，迅捷而机智地采取恰当的措施，化不利因素为有利因素，使教育活动更加生动、更加深入地开展。

（四）示范性

"学高为师，身正为范"。教师劳动的主体性和学生"向师性"的心理特征，决定了教师劳动具有示范性，这种示范性不仅体现在教学上，也体现在教师的言行上。

首先，示范是教师教学的重要方法，也是教师教学的基本方法之一，通过教师的示范和演示、学生的模仿等，可以帮助学生理解知识、习得技能、提高能力。如音乐教师在音乐课上的示范演奏、物理教师在物理课上的示范实验、体育教师在体育课上的示范动作等，都是典型的示范教学。

其次，示范性是对教师言行的重要要求。教育是教师引导、培养学生的活动，学生的可塑性、"向师性"等心理特征，决定了教师的言行举止会对学生产生潜移默化的影响。这种示范作用对学生的影响是其他任何影响都难以相比的，这种教育手段也是其他任何教育手段都无法替代的。教师必须严格要求自己，时时处处用模范的语言和行为去影响和感化学生，做到以身作则，为人师表。

（五）长期性

"十年树木，百年树人"，人才培养的长期性，对学生影响的长期性，决定了教师劳动影响和效果的长期性。

首先，人才培养的过程具有长期性特点。从人的整体发展来看，人才的成长不是一朝一夕的事情，而是需要经历一个漫长而艰辛的过程，这个过程是多个教师集体协助、接续培养的结果。特别是伴随着当代社会劳动力受教育年限的普遍延长，这一过程将会更加漫长，教师劳动的过程将会体现出更强的长期性。

其次，教师劳动的效果具有长期性特点。教师的劳动对象是学生，学生的成长发展并不是立竿见影的，教师劳动的成果甚至需要在几年、几十年后才能逐步显现。因此，教师劳动的效果具有长期性，真正好的教师、好的教师劳动，恰恰是着眼于学生的未来，为学生的终身发展奠定基础。

除了上述特征，教师劳动还具有连续性、广延性、合作性、繁重性、主体性和隐效性等特点。这些特性，需要师范生从职前学习阶段开始，逐步体会、把握。

三、教师劳动价值

所谓价值，就是客体的某些属性对主体的生存与发展所具有的积极意义，是主体和客体之间需求和满足需求关系的统一。教师劳动的价值是指教师劳动对社会和个人所具有的直接和间接的积极意义。人们对教师劳动价值的认识与理解影响着教师劳动的态度和方式，也影响着社会对教师角色、教师地位的认识和看法。

（一）社会性价值：传递文明、传播知识

教育是人类社会特有的社会实践活动。人类之所以能成为万物之灵，关键在于人类创立了教育这一独有的社会遗传方式与运转机制，而教师则是通过专门教育活动实施社会遗传的人，教师劳动则是推动这种社会遗传的专门活动。正如习近平总书记在全国教育大会上指出的："教师是人类灵魂的工程师，是人类文明的传承者，承载着传播知识、传播思想、传播真理，塑造灵魂、塑造生命、塑造新人的时代重任"[1]，这既是习近平总书记对广大教师的赞誉，更是对教师劳动社会性价值的肯定。

首先，在人类发展的任何阶段，年长的一代总是试图把人类已有的社会文明财富传递给下一代，教师就是专门传递这些文明财富的人。教师通

---

① 新华社：《习近平出席全国教育大会并发表重要讲话》，https://www.gov.cn/xinwen/2018-09/10/content_5320835.htm/2018-09-10/2023-11-06，访问日期：2024年5月5日。

过自己的劳动，将人类社会积累起来的科学文化知识、思想观点和道德规范等加以总结并使之条理化，通过各种形式传授给学生，继而使之世代相传。人类在继承前人创造的优秀科学文化成果的基础上，接力建设新的社会，创造更高的文明。

其次，在人类发展的任何阶段，要使少数的知识创造者创造的知识成为其他更多的人的财富，就必须有传播知识的活动，教师就是专门传播知识的人，教师劳动就是一种传播知识的劳动。教师劳动的价值，表现在使少数人的发现和发明被不断地扩大其了解和应用范围，被更多的人掌握和运用。

随着人类对自然、社会以及自身认识的不断扩大和深化，人类社会积累的精神财富也随之不断丰富和深刻。作为以传递、传播人类社会文明为己任的教师，其地位日益显著，作用愈发重要。没有教师，没有教师劳动，就等于没有系统的人类文明的传递与传播，就等于放弃了人类作为万物之灵所具有的独特的社会遗传方式与运转机制，从而就等于阻止了人类社会发展本身。因此，捷克教育家夸美纽斯曾把教师职业比作太阳底下最高尚的职业。

（二）对象性价值：开启心智，塑造人格

教师劳动价值虽然难以在劳动对象身上物化，人才的成长也是一个日积月累、逐步养成的长期过程，但教师的劳动价值最终必须通过劳动对象——主要是作为受教育者的学生来体现。

首先，教师劳动对于教育对象的价值，体现在开启心智上。人的心智发展具有巨大潜能。在社会生活环境基本相同的情况下，教育对人的潜能开发具有关键性意义，而教师就是学生潜能的开发者。每个学生都是具有一定潜能的个体，不同学生的潜能存在着程度和内容的个体差异。教师劳动实质上就是给学生提供合适而充分的教育，使学生的潜能得以充分开发，使每个学生固有的发展潜能可以转化为现实，即学生的心智得到开启和发展。

其次，教师劳动对于教育对象的价值，还体现在塑造人格上。教师不仅要传授人类已有的知识经验，他们还是"人类心灵的工程师"，还要教会学生做人。2022年4月25日，习近平总书记在中国人民大学考察时指出："培养社会主义建设者和接班人，迫切需要我们的教师既精通专业知识、做好'经师'，又涵养德行、成为'人师'，努力做精于'传道授业解惑'的'经师'和'人师'的统一者。"[①] 这种对学生人格的塑造，不仅体现在教师的教学中，更体现在教师的身教上。习近平总书记2021年4月19日在清华大学考察时也强调："教师要成为大先生，做学生为学、为事、为人的示范，促进学生成长为全面发展的人。"[②] 学生的思想、品格、感情、意志需要教师用自己的思想、品格、感情、意志去感染和熏陶。教师的作用和贡献在于他们在学生的心灵中播下高尚人格的种子。当此种子生根、发芽、开花、结果的时候，高尚的人格实际上已经成为他们人生的导航器。

文化科学知识越丰富、越深奥，就越是离不开教师的帮助，教师劳动开启学生心智的价值就越大。今天，人类社会已经迈入知识经济时代，科技日新月异，知识迅猛增长，社会精神财富已经达到一个前所未有的广度和深度，要使年轻一代在短时间内系统而有效地掌握人类已有的知识经验，没有教师高效率的劳动是难以想象的。同时，我们今天正处于一个竞争激烈、不断变革的时代，在这种情况下，教师劳动塑造学生灵魂的价值更为突出，青少年一代的健康成长比以往任何时候都更加依赖教师劳动。

（三）个体性价值：成就学生，实现自我

教师劳动的主体是教师个人。教师劳动的对象，是人而不是物，教师在职业劳动过程中对人这一特殊的劳动产品进行"加工"，最终的"产品"仍然是人。作为教师与学生之间的一种交流和互动，对每一个学生和教师个体而言，教师劳动具有一定的个体性价值。

---

① 转引自教育部党组：《筑牢教育强国建设之基》，《人民日报》2022年6月9日。
② 转引自新华社：《坚持中国特色世界一流大学建设目标方向 为服务国家富强民族复兴人民幸福贡献力量》，《人民日报》2021年4月20日。

首先，教师的劳动关系到每一个学生的发展和幸福。在现代社会，一个人的发展状况如何，前途如何，在很大程度上取决于他所受的教育，取决于教师的劳动。没有教师的劳动，年轻一代就不可能在短时间内系统而有效地掌握前人积累下来的知识，养成符合社会道德规范的思想品德和行为习惯，他们就不易较快地在心智、个性上成熟起来，从而也就很难有他们个人的幸福和前途。社会越发展，科技越发达，学生就越需要教师的帮助；社会矛盾冲突越尖锐，价值取向越多样化，学生就越需要教师的指导。

其次，教师劳动比一般劳动更具有自我实现的价值。教师劳动是一种创造性的育人活动，教师在自己的劳动中能够充分发挥个人才智，通过促进学生成长成才体现个人价值，充分满足自我实现的需要。同时，"要给学生一碗水，教师要有一桶水"，知识天天在增长，学生日日在进步，班级可能年年在更新，教学要丰富多彩，学生要全面发展……这些都需要教师加强自身学习，加强自我修养，而这一过程，其实就是教师主体自我完善、自我提升的过程。另外，教师劳动还能得到一般劳动所享受不到的乐趣，这种乐趣来自学生平日的点滴进步，来自桃李满天下，更来自学生毕业后对社会做出的贡献。正如孟子所说的"君子有三乐"，"得天下英才而教育之"，便是其中一乐。

教师劳动的价值是客观的、实在的，而不是主观的、虚幻的。正确认识教师劳动的价值，可以帮助师范生树立正确的劳动价值观，使将来能更好地从事教师劳动。每一个师范生都要深刻认识教师劳动的价值，进而无怨无悔而又勇敢地肩负起祖国和人民、社会和历史赋予我们的神圣使命！

 思考题

1. 如何理解不同学科视野下的劳动概念？劳动有哪些特征？劳动与教育有什么关系？

2. 如何理解中国传统劳动观、马克思主义劳动观及新时代中国特色社会主义劳动观？如何理解它们之间的关系？

3. 如何以劳模精神、劳动精神、工匠精神指导未来的教师劳动？

4. 劳动科学、劳动关系、劳动伦理、劳动安全及劳动保障的内涵、特点与发展趋势是什么？

5. 如何理解教师劳动的发展、特点和价值？

第二章 劳动教育

要坚持中国特色社会主义教育发展道路，培养德智体美劳全面发展的社会主义建设者和接班人。要努力构建德智体美劳全面培养的教育体系，形成更高水平的人才培养体系。

——摘自习近平《在全国教育大会上的讲话》

（新华社，2018年9月10日）

 本章简介

本章主要介绍劳动教育的内涵与发展；马克思劳动教育思想形成、内容与发展；习近平总书记关于劳动教育的重要论述；新时代劳动教育的内容；劳动教育与劳动、劳动教育与人的全面发展、劳动教育与教师教育的关系。

学习目标

1. 掌握劳动教育的内涵，了解新中国成立以来劳动教育的发展历程和历史经验，形成对新时代劳动教育的正确认识。

2. 了解马克思劳动教育思想的形成、内容与发展，掌握习近平总书记关于劳动教育的重要论述。

3. 掌握新时代劳动教育中日常生活劳动、生产劳动和服务性劳动的不同内涵及不同学段的要求。

4. 懂得劳动教育与劳动的区别与联系，劳动教育的独特性及劳动教育

与其他四育的关系，劳动教育与教师教育的关系。

劳动教育是新时代党对教育的新要求，是中国特色社会主义教育制度的重要内容，是全面发展教育体系的重要组成部分，直接决定着社会主义建设者和接班人的劳动精神面貌、劳动价值取向和劳动技能水平。

第一节　劳动教育概述

一、劳动教育内涵

作为一种社会实践，教育总是受一定社会影响的，劳动教育亦如此，劳动教育的内涵随着时代发展变化而不断丰富和发展。要准确理解劳动教育的内涵，必须立足于我国社会发展变化，站在时代发展的维度，探究不同时期不同语境下劳动教育的现实含义。

（一）关于劳动教育内涵的不同观点

从不同角度准确把握劳动教育的内涵，掌握劳动教育内涵的发展演变，对于更好地研究师范生劳动教育具有重要的基础性作用。多年来，学者们关于劳动教育的内涵主要有以下四种观点。

1. 将劳动教育视为德育的内容

这种界定强调劳动教育的德育属性，注重劳动教育对学生劳动观念、态度、情感、习惯等的培养。如苏联教育家马卡连柯认为"劳动教育就是一个人劳动品质的培养"，《中国大百科全书》明确将劳动教育定义为德育的组成部分："使学生树立正确的劳动观点和劳动态度，热爱劳动和劳动人民，养成劳动习惯的教育，是德育的内容之一。"[①] 这类定义的共同点，都认为劳动教育隶属德育，突出强调劳动教育的德育属性，狭隘地把劳动

[①]《中国大百科全书》总编辑委员会:《中国大百科全书》第2版,中国大百科全书出版社,2009,第425页。

教育功能德育化，在理解上有其明显的片面性和局限性。这种理解也代表了我国自新中国成立以来相当长一个时期内对劳动教育的归属、地位和价值的基本看法，在我国早期的各类教材中，劳动教育都属于这种定义范畴。

实际上，劳动教育与德育既有区别，又有联系。其联系就在于劳动教育的确具有德育的综合价值，如新时代劳动教育就主张通过劳动教育来树德。二者的区别在于在新的历史条件下，劳动教育不仅仅是德育的内容和手段，而且是与德育并列的五大育人内容之一，一方面，劳动教育与德育相互并列、相互融合；另一方面，它们具有各自截然不同的育人价值、育人目标、育人内容等特征。

2. 将劳动教育视为智育的内容

这种界定，强调劳动教育主要是对受教育者劳动知识的系统性传授和劳动技能的系统性训练。如《教师百科辞典》就把劳动教育定义为："劳动教育就是向受教育者传播现代生产的基本知识和技能，培养他们具有正确的劳动观点、劳动习惯和热爱劳动人民、劳动成果的感情。"[1] 这类定义确切地说是"劳动技术教育"，忽视了劳动教育的价值观塑造等功能，以偏概全，同样具有一定的片面性。

3. 将劳动教育视为德育和智育的综合

这种界定，认为劳动教育是德育和智育的有机统一，同时属于德育和智育的范畴。如《中国百科大辞典》把劳动教育定义为："劳动教育是以劳动实践为主，结合进行思想教育。"[2] 崔友兴提出，"劳动教育是促进大学生积极的劳动价值观培育和劳动素养形成的教育活动"[3]。这类定义注意到了劳动教育在德育和智育方面的综合育人价值，却忽略了劳动教育自身所特有的独特育人价值，具有一定的片面性。

---

① 教师百科辞典编委会：《教师百科辞典》，社会科学文献出版社，1987，第 317 页。

②《中国百科大辞典》，华夏出版社，1990，第 460－461 页。

③ 崔友兴：《论大学生劳动教育的具身转向及其实现路径》，《黑龙江高教研究》2020 年第 12 期，第 1 页。

4. 将劳动教育视作一种教育实践活动

持这种观点的学者认为，劳动教育既不属于德育或智育的范畴，又不是一种独立的教育类型，而是一种教育活动，是实现学生全面发展的途径和载体，这种教育活动能够让学生在劳动中受到教育，获得进步与发展。如有学者认为劳动教育"是以提升学生劳动素养的方式促进学生全面发展的教育活动"[①]。这一定义把劳动教育理解为一种教育实践形式，其实质是"通过劳动之教育""为了教育之劳动"。在这类定义下，劳动教育被视作其他四育的载体，但实际上，劳动教育有自身独特的育人价值，是与德智体美其他四育并列的、全面发展的人才培养体系的一部分。可喜的是，自2018年全国教育大会以后，对劳动的这种理解已经被劳动教育是全面发展的教育内容的观点所取代。

以上对劳动教育的理解，有其合理性，也有其片面性。由于对劳动教育内涵的片面理解，常常导致在实践中出现各种问题。如：劳动教育目标的异化与虚化问题，即将劳动教育异化为惩罚工具，将劳动教育虚化为没有教育意义的体力劳动；劳动教育内容的泛化与窄化问题，即将劳动教育内容泛化为一切形式的劳动，将劳动教育内容窄化为体育、美育中的劳动元素等；劳动教育实施的边缘化与封闭化问题，即劳动教育在实施过程中缺乏足够的课时保障、师资保障等，且劳动教育实施场所被限定在有限的学校空间范围内；劳动教育评价的片面化与单一化问题，即劳动教育的评价过于看重对劳动知识、技能的评价而忽视对劳动观念、劳动习惯和品质等方面的评价，劳动教育的评价过于看重结果性评价而忽视过程性评价。

（二）新时代劳动教育的内涵

新时代，《中共中央 国务院关于全面加强新时代大中小学劳动教育的意见》（以下简称《意见》）对劳动教育内涵进行了新的界定，指出："劳动教育是国民教育体系的重要内容，是学生成长的必要途径，具有树德、

---

① 檀传宝：《劳动教育的概念理解——如何认识劳动教育概念的基本内涵与基本特征》，《中国教育学刊》2019年第2期，第84页。

增智、强体、育美的综合育人价值。实施劳动教育重点是在系统的文化知识学习之外，有目的、有计划地组织学生参加日常生活劳动、生产劳动和服务性劳动，让学生动手实践、出力流汗，接受锻炼、磨炼意志，培养学生正确劳动价值观和良好劳动品质。"新时代劳动教育的新内涵主要体现了四个方面的特征。

1. 在地位上，劳动教育是我国国民教育体系的重要内容

新时代的劳动教育在我国教育体系中占据极为特殊的地位，是国民教育体系的重要内容，是中国特色社会主义教育制度的一项基本内容，是与德育、智育、体育及美育并列的一个部分。作为学生成长的必要途径，新时代的劳动教育覆盖职业教育、普通教育等不同教育类型，贯穿大中小学不同教育学段，各级各类学校都要开展劳动教育。同时，新时代的劳动教育内涵在强调劳动教育除具有形成正确劳动观念、培养劳动能力、弘扬劳动精神和养成劳动习惯等独特的育人价值外，还强调劳动教育树德、增智、强体、育美等多元的综合育人价值。

2. 在内容上，新时代的劳动教育是包括各种劳动的教育

劳动教育具有强烈的社会特征与时代属性。随着人类劳动形态的不断演进，劳动内容愈加丰富完整，劳动形式愈加富于变化，劳动生产率愈加提高，第三产业的兴起，各种新的服务性劳动、创造性劳动、复合型劳动不断涌现，与此相对应的是，劳动教育的内容也需要越来越丰富，需要我们通过对教育内容进行及时有效的调整与更新，以满足这些新情况、新变化。特别是新型劳动对劳动教育的内容提出新的要求。因此，新时代的劳动教育的内容包括日常生活劳动、生产劳动和服务性劳动中的知识、技能与价值观。

3. 在形态上，新时代劳动教育是包含多种形态的教育

新时代的劳动教育主要包含三种形态：劳动思想教育形态、劳动能力培育形态与劳动习惯养成形态。首先，劳动思想教育形态体现劳动教育的思想性，彰显劳动教育的德育属性，主张培养正确的价值观、情感态度、劳动精神等。其次，劳动知识与技能教育形态侧重智育，涵盖劳动知识学

习、劳动技能训练等。最后,劳动习惯教育形态凸显养成特征,注重把培观念、塑精神、学知识、强能力等最终形成习惯。这三种形态既各有其重点,更是有机结合的"三位一体",三者相互影响、相互促进。

4. 在途径上,新时代劳动教育强调通过实践开展教育

与上课、考试等传统"智育"方法相比,劳动教育强调让学生面对真实的生活世界和职业世界,投身真实的个人生活、生产和服务性任务情境,亲历实际的劳动过程,实践性是新时代劳动教育显著的特征。在劳动教育中,无论是劳动观念、劳动经验,还是劳动习惯与品质的培养,都不能单纯依靠课堂教学,学生只有在身体力行、实践参与中才能获得真正的劳动体验。因此,立足新时代劳动工具、劳动技术、劳动形态的新变化,新时代的劳动教育要在日常生活劳动、生产劳动和服务性劳动等实践活动中进行,注重知行合一,强化实践参与,力求让学生动手实践、出力流汗,接受锻炼,磨炼意志,在实践中学习。

二、劳动教育发展

中华人民共和国成立以来,伴随着时代的进步、教育的发展,围绕"教育与生产劳动相结合"的主线,我国劳动教育的发展呈现出阶段化的特征,并在曲折发展中探索形成了若干历史经验。

(一)初步探索期(1949—1956年):劳动教育为社会主义建设服务

1949年中华人民共和国成立之后,党和国家继承了新中国成立前解放区已有的教育经验,借鉴苏联的教育模式,开展了劳动教育的初步探索。这一时期的劳动教育主要为社会主义建设服务,具有以下特点:

一是把劳动教育作为培养人民热爱劳动美德、服务社会经济恢复发展的途径和手段。新中国成立之际,党和政府将"爱劳动"列为国民五项公德之一,主张通过劳动教育改变人们的劳动观念和劳动态度,消灭剥削阶级,倡导按劳分配,着力培养人民热爱劳动的美德。同时,把劳动教育作为服务社会经济恢复发展的途径和手段。1949年12月,第一次全国教育工作会议提出了坚持教育为工农服务、为生产建设服务的方针。以劳动教

育培养大量劳动人才，引导广大人民积极投身国家建设工作，服务国家恢复重建。

二是继续坚持教育与生产劳动相结合的原则，探索把劳动教育作为教育的内容和载体。在解放区教育坚持教育与生产劳动相结合已有探索的基础上，1951 年，中央人民政府政务院颁发《关于改革学制的决定》，提出各级各类学校应提倡实施教育与生产劳动相结合。1952 年，教育部颁发《小学暂行规程（草案）》及《中学暂行规程（草案）》，提出以理论联系实际为一切教学的原则，同时也指出了实施劳动教育教学的途径。这一时期，"劳动教育在各类高等教育机构和中等技术学校中的主要表现形式是专业实习，在中学、小学、工农速成中学和文化补习学校中，劳动教育则未被列入正式教学计划"[①]，主要是通过参观工厂、农场、农业生产合作社，访问劳动模范，请劳动英雄做报告，和劳动青年联欢，阅读有劳动教育意义的读物，参加体力劳动活动等方式在课外进行。1955 年后，生产技术教育纳入正式教学计划。1955 年，教育部颁发《小学教学计划》及《关于小学课外活动的规定》，规定小学阶段正式设立手工劳动课。[②] 1956 年教育部发布的《1956—1957 学年度中学授课时数表》《关于普通学校实施基本生产技术教育的指示（草案）》，对生产技术教育每周的上课时间、具体要求都做了明确的规定。

三是把劳动教育作为缓解学生就业压力的有效途径。新中国成立后经过一段时间的恢复与发展，1953 年，我国中小学毕业生明显增多，毕业生就业问题初现。部分城市毕业生出现不能如愿通过升学获得期待的工作岗位的现象，农村则出现"面对升学无望、最终还要回乡劳动的前途，很多中小学生家长选择让孩子辍学"的现象。对此，中共中央批转教育部党组《关于解决高小和初中毕业生学习与从事生产劳动问题的请示报告》明确

---

① 李珂、曲霞：《1949 年以来劳动教育在党的教育方针中的历史演变与省思》，《教育学报》2018 年第 5 期，第 64 页。

② 课程教材研究所编《20 世纪中国中小学课程标准·教学大纲汇编：课程（教学）计划卷》，人民教育出版社，2001，第 232 页。

指出："目前中、小学毕业生之所以普遍发生紧张的升学问题，主要由于过去几年中央教育部对中、小学教育的指导思想上有忽视劳动教育的偏向，在教学改革中，在教师思想改造中，都没有着重批判鄙视体力劳动和体力劳动者的剥削阶级的教育思想，也没有向广大群众和学生明确地阐明中、小学教育的性质和任务，使旧中国遗留下来的鄙视体力劳动和体力劳动者的错误教育思想，继续支配着广大教师和学生，这是中、小学教育方针上一个带原则性的错误。"① 此后，教育部、宣传部、共青团中央等部门，就如何组织不能升学的高小和初中毕业生参加生产劳动陆续出台了一系列政策，组织各级各类学校开展多样化的劳动教育活动。劳动教育被作为缓解中小学毕业生升学压力、动员毕业生就业的手段，并受到了高度重视。

这一时期，劳动教育得到初步重视和推进，劳动教育的积极作用也在一定程度得到了发挥。通过劳动教育，教育和激发了广大劳动群众特别是青年学生参与劳动和社会主义建设的积极性，有力地支持了新中国成立初期经济恢复和生产建设。通过劳动教育，中国几千年来形成的轻视劳动特别是体力劳动的观念得到一定程度的改变，热爱劳动、崇尚劳动、人人劳动、平等劳动成为社会倡导的主流思想。通过开展劳动教育特别是劳动技术教育，进一步坚持马克思主义思想教育与生产劳动相结合的原则，着力培养"有社会主义觉悟的、有文化的劳动者"。

（二）曲折发展期（1957—1977 年）：劳动教育为无产阶级政治服务

1957 年，在社会主义改造基本完成之际，毛泽东同志在《关于正确处理人民内部矛盾的问题》中明确提出："我们的教育方针，应该使受教育者在德育、智育、体育几方面都得到发展，成为有社会主义觉悟的有文化的劳动者。"② 确立了培养有社会主义觉悟的有文化的劳动者的教育目标。1958 年 9 月，中共中央、国务院发布《关于教育工作的指示》，明确了

---

① 参看《中华人民共和国教育大事记》，教育科学出版社，1984，第 104 页。
②《毛泽东同志论教育工作》，人民教育出版社，1958，第 44 页。

"教育为无产阶级政治服务，教育与生产劳动结合"的教育方针。这一时期的劳动教育主要为无产阶级政治服务，表现出如下特征。

一是把劳动教育视为消除体脑分工、进行阶级改造的途径。1958 年 6 月，时任教育部部长陆定一在全国教育工作会议上的讲话中强调"教育与劳动结合，是教育革命的主要内容之一"；8 月，陆定一又发表了《教育必须与生产劳动相结合》一文，将是否坚持"教育与生产劳动结合"视为教育战线上资本主义和社会主义两条路线斗争的表现。同时，提出必须旗帜鲜明地坚持"教育为工人阶级的政治服务，教育与生产劳动相结合；为了实现这个方针，教育必须由共产党领导"。劳动教育在当时主要是作为消除体脑分工、进行阶级改造的途径而备受重视。

二是把劳动教育作为缓解教育经费不足、自力更生发展教育的手段。1957 年上半年刘少奇同志就中小学生升学难问题进行全国调查，发现很多家庭无力负担子女上学，由此萌生了提倡勤工俭学、开展课余劳动的想法，并将此视为"解决学生学习费用困难和普及教育的一个重要途径"。1958 年 1 月，《人民日报》发表社论《两个好榜样》，倡导为节约国家开支、保证学生的生活需要，"最好的办法就是提倡勤工俭学，使学生以自己的劳动收入解决自己全部或一部分学习和生活的费用"。此后不久，共青团中央发出了《关于在学生中提倡勤工俭学的决定》，时任教育部副部长董纯才也做了《加强思想教育、劳动教育，提倡群众办学、勤俭办学》的教育工作报告，这样，劳动教育被确定为勤俭办学、勤俭建国，多快好省建设社会主义的重要途径。1958 年以后，学校办工厂、工厂办学校，勤工俭学、半工半读，边学习、边劳动，成为席卷全国的热潮。

三是把劳动教育看作解决教育过程中理论脱离实际问题的根本方式。早在 1917 年，师从美国实用主义教育大师杜威的人民教育家陶行知就把杜威的"做中学"思想引入了我国，提出了生活教育思想，倡导通过劳动开展教育。而在新民主主义革命时期，中国共产党人继承和发展了这一思想，并结合马克思主义教育与生产劳动相结合的思想，开展了通过劳动实施教育的早期实践，以凝聚革命力量，培养社会新人。而在这一时期，党和国家进一步发展了新民主主义革命时期的劳动教育实践，并提出把劳动教育看作是解决教育过程中理论脱离实际问题的根本方式。劳动教育被视为是"贯彻用手与用脑、学习与劳动、生产与教育、理论与实际密切结合的原则"的必由之路；是让学生获得比较完全的知识，成为全面发展的人、又红又专的人、工人化的知识分子、知识分子化的工人的唯一方法。在课程设置上，一切学校，均把生产劳动列为正式课程，并在不同时期，根据实际情况，对不同学校、年级每周、每月、每学年的劳动时间作明确规定，同时开设了属于教育与生产劳动相结合范畴的多门课程。

总之，这一时期，劳动教育的政治意义、经济意义和认识论意义都被提升到前所未有的高度。适度推动勤工俭学、半工半读，适当组织学生参加生产劳动，接受教育和锻炼，并形成一定的制度等教育方式和教育经验，在这一时期陆续形成并被党和国家长期坚持。

（三）改革调整期（1978—1998年）：劳动教育为国民经济发展服务

十一届三中全会后，伴随着国家开启了改革开放新征程，党的工作重心向以经济为中心的战略转移，劳动教育主要为国民经济发展服务，在这一时期显现出以下新的特征。

一是对是否及如何坚持教育与生产劳动相结合的认识进一步深化。1978年4月，邓小平同志在全国教育工作会议上的讲话中特别指出，"为了培养社会主义建设需要的合格的人才，我们必须认真研究在新的条件下，如何更好地贯彻教育与生产劳动相结合的方针"；"各级各类学校对学生参加什么样的劳动，怎样下厂下乡，花多少时间，怎样同教学密切结合，都要有恰当的安排。更重要的是整个教育事业必须同国民经济发展的要求相适应"；"我们的国民经济是有计划按比例发展的，我们培养训练专门家和劳动后备军，也应该有与之相适应的周密的计划"。[1] 1985年，《中共中央关于教育体制改革的决定》中，"教育必须为社会主义建设服务"

---

① 《邓小平在全国教育工作会议上的讲话》，http://cpc. people. com. cn/nl/2017/0208/c69113-290668T6. html/2017-02-08/2023-06-02，访问日期：2024年5月5日。

的说法正式取代了"教育必须为无产阶级政治服务"的说法，成为我国教育方针的基本构成要素。1993 年在《中国教育改革和发展纲要》中再次确定了教育与生产劳动相结合的说法，明确将我国的教育方针表述为"教育必须为社会主义现代化建设服务，必须与生产劳动相结合，培养德、智、体全面发展的建设者和接班人"。同时，伴随着人们对劳动内涵认识的深化，对知识分子、脑力劳动及科学技术地位和作用认识的深化，劳动教育也从以体力劳动为主转向体力劳动和脑力劳动兼顾。

二是劳动教育被表述为全面发展教育的组成部分。1986 年，时任国务院副总理兼国家教委主任李鹏在第六届全国人民代表大会第四次会议上做了《关于中华人民共和国义务教育法（草案）的说明》，提出："应当贯彻德、智、体、美全面发展的方针，适当进行劳动教育，使青少年儿童受到比较全面的基础教育。"这里将劳动教育作为比较全面的基础教育中的一部分提了出来。当年 10 月，时任国家教委副主任彭珮云在中学德育大纲研讨会上的讲话中更明确地提出"把德育作为德、智、体、美、劳五育全面发展的一个有机组成部分，使五育互相配合、互相渗透"，正式提出了"五育全面发展"的说法。

三是劳动教育主要是为经济建设服务，培养服务经济建设发展的各类人才，主要以劳动技术教育为主。1982 年教育部印发《关于普通中学开设劳动技术教育课的试行意见》规定：中学劳动技术教育课，初中每学年 2 周，每天按 4 课时安排，三年共计 144 课时；高中每学年 4 周，每天按 6 课时安排。并对劳动技术教育的成绩考核提出了明确要求。这是 1949 年以来国家教育文件中首次提出的劳动教育考核标准与要求。1987 年以后国家教委又先后颁发了《全日制中学劳动技术课教学大纲（试行稿)》《全日制小学劳动课教学大纲试行草案》，分别对中小学生劳动技术教育纳入教学计划进行了规定。

这一时期，伴随着国家转向以经济建设为中心，伴随着教育事业的拨乱反正，伴随着人们对教育与生产劳动相结合认识的深化，劳动教育转向更加强调社会经济发展的理性工具，劳动教育进一步聚焦劳动技术教育，更加突出对高素质劳动者的培养。

（四）综合发展期（1999—2012 年）：劳动教育为推进素质教育服务

21 世纪，我国进入了全面建设小康社会、加快推进社会主义现代化的新的发展阶段。这一时期的劳动教育主要呈现出下列新的特征。

一是劳动教育与生产劳动相结合的内涵不断拓展。2001 年国务院发布的《关于基础教育改革与发展的决定》中，将"坚持教育必须为社会主义现代化建设服务，为人民服务，必须与生产劳动和社会实践相结合，培养德智体美等全面发展的社会主义事业建设者和接班人"。作为 21 世纪基础教育改革与发展的基本方针。这一表述作为党的教育方针被正式写入党的十六大报告和 2015 年 12 月 27 日修订发布的《中华人民共和国教育法》中。根据新的教育方针，"教育与生产劳动和社会实践相结合"成为新时代"教育与生产劳动相结合"理念的进一步丰富和拓展。

二是劳动教育政策开始关注个体的发展，并趋于强调素质教育。1999 年，《中共中央 国务院关于深化教育改革 全面推进素质教育的决定》要求改变过去偏重智育的倾向，提出素质教育的主张，强调教劳结合是造就全面发展人才的关键路径，素质教育应当贯穿各级各类教育，继而促进德、智、体、美同劳动技术教育与社会实践协调发展。劳动教育由重在培养学生劳动技能和社会主义建设本领转向重在培养学生健全的人格和综合素质。

三是在劳动教育的实践形态上，劳动教育的技术之维更加凸显。在 2021 年启动的第八轮基础教育课程改革中，根据《国务院关于基础教育改革与发展的决定》和《基础教育课程改革纲要（试行）》，劳动教育课程不再单设，而是设在综合实践活动课程之内。综合实践活动课作为劳动教育的新形式，成为从小学至高中的必修课，其内容主要包括：信息技术教育、研究性学习、社区服务与社会实践以及劳动与技术教育，"强调学生通过实践，增强探究和创新意识，学习科学研究的方法，发展综合运用知识的能力。增进学校与社会的密切联系，培养学生的社会责任感。在课程的实施过程中，加强信息技术教育，培养学生利用信息技术的意识和能力。了解必要的通用技术和职业分工，形成初步技术能力"。同时，要求在农村中学中"试行通过'绿色证书'教育及其他技术培训获得'双证'的做法。城市普通中学也要逐步开设职业技术课程。"关注技术、强调实践、追求创新是新时期劳动教育的新的实践导向。自此，劳动教育成为综合实践活动课程的一个组成部分，综合实践活动课程和通用技术课程成为劳动教育在学校教育中实施的主要课程形态。

总之，这一时期，劳动教育在经历了为社会主义建设服务、为无产阶级政治服务、为国民经济发展服务三个阶段后，转向以育人为导向的新阶段，劳动教育作为素质教育的一部分，转向重在培养学生健全人格和综合素质。另外，从"教育与生产劳动相结合"拓展为"教育与生产劳动和社会实践相结合"，从劳动技术课到成为综合实践活动课的一部分，劳动教育作为教育与生产劳动相结合的重要形式，其外延不断得到拓展。

（五）创新发展期（2012 年至今）：劳动教育成为"五育并举"教育体系的有机组成部分

近年来，大中小学学生的劳动教育受到较大程度的削弱，青少年的劳动教育现状不容乐观。从学校来讲，劳动与技术课程经常被占用，师资、场地、经费缺乏，劳动教育无计划、无考核，有的把劳动当作惩罚手段，劳动多教育少，忽视劳动观念和劳动习惯培养。从家庭来讲，体力劳动和生产劳动在家庭教育中被忽视，家长往往只关心孩子的学业成绩，只要学习好，什么都不用干。从社会来讲，一夜暴富、不劳而获的思想有所蔓延，体力劳动和生产劳动被淡化。针对上述现象，切实加强劳动教育，努力把广大青少年培养成勤于劳动、善于劳动、热爱劳动的高素质劳动者，成为新时代党和国家对教育的根本要求。

2015 年 8 月，教育部联合共青团中央、全国少工委印发了《关于加强中小学劳动教育的意见》，提出通过劳动教育，提高广大中小学生的劳动素养，促进他们形成良好的劳动习惯和积极的劳动态度，克服不良的劳动价值观，培养他们勤奋学习、自觉劳动、勇于创造的精神，为他们终身发展和人生幸福奠定基础。

2018 年 9 月 10 日，习近平总书记在全国教育大会上强调："要坚持中国特色社会主义教育发展道路，培养德智体美劳全面发展的社会主义建设者和接班人。""要努力构建德智体美劳全面培养的教育体系，形成更高水平的人才培养体系。""要在学生中弘扬劳动精神，教育引导学生崇尚劳动、尊重劳动，懂得劳动最光荣、劳动最崇高、劳动最伟大、劳动最美丽的道理，长大后能够辛勤劳动、诚实劳动、创造性劳动。"习近平总书记全国教育大会讲话中有关"劳动教育"的"三个要"，从教育定位（历史性地把劳动教育从传统意义上促进青少年全面发展的有效途径提升到与德育、智育、体育、美育并举的重要组成部分）、实现路径（构建德智体美劳全面培养的教育体系，形成更高水平的人才培养体系）、核心内容（劳动价值观、劳动精神、劳动素养和劳动习惯）三个方面，系统地阐述了新时期劳动教育的要旨，为我们开展劳动教育提供了基本遵循。

同时，一系列关于新时代劳动教育的文件相继出台，充分体现了党和国家对新时代劳动教育的重视。继 2015 年教育部、团中央等部门联合发布《关于全面加强新时代加强中小学劳动教育的意见》后，2020 年 3 月，中共中央、国务院发布了《关于全面加强新时代大中小学劳动教育的意见》，以党中央、国务院的名义出台新时代劳动教育专门文件，进一步对大中小一体化的劳动教育进行了全面、详尽的顶层设计和细致的部署安排。2020 年 7 月，教育部印发《大中小学劳动教育指导纲要（试行）》，作为《关于全面加强新时代大中小学劳动教育的意见》的配套文件，进一步细化相关要求，重点阐明了劳动教育是什么、教什么、怎么教等基本问题。

这一时期的劳动教育，主要呈现出如下特征：

一是劳动教育的育人价值逐渐受到关注，并纳入学生核心素养培养之列。劳动教育是国民教育体系的重要内容，是学生成长的必要途径。《关于全面加强新时代中小学劳动教育的意见》《中国学生发展核心素养》等均要求将劳动教育纳入人才培养方案，养成学生爱劳动的精神及具备劳动的能力，发挥劳动教育在树德、增智、强体、育美方面的综合育人价值。

二是劳动教育的内涵日益丰富，劳动素养成为学生评价指标及升学之依据。劳动素养是劳动教育发展到较高层次的表现，是包括学生劳动观念、劳动精神、劳动态度、劳动能力及劳动习惯品质等多方面的综合性质的劳动技能，包含多种维度，是新时代人才培养的重要内容。同时，根据《深化新时代教育评价改革总体方案》（2020年）等文件，劳动素养成为中小学生评价的重要内容，并成为学生升学的重要依据。

三是劳动教育重新取得独立地位，列入"五育"之内。习近平总书记在2018年全国教育大会上提出培养德智体美劳全面发展的社会主义建设者和接班人，新修订的《中华人民共和国教育法》再次予以强调。随后，《中共中央 国务院关于全面加强新时代大中小学劳动教育的意见》与《大中小学劳动教育指导纲要（试行）》等文件均对劳动教育成为五育的内容进行了明确，并就如何具体落实进行了明确部署。

第二节　劳动教育思想

思想是行动的先导。马克思在继承与批判前人劳动教育思想的基础上，提出了自己的劳动教育思想，列宁在建设世界上第一个社会主义国家——苏联的实践中发展了马克思的劳动教育思想。中国共产党人，在探索中国革命和建设道路的过程中，继承和发展了马克思主义的劳动教育思想，提出了自己的劳动教育思想。新时代以来，习近平总书记高度重视劳动教育，做出了一系列关于劳动教育的重要论述，形成了其关于劳动教育的重要思想。这些劳动教育思想光芒交相辉映，为我们劳动教育的实践提供了理论指导。

一、马克思主义教育与生产劳动相结合思想

马克思主义教育与生产劳动相结合思想是研究劳动教育时不能回避的一个基本理论、教育原则和教育方法。这里的教育与生产劳动相结合是指马克思、恩格斯受空想社会主义者启发的、基于对人类社会历史特别是资

本主义初期机器化大生产条件下对人类社会深入考察的、作为实现人的自由全面发展唯一途径的马克思主义教育理论的重要原理；是指马克思、恩格斯、列宁及毛泽东、邓小平等不断丰富和发展的重要原理；是指自 1958 年开始写入党的教育方针后一直指导我们进行劳动教育实践的重要原理。

（一）马克思主义教育与生产劳动相结合思想的提出

教育与生产劳动相结合思想是社会主义教育的根本原则和重要方法。这一思想的形成经历了一个漫长的过程。

早期空想社会主义者提出的教育与生产劳动相结合思想是马克思、恩格斯提出这一思想的"萌芽"和"曙光"。这一思想萌芽最早是由早期空想社会主义思想家、英国学者托马斯·莫尔在其著作《乌托邦》中提出来的。在书中，他指出劳动是人们生活的必需品，主张"无论男女，从小就在学校接受农业教育，并到田地上实践。"① 由此提出了对儿童的教育需要与适当的农业、手工业劳动相结合的思想。另一位空想社会主义者——罗伯特·欧文进一步发展了这一思想，提出教劳结合具有促进儿童德智体均得到发展的作用和价值，有助于改善当时"脑体分离对立"的社会现状，并帮助实现"理想世界"。18 世纪，法国思想家卢梭重视劳动在个体发展中的重要作用，在他的《爱弥儿》一书中提出："劳动是每一个人分内的责任，任何一个人，无论贫富，无论强弱，只要这个人不干活，就是一个流氓。"② 他提出"互相调剂"的观点，对脑力劳动与体力劳动结合的重要性进行了阐述。19 世纪，瑞士教育家、被誉为"国民之师、教师之师"的裴斯泰洛齐强调了劳动教育在推进人的全面发展中的重要作用，主张将教育与生产劳动相结合并通过开办新庄农场和斯坦兹孤儿院等教育机构实践这一思想，对西方的初等教育及师范教育产生了巨大而深远的影响。

伟大的革命导师马克思、恩格斯在批判性继承前人劳动教育思想的基础上，立足对人类社会历史发展规律和资本主义初期机器化大生产时代特

---

① 托马斯·莫尔:《乌托邦》，戴镏龄译，商务印书馆,2009,第 4 页。
② 卢梭:《爱弥儿·论教育》，李平沤译，人民教育出版社,1985,第 249 页。

征的把握，科学阐释并确立了马克思主义教育与生产劳动相结合这一思想，并强调这一思想是"造就全面发展的人的唯一方法"，是"改造现代社会的最强有力的手段"。与空想社会主义者不同，马克思、恩格斯的教育与生产劳动相结合思想把对资本主义初期劳动生产力、科学技术发展水平的深入考察作为理解和阐释这一思想的基础。这一思想也在很大程度上影响了我国的劳动教育乃至整个教育体系，甚至成为历经党的教育方针几次调整但始终是其重要内容的有机组成部分。

（二）马克思主义教育与生产劳动相结合思想的内容

马克思、恩格斯认为，劳动是作为一切社会关系总和的人的本质性规定，也 是一种人类特有的创造物质财富和精神财富的实践活动，劳动创造了人、创造人类社会、创造了人类历史，劳动的终极理想是通过教劳结合这一唯一途径实现每一个人自由而全面的发展。① "从工厂劳动中萌发了一种未来教育的新芽。这种教育对所有已满一定年龄的儿童来说，就是生产劳动同智育和体育相结合的表现。生产劳动同智育和体育相结合，它不仅是提高社会生产的一种方法，而且是造就全面发展的人的唯一方法"。② 这一思想的核心思想内核主要包括：

1. 阐述了教育与生产劳动相结合这一思想的合理性

马克思、恩格斯在 1848 年《共产党宣言》中，第一次提出了开展教育同生产劳动相结合的观点："对所有儿童实行公共的和免费的教育。取消现在这种新式的儿童的工厂劳动。把教育同物质生产结合起来。"③ 马克思在 1866 年起草的《临时中央委员会就若干问题给代表的指示》中进一步指出："现代工业吸引男女儿童和少年来参加伟大的社会生产事业，是一种进步的、健康的和合乎规律的趋势，虽然在资本主义制度下它是畸形

---

① 李进忠:《守正创新:以"劳"育时代新人的逻辑机理和实现路径》,北京教育(高教)2020 年第 2 期,第 8 – 13 页。

② 马克思、恩格斯:《马克思恩格斯选集》第 2 卷,人民出版社,1995,第 212 页。

③ 马克思、恩格斯:《马克思恩格斯选集》第 1 卷,人民出版社,1995,第 53 页。

的。"① 马克思在当时一方面批判资本家在工厂中使用童工，另一方面，他已意识到了现代科技的发明和应用所带来的巨大生产力，以及通过教育者对现代生产技术熟练掌握的重要性。进一步，他认为劳动者的劳动和教育相结合将成为一种必然趋势。

2. 认为教育与生产劳动相结合是提高社会生产的重要方法、造就自由全面发展的人的唯一方法、改造现代社会的最强有力的手段

一方面，从适应生产力发展的角度看，马克思在对人类发展历史特别是机器化大生产下的劳动现状进行深入考查的基础上指出，当"机器化大生产不再依靠工人自身的技巧和熟练程度，而是依赖科学技术的发展和应用程度时……直接劳动甚至沦为生产过程的一个要素"。这意味着，人从直接劳动者转向为现代化大工业生产过程的控制者、监督者和调节者。基于这一新的特性和巨大转变，马克思认为科学和技术教育是"现代生产的内在趋势"，在这一趋势下，教育与生产劳动相结合成为劳动生产力发展的必然要求，成为提高社会生产的重要方法。生产劳动对人的发展起着重大作用，人是在劳动过程中形成和发展的。另一方面，从促进每一个个体自由而全面发展的角度看，机器化大生产导致的个体智力与体力的分离，也需要发挥教育与生产劳动相结合的中介途径才能解决。通过这种中介，体力劳动和脑力劳动得以充分的结合，并使个体的体力、智力、精神道德各方面得到自由而充分发展，成为自由而全面发展的人。这是马克思教育与生产劳动相结合这一思想的终极理想。

（三）马克思主义教育与生产劳动相结合思想的发展

在马克思、恩格斯创立这一重要的思想的基础上，列宁对这一重要思想进行了进一步创新和发展并具体应用于"十月革命"胜利后苏联的教育实践。

首先，列宁提出教育与生产劳动相结合是建设未来社会的一项重要原则，并将这一思想运用到社会主义革命和建设实践中去，写入俄共党纲。

---

① 马克思、恩格斯:《马克思恩格斯全集》第 16 卷,人民出版社,2002,第 218 页。

列宁强调:"没有年轻一代的教育和生产劳动的结合,未来社会的理想是不能想象的;无论是脱离生产劳动的教学和教育,或是没有同时进行教学和教育的生产劳动,都不能达到现代技术水平和科学知识现状所要求的高度"。① 其次,列宁还阐述了现代生产、科学技术和生产劳动之间的关系,提出现代生产是科学技术和生产劳动过程相结合的产物,务必把培养未来社会主义劳动者的教育过程同现代生产劳动相结合,亦要把正在从事的生产劳动和现代科学技术的教学相结合。再次,重视综合技术教育,使受教育者"从理论上和实践上熟悉各主要生产部门"。最后,关于生产劳动的含义,除了体力劳动、生产劳动外,列宁还主张公益性义务劳动也是生产劳动,并开创了"星期六义务劳动"的先河。

我们党历代领导人坚持以马克思主义为指导,把马克思主义与中国革命建设相结合,推进教育与生产劳动相结合的思想创新性发展。1958 年,毛泽东同志高度重视教育与生产劳动相结合原则,首次将教育与生产劳动相结合写入党的教育方针。他还探索了教育实习、半工半读等符合当时国情的教育和生产劳动相结合的方式。十一届三中全会以后,邓小平同志深刻总结反思社会主义建设正反两方面的经验,进一步深化了对教育与生产劳动相结合的认识,提出脑力劳动和体力劳动相结合的教育方针,强调教育与生产劳动相结合是培养社会主义建设合格人才的根本途径。20 世纪末21 世纪初,江泽民同志进一步拓展了教育与生产劳动相结合的内涵,提出教育与生产劳动相结合是坚持社会主义教育方向的一项基本措施。新时代,习近平总书记进一步传承和发展了教育与生产劳动相结合思想,形成了习近平新时代劳动教育思想。

二、习近平总书记关于劳动教育的重要论述

党的十八大以来,习近平总书记在继承和发展马克思主义劳动理论等理论观点的基础上,结合当代中国国情特别是中国特色社会主义教育的生

---

① 列宁:《列宁全集》第 2 卷,人民出版社,1984,第 413 页。

动实践，逐步形成了习近平总书记关于劳动教育的重要论述。

习近平总书记关于劳动教育的重要论述体现了马克思主义经久不衰的时代价值，对深化马克思主义劳动教育思想、提升时代新人劳动素养、推进中华民族伟大复兴中国梦的实现具有重要的意义，也为我们开展各级劳动教育，提供了思想上的指导。

（一）习近平总书记关于劳动教育的重要论述的形成与发展

习近平总书记关于劳动教育的重要论述的形成与发展有着重要的理论渊源和实践基础。

1. 理论渊源：马克思主义劳动理论

劳动理论是贯穿马克思主义哲学、马克思主义政治经济学及科学社会主义共同的核心主题，习近平总书记关于劳动教育的重要论述作为这一思想的当代发展正是在继承和发展这一理论的基础上逐渐形成的。马克思这一理论中关于劳动是人的类本质规定，劳动创造了人和人类社会，劳动是财富和价值的唯一源泉，劳动促进人的自身解放和全面发展等核心思想内核为习近平总书记关于劳动教育重要论述的形成提供了基本的立场观点和方法。

2. 实践基础：个人早期经历及领导中国特色社会主义建设的实践

一是个人早期的实践经历。1969 年，16 岁的习近平总书记来到陕北梁家河，开始了他 7 年的知青生活。其间他积极参加劳动，在艰苦的环境中向人民学习，磨炼自己的意志，培养自己的劳动精神，为形成劳动观奠定了实践基础。二是带领中国人民建设中国特色社会主义特别是发展社会主义教育事业的伟大实践。十多年来，习近平总书记带领我们，攻克了长期没有解决的难题，办成了许多事关长远的大事要事，中国特色社会主义取得了举世瞩目的成就，习近平总书记劳动教育思想就是顺应伟大实践对劳动者和劳动教育提出的新要求而做出的系列深入思考和理论总结。习近平总书记站在新的历史方位，就教育改革发展提出了一系列新思想。他从推进国家发展、民族复兴的高度以不同的视角在不同的场合全面系统地论述了教育在实现伟大复兴中国梦这一过程中的战略作用和战略地位，提出

"教育是国之大计、党之大计"①；他要求构建德智体美劳全面发展的教育体系；他提出注重把教育和科技、人才一道作为建设社会主义现代化国家的基础性、战略性支撑；他强调"扎根中国大地办教育，同生产劳动和社会实践相结合。"② 可以说，习近平总书记关于劳动教育的重要论述就是在以习近平同志为核心的党中央带领全国人民高举中国特色社会主义伟大旗帜，建设中国特色社会主义这一伟大实践特别是发展教育事业的具体实践的产物。

（二）习近平总书记关于劳动教育的重要论述的核心内容

1. 关于新时代劳动教育的重要性

新的历史条件下的劳动教育是新时代中国特色社会主义教育制度的重要内容，是德智体美劳全面发展的教育体系的重要组成部分。2018 年，在全国教育大会上，习近平总书记强调指出："要努力构建德智体美劳全面培养的教育体系，形成更高水平的人才培养体系。""要在学生中弘扬劳动精神，教育引导学生崇尚劳动、尊重劳动，懂得劳动最光荣、劳动最崇高、劳动最伟大、劳动最美丽的道理，长大后能够辛勤劳动、诚实劳动、创造性劳动。"③ 习近平总书记的这番讲话把劳动教育看作是五育并举、全面培养的教育体系的重要组成部分。之所以如此强调新时代劳动教育的重要性，习近平总书记也给出了明确答案："要通过各种措施和方式，教育引导广大青少年牢固树立热爱劳动的思想、牢固养成热爱劳动的习惯，为祖国发展培养一代又一代勤于劳动、善于劳动的高素质劳动者。"④ 习近平总书记从更高的站位上提出了对劳动教育重要性的认识。

---

① 习近平：《坚持中国特色社会主义教育发展道路培养德智体美劳全面发展的社会主义建设者和接班人》，《人民日报》2018 年 9 月 11 日。

②《习近平主持召开学校思想政治理论课教师座谈会》，https://www.gov.cn/xinwen/2019－03/18/content_5374831.htm/2019－03－08/2021－03－10，访问日期：2023 年 5 月 5 日。

③ 同①。

④《习近平在乌鲁木齐接见劳动模范和先进工作者、先进人物代表，向全国广大劳动者致以"五一"节问候》，《人民日报》2014 年 5 月 1 日。

2. 关于新时代劳动教育的基本原则

教育与生产劳动相结合，是中华人民共和国成立以来我国教育不变的基本原则，是党的教育方针不变的理论依据和重要内容，也是我国劳动教育一直以来最基本、最核心的理论基础。党的十八大以来，习近平总书记继承和发展这一原则，强调"扎根中国大地办教育，同生产劳动和社会实践相结合。"① 习近平总书记把马克思主义历来就极度推崇、极度重视的教育与生产劳动相结合这一思想原则方法扩展开来，不仅继续强调和沿袭教育与生产劳动相结合这一思想原则方法，而且创造性地强调教育还应与更大范围的社会实践相结合，从而为这一重要的思想原则方法注入了新的时代内涵。更难能可贵的是，习近平总书记还以自己在陕西延安梁家河七年的知青生活中参加的农业劳动实践淬炼为例，强调指出，"坚持教育同生产劳动和社会实践相结合"的原则让自己"受益匪浅"。教育同生产劳动和社会实践相结合，这不仅是总书记认为的新时代劳动教育的基本原则，而且是从其个人自身实践得来的珍贵教育法则。

3. 关于新时代劳动教育的基本立场

中国共产党一切依靠人民，一切为了人民，这一理念也反映在习近平总书记的劳动教育思想中。习近平总书记关于劳动教育的系列论述的基本立场就是通过劳动教育让广大青少年形成热爱劳动、热爱劳动人民的观念。如 2014 年，习近平总书记在乌鲁木齐亲切接见劳动模范和先进工作者、先进人物代表时，就强调："要通过各种措施和方式，教育引导广大青少年牢固树立热爱劳动的思想、牢固养成热爱劳动的习惯。"②"教育孩子们从小热爱劳动、热爱创造，通过劳动和创造播种希望、收获果实，也通过劳动和创造磨炼意志、提高自己。"③ 他在多种场合、通过多种形式、反复语重心长地勉励广大青年学生牢固树立热爱劳动和劳动人民的坚定立场，

---

① 《习近平主持召开学校思想政治理论课教师座谈会》，《人民日报》2019 年 3 月 19 日。
② 同①。
③ 习近平：《在庆祝"五一"国际劳动节暨表彰全国劳动模范和先进工作者大会上的讲话》，《人民日报》2015 年 4 月 29 日。

立志用真才实学为人民服务，才能站稳无产阶级人民立场。

4. 关于新时代劳动教育的目标要求

习近平总书记高度重视培养和提高劳动者素质，把提高劳动者素质，培养高素质劳动大军作为新时代劳动教育目标。他指出："劳动者素质对一个国家、一个民族发展至关重要。劳动者的知识和才能积累越多，创造能力就越大。面对日趋激烈的国际竞争，一个国家发展能否抢占先机、赢得主动，越来越取决于国民素质特别是广大劳动者素质。"① 在推动实现中华民族伟大复兴的关键期，习近平总书记多次强调了新的历史条件下提升劳动者素质对于实现中华民族伟大复兴、实现"两个一百年"的奋斗目标的重要性，并指明了新时代培养高素质的劳动者的方向和目标。这是习近平总书记对马克思劳动学说中关于劳动者的思想的丰富，也是根据我国发展社会主义事业的伟大实践提出的科学判断。

5. 关于新时代劳动教育的核心要素

如前所述，劳动价值观与劳动教育观毋庸置疑是马克思主义劳动理论的核心观点和重要内容。习近平总书记继承和发展了马克思主义相关原理，提出新时代劳动教育的核心要素是帮助青少年形成正确的马克思主义劳动价值观，反映在时代要求上，就是要让青少年"懂得劳动最光荣、劳动最崇高、劳动最伟大、劳动最美丽的道理"，这是对当前"劳动过时论""劳动无用论"等有害思潮和错误价值观的有力回应。他主张任何一种劳动、任何职业的劳动者都值得尊重，要摒弃社会上存在的一切轻视体力劳动、不尊重甚至贬低劳动者的错误观念，要"让劳动光荣、创造伟大成为铿锵的时代强音，让劳动最光荣、劳动最崇高、劳动最伟大、劳动最美丽蔚然成风"②。

6. 关于新时代劳动教育的特色内容

劳动教育的内涵具有时代性和发展性，习近平总书记敏锐地洞察出

---

① 习近平:《在庆祝"五一"国际劳动节暨表彰全国劳动模范和先进工作者大会上的讲话》,《人民日报》2015 年 4 月 29 日。

② 同①。

了这一特征，在新时代背景下提出了新时代劳动教育的特色内容。如在新时代，劳模精神、劳动精神、工匠精神是马克思主义劳动观的丰富和发展，是中国共产党人精神谱系的重要组成部分，是激励新时代中华儿女辛勤劳动、诚实劳动、创造劳动的重要精神力量。习近平总书记深刻认识到在青年学生中弘扬劳模精神、劳动精神、工匠精神的重要性，2016 年 4 月 26 日，习近平总书记在安徽合肥主持召开知识分子、劳动模范、青年代表座谈会，对劳模精神、劳动精神、工匠精神进行了全面阐述并特别强调："我们要在全社会大力弘扬劳动精神，提倡通过诚实劳动来实现人生的梦想、改变自己的命运，反对一切不劳而获、投机取巧、贪图享乐的思想。"弘扬劳模精神、劳动精神、工匠精神成为新时代劳动教育的重要内容。

第三节　劳动教育内容

古今中外，人们基于劳动教育思想，提出了不同的劳动教育内容。新时代，中共中央　国务院《关于全面加强新时代大中小学劳动教育的意见》明确提出了新时代劳动教育的内容，即"根据教育目标，针对不同学段、类型学生特点，以日常生活劳动、生产劳动和服务性劳动为主要内容开展劳动教育"。教育部《大中小学劳动教育指导纲要（试行）》进一步明确劳动教育的内容"主要包括日常生活劳动、生产劳动和服务性劳动中的知识、技能与价值观。"

围绕这三类劳动教育内容来看，在师范生即将从事的基础教育不同学段，还有着不同的目标和侧重。小学低年级要注重围绕劳动意识的启蒙，让学生学习日常生活自理，感知劳动乐趣，知道人人都要劳动。小学中高年级要注重围绕卫生、劳动习惯的养成，让学生做好个人清洁卫生，主动分担家务，适当参加校内外公益劳动，学会与他人合作劳动，体会到劳动光荣。初中要注重围绕增加劳动知识、技能，加强家政学习，开展社区服务，适当参加生产劳动，使学生初步养成认真负责、吃苦耐劳的品质和职业意识。普通高中要注重围绕丰富职业体验，开展服务性劳动、参加生产劳动，使学生熟练掌握一定劳动技能，理解劳动创造价值，具有劳动自立意识和主动服务他人、服务社会的情怀。

一、日常生活劳动

（一）日常生活劳动与教育

日常生活劳动是指可以直接满足生活需求的劳动，生活劳动是在具备生活条件的基础上对生活条件的再改造，并直接服务于人的劳动。

日常生活劳动教育立足个人生活事务处理，结合开展新时代校园爱国卫生运动，注重生活能力和良好卫生习惯培养，树立自立自强意识。

（二）基础教育不同学段的日常生活劳动教育重点

1. 小学

低年级学生以个人生活起居为主要内容，主要是完成个人物品整理、清洗，进行简单的家庭清扫和垃圾分类等劳动，树立自己的事情自己做的意识，提高生活自理能力。中高年级学生主要参与家居清洁、收纳整理，制作简单的家常餐等劳动，每年学会 1—2 项生活技能，增强生活自理能力和勤俭节约意识，培养家庭责任感。

2. 初中

初中学生主要是承担一定的家庭日常清洁、烹饪、家居美化等劳动，进一步培养生活自理能力和习惯，增强家庭责任意识。

3. 普通高中

高中学生主要是持续开展日常生活劳动，增强生活自理能力，固化良好劳动习惯。

（三）师范生日常生活劳动教育主要形式

1. 宿舍卫生保洁

宿舍是师范生生活、学习、休息、娱乐、社交的重要场所，是学校开展生活劳动教育的主要阵地。营造一个温馨、整齐、清洁的宿舍环境非常重要，它能在很大程度上提升师范生的幸福感和满足感。师范生可以把做好宿舍卫生保洁作为日常生活劳动教育的主要形式。

2. 校园绿化维护

学校可组织师范生参与校园花草树木的修剪、整理、灌溉、施肥和病虫害防治等工作，鼓励师范生参与校园绿化景观、草坪和花坛等设计工作，努力构建净化、绿化、美化的校园环境，潜移默化地陶冶师范生的品格，促进师范生身心健康发展，从而实现劳动教育的目标。

3. 勤工俭学活动

学校可组织师范生或师范生个人利用课余时间从事小时工等有偿劳动，这是师范生改善学习和生活条件的实践活动，也是开展师范生日常生活劳动教育的一种重要形式。

二、生产劳动

（一）生产劳动与教育

生产劳动是指制作和使用劳动工具，进行有目的、有计划的劳动。人类社会就是以生产劳动为基础，按照各种关系结合在一起的人类的总体。

生产劳动教育要让学生在工农业生产过程中直接经历物质财富的创造过程，体验从简单劳动、原始劳动向复杂劳动、创造性劳动的发展过程，使学生学会使用工具，掌握相关技术，感受劳动创造价值，增强产品质量意识，体会平凡劳动中的伟大。

（二）基础教育不同学段的生产劳动教育重点

1. 小学

低年级学生要进行简单手工制作，照顾身边的动植物，关爱生命，热爱自然。中高年级学生要初步体验种植、养殖、手工制作等简单的生产劳动，初步学会与他人合作劳动，懂得生活用品、食品来之不易，珍惜劳动成果。

2. 初中

开展职业启蒙教育，体会劳动创造美好生活，养成认真负责、吃苦耐劳的劳动品质和安全意识。主要内容是让学生适当体验包括金工、木工、电工、陶艺、布艺等项目在内的劳动及传统工艺制作过程，尝试家用器具、家具、电器的简单修理，参与种植、养殖等生产活动，学习相关技术，获得初步的职业体验，形成初步的生涯规划意识。

3. 普通高中

注重围绕丰富职业体验，开展生产劳动，理解劳动创造价值，接受锻炼、磨炼意志，具有劳动自立意识。要求学生统筹劳动教育与通用技术课程相关内容，从工业、农业、现代服务业以及中华优秀传统文化特色项目中，自主选择1—2项生产劳动，经历完整的实践过程，提高创意物化能力，养成吃苦耐劳、精益求精的品质，增强生涯规划的意识和能力。

（三）师范生生产劳动教育主要形式

1. 社会实践

师范生可利用寒暑假及其他节假日、课余时间开展社会调查、基本生产劳动、科技发明等社会实践活动，开展一般的生产劳动教育。

2. 各类模拟教学

师范生可通过微格教学、师范生教学技能大赛等形式，开展各类模拟教学活动，在模拟教学中开展教师劳动教育，掌握教育教学基本知识和技能。

3. 教育见习实习

师范生可通过由学校组织的到基础教育一线参观、观摩真实的教学活动，在真实的教育工作场域中开展生产劳动教育。还可以通过学校安排到基础教育一线进行一定时间的跟岗型实习或顶岗型实习，在学校教师和实习单位教师的共同指导下，参与实践工作。

三、服务性劳动

（一）服务性劳动与教育

服务性劳动是指直接服务于社会的、有组织的、不计报酬的义务劳动，包括志愿服务、支教帮扶等具体形式和内容。

服务性劳动教育让学生利用知识、技能等为他人和社会提供服务，在服务性岗位上见习实习，树立服务意识，实践服务技能；在公益劳动、志愿服务中强化社会责任感。

（二）基础教育不同阶段的服务性劳动教育重点

1. 小学

低年级学生参与适当的班级集体劳动，主动维护教室内外环境卫生等，培养集体荣誉感。中高年级学生参加校园卫生保洁、垃圾分类处理、绿化美化等，适当参加社区环保、公共卫生等力所能及的公益劳动，增强公共服务意识。

2. 初中

增强公共服务意识和担当精神。让学生定期开展校园包干区域保洁和美化，以及助残、敬老、扶弱等服务性劳动，初步形成对学校、社区负责任的态度和社会公德意识。

3. 普通高中

注重围绕丰富职业体验，开展服务性劳动，具有主动服务他人、服务社会的情怀。指导学生选择服务性岗位，经历真实的岗位工作过程，获得真切的职业体验，培养职业兴趣；积极参加大型赛事、社区建设、环境保护等公益活动、志愿服务，强化社会责任意识和奉献精神。

（三）师范生服务性劳动教育主要形式

1. 社会公益性志愿服务

师范生可积极参加社区建设、政策法律宣传、环境保护、大型赛事、应急救助、志愿服务等各种志愿活动。

2. 支教帮扶

师范生还可以通过各种途径去教育资源贫乏地区的中小学开展支教，也可根据实际情况面向社会人员开展一些扫盲或普法教育活动。

第四节　劳动教育关系

一、劳动教育与劳动

（一）劳动教育与劳动的区别

劳动教育是关于劳动、为了劳动、通过劳动的教育活动，是教育场域中发生的劳动过程，是以促进人的全面发展为目标的教育活动，劳动教育不等同于劳动。

1. 劳动教育是一种不同于劳动的育人活动，其最基本的特征是育人性

劳动教育并不同于各种形式的具体实际劳动。劳动是以创造各类物质财富和精神财富为目的，劳动教育以劳动为内容、途径和载体，以育人为目的。劳动是教育的手段、内容，教育是劳动教育的目标和目的，参与劳动不是目的，而是让学生在劳动中受益，培养劳动的观念、精神、习惯、技能才是劳动教育的应有之义。正如苏霍姆林斯基说的"劳动以外的教育和没有劳动的教育是不存在、也不可能存在的"。离开了教育的劳动不能称之为劳动教育。准确把握劳动教育的育人性，可以有效避免把劳动等同于劳动教育、用劳动代替劳动教育，甚至"有劳动无教育"等"放大劳动、缩小教育，只重劳动，忽视教育"的错误倾向。

2. 劳动教育是一种通过劳动的育人活动，其最主要的特征是实践性

劳动教育是一种基于劳动实践的教育，脱离了实践也就丢失了劳动教育的基础，学生只有在劳动实践中，才能深刻感悟，进而才能做到知行合一。劳动教育"首要的不是关于劳动的说教，而是要让学生在劳动实践中进行锻炼和接受教育，要吸引和组织他们参加各种力所能及的劳动活动，并要在这些劳动活动中相机对他们进行教育。"准确把握劳动教育的实践性，可以有效避免"应试教育、劳动教育淡化"等"有教育无劳动"的错误倾向。

（二）劳动与劳动教育的联系

1. 劳动发展要求劳动教育

苏霍姆林斯基说过，"离开劳动不可能有真正的教育"。劳动是人类最基本的社会实践活动，任何时代、任何人都离不开劳动。近年来，我国经济科学技术蓬勃发展，随着互联网、物联网等深入人们日常生活之中，社会对人才要求愈加明确、更加全面，劳动就是必然要求之一。特别是新时代，人类劳动的形态发生了巨大变化，脑力劳动比重空前增加，创造性劳动的重要性无与伦比，新型劳动层出不穷……新时代的青少年学生作为社会主义的建设者和接班人，作为"两个一百年"奋斗目标的主要参与者、建设者，更需要主动了解、感知和深刻理解劳动形态的演变，树立正确的劳动观念，增强劳动的意识，锤炼过硬的劳动技能，践行崇高的劳动精神，其劳动价值取向一定程度上影响整个社会的价值导向。

2. 学生劳动现状需要劳动教育

当前大学生存在着劳动意识淡薄、观念偏差、习惯欠缺、能力不足和精神缺失等问题，表现在学习、生活、工作各个方面，集中表现为不尊重劳动成果、个人自理能力不强，消费观念不正确等方面，新时代大学生的成长实践和发展需求亟须强化大学生劳动教育，要在学思践悟中提升劳动素养，在艰苦奋斗中担当作为。

二、劳动教育与人的全面发展

马克思主义关于人的全面发展学说是我国教育方针的理论基础。人类的全面解放是马克思主义的最高价值目标，而这一目标体现在人类个体身上，则是自由而全面的发展。在马克思看来，人的全面发展是指个人的各种潜能和素质的充分和谐发展，即人的德、智、体、美、劳等各方面的充分和谐发展。而劳动则是实现人的全面发展的基本实践活动和现实途径。因此，构建德智体美劳全面培养的教育体系，既要看到劳动教育"关于劳动"的教育的独特育人价值，又要看到劳动教育"通过劳动"的教育的综合育人价值，充分发挥劳动教育树德、增智、健体和育美的综合育人作用。

2020 年 3 月，中共中央 国务院《关于全面加强新时代大中小学劳动教育的意见》（简称《意见》）明确提出："长期以来，各地区和学校坚持教育与生产劳动相结合，在实践育人方面取得了一定成效。同时也要看到，近年来一些青少年中出现了不珍惜劳动成果、不想劳动、不会劳动的现象，劳动的独特育人价值在一定程度上被忽视，劳动教育正被淡化、弱化。""劳动教育是国民教育体系的重要内容，是学生成长的必要途径，具有树德、增智、强体、育美的综合育人价值。实施劳动教育重点是在系统的文化知识学习之外，有目的、有计划地组织学生参加日常生活劳动、生产劳动和服务性劳动，让学生动手实践、出力流汗，接受锻炼、磨炼意志，培养学生正确劳动价值观和良好劳动品质。"文件强调了劳动教育的独特育人价值，也指出了劳动教育促进学生德智体美全面发展的重要意义。

（一）劳动教育的独特性

新时代劳动教育从教育的形式上升为教育的内容，具有独特性，这是劳动教育发展到新的历史阶段，展现其新的历史地位的显著标志。承认劳动教育的独立性是"五育并举"的基本前提，没有"独立"，就不可能有"并举"。

劳动教育的独特性表现在：第一，充分认识劳动的意义，培养劳动观念，激发劳动热情。习近平总书记在全国教育大会上强调指出："要在学生中弘扬劳动精神，教育引导学生崇尚劳动、尊重劳动，懂得劳动最光荣、劳动最崇高、劳动最伟大、劳动最美丽的道理，长大后能够辛勤劳动、诚实劳动、创造性劳动。"第二，掌握劳动的基础知识和基本技能，提升学生的劳动能力，使学生能够从事基础性的生产劳动，养成良好的劳动习惯。第三，激发学生的技术意识，培养创造性劳动能力。劳动教育不只是体力劳动，如今越来越具有技术成分，是一种复杂的技术劳动。劳动教育要激发学生的技术意识、创新意识，培养学生的实践能力和创造性劳动的能力。

（二）劳动教育与其他四育

劳动教育对人的发展极其重要，除了独特的育人价值外，劳动教育还具有树德、增智、健体、育美的综合育人价值。我们要坚持在劳育中发现五育、渗透五育、落实五育，在五育中认识劳育、把握劳育、实现劳育，实现五育并举，发挥协同育人的作用。

1. 劳动教育与德育

劳动教育具有树德的作用。以劳树德，就是以劳动教育磨炼学生意志品质，通过践行道德教育，不断坚定学生的理想信念，促进正确道德观和劳动观的形成。

苏联教育思想家马卡连柯深入阐述了劳动教育与德育的关系，他认为劳动在培养人的能力的同时，还可以培养道德修养。他认为，劳动是道德之源，人类的创造性劳动是道德素养的本源，也是精神素养的基础。

劳动是一种具有教育培养性、品德养成性、习惯稳定性等特征的活动。劳动教育强调的劳动观念、劳动精神、劳动习惯和劳动品质是德育的重要内容。劳动教育不仅注重劳动技能和劳动知识的传授，更重要的是劳动精神和劳动观念的培养，强调确立尊崇劳动、热爱劳动的价值观。学生通过劳动教育认识劳动的本质，明晰劳动的内涵，增强劳动的责任意识，进而通过劳动体验感悟正确的世界观、人生观和价值观，树立马克思主义理想信念，弘扬"爱岗敬业、争创一流、艰苦奋斗、勇于创新、淡泊名利、甘于奉献"的劳模精神，"崇尚劳动、热爱劳动、辛勤劳动、诚实劳动"的劳动精神，"执着专注、精益求精、一丝不苟、追求卓越"的工匠精神，将个人成长历程自觉融入服务国家和社会发展的事业中，达到德育的目的。

2. 劳动教育与智育

劳动教育具有增智的作用。以劳增智，是指把劳动教育与智育相结合，进一步解决学生"会不会劳动"的问题，促进学生大脑发育和智力发展。

劳动教育包含的劳动知识、劳动技能等内容，也是智育的重要内容。劳动尤其是现代生产劳动，技术性越来越强，对劳动者技术素养的要求越来越高。因此，劳动教育需要使学生掌握劳动与技术的基本知识和技能，在社会劳动实践中增长见识、丰富学识、掌握本领。劳动教育引导青少年在做中学，学中做，把感性与理性、直接经验与间接经验结合起来，培育学生的动手操作能力、创造能力和实践智慧。

劳动教育有助于学生的大脑发育和智力发展。人的劳动需要脑力和体力的结合，需要充分发挥眼、耳、手、脑等协调作用，人的智力在劳力与劳心的过程中得以促进和发展。新时代劳动教育强调身心参与，注重手脑并重。学生在劳动教育真实或模拟的劳动情境中，观察思考，依托所学知识解决实际问题，在参与劳动教育的过程中整合直接经验与间接经验，形成新的认知结构。同时，劳动教育通过亲历实践促进学生对其他学科知识的理解和掌握，提高学生多方面能力，提升学生学业水平。

3. 劳动教育与体育

劳动教育具有强体的作用。以劳强体，是指以劳动教育与体育相结合，进一步强健学生体魄，磨炼学生意志，促进学生心理健康。

劳动教育可以强健体魄，增强学生体质。劳动使人在改变外部环境的同时也改变着自己本身，开展一定的劳动活动，能够促进个体身体机能发展与健康。劳动教育虽然不是体力劳动，但劳动教育需要借助于体力而进行，因此，劳动教育也可以促进学生强身健体，促进身体机能的发育，增强体质，发展体能。新时代劳动教育强调劳动对增强体质、磨炼意志的重要价值，鼓励学生参与劳动，吃苦耐劳。这里的吃苦耐劳，不仅指意志品质的坚韧，还包括身体的耐受力。

劳动教育可以磨炼意志，涵养学生心灵。劳动教育要引导学生在劳动中享受乐趣、磨炼意志，锻炼吃苦耐劳的品格和耐挫能力，促进心理和人格的健全发展。

4. 劳动教育与美育

劳动教育具有育美的作用。美育是培养学生认识美、发现美、体验美、创造美的能力的教育，也称审美教育。以劳育美，是把劳动教育与美育相结合，在劳动实践中诠释美，并探索美的本质规律，给人以美好的体验，从而达到陶冶情操，创造劳动美的目的。

劳动教育有助于学生形成认识美的根源在劳动的真理性认识。马克思认为"美是人的本质力量的对象化"，而这种对象是通过劳动来实现的。"劳动之美，美在创造。"劳动是一种创造，这种创造中蕴含着美，展示着美的力量。劳动过程本身也是一种美好的体验，人们在劳动过程中感受人与自然的和谐之美，感受勇于实践的创新之美，感受心灵手巧的人性之美。劳动者也是美丽的，因为他们创造了世界，创造了美好的幸福生活。劳动教育有助于学生形成这些美的根源在劳动的真理性认识，并形成"劳动最光荣、劳动最崇高、劳动最伟大、劳动最美丽"的劳动审美观。

劳动教育有助于提升学生审美情趣、创造美的意识和能力。劳动教育通过主观见之于客观的劳动实践活动，使学生将劳动实践转化为寻找美、感受美、欣赏美、表达美的过程，进而在这个过程中不断地充实审美体验、形成审美观念、提升审美旨趣、提高审美情趣。同时，培养和提升学生通过劳动创造美的能力。

总之，劳动教育有利于树德、增智、强体、育美，是全面育人的重要基础，没有劳动教育的参与，其他四育将无法圆满实现人的全面发展这一根本性旨归。新时代的劳动教育，既应当突出劳动教育的独特育人价值，又应当关注劳动教育与德育、智育、体育、美育融合的综合育人价值。

三、劳动教育与教师教育

（一）教师教育与劳动发展

劳动生产力是社会发展的物质基础和最终动力，所有的社会活动和社会现象都与劳动生产力有着直接和间接的关系，都要受到劳动生产力的制约。师范教育作为一种社会现象，它的发展和变化，当然也要受到劳动生产力的制约，具体地讲，一定的师范教育总是由一定的生产力发展水平决定的，并且总是以一定生产力的发展状况为物质基础和最终决定因素的，它产生于一定的生产力基础之上，并随着生产力的发展而发展。

1. 劳动生产力促进教师教育的产生

人类自古以来就有教师，但作为培养教师的师范教育却产生于近代，是劳动生产力发展到一定阶段的产物。

在工业革命之前（工业革命最早于 18 世纪 60 年代发生在英国），基本没有师范教育，世界各国的师范教育基本都是在工业革命以后创立的。工业革命加速了行会制度和个体农业的消亡，机器劳动代替了手工劳动。这种劳动生产力方式的革命性变革，对劳动力的数量和质量提出了新的要求，师傅带徒弟、父传子、子传孙的劳动力再生产方式与机器工业生产发展水平不相适应，必须以新的劳动力再生产方式来代替，即需要大量设立讲授科学基础知识的普通学校培养劳动力，以代替旧的劳动力再生产方式。于是，新的劳动力再生产方式——学校教育开始大规模发展。学校教育的大规模发展，对师资的数量和质量又提出了新的要求。为普通学校培养师资的师范教育便应运而生了。世界上最早的独立师范教育机构是由法国天主教神甫拉萨尔于 1681 年创立的师资训练学校；1695 年德国人法兰克在哈雷创办了德国第一所师资养成所，成为德国师范教育的先驱；英国的师范教育产生于 18 世纪最后的二三十年里；美国的第一所师范学校成立于 1839 年；我国最早的师范学校成立于 1897 年。各国师范教育的出现，都是顺应生产力发展到一定水平的需要，是生产力发展到一定阶段的产物。

2. 教师教育的发展受劳动生产力发展水平的制约

（1）劳动生产力发展水平制约着教师教育发展的规模和速度。首先，劳动生产力发展的需要是教师教育发展的动力。劳动生产力的发展必然要求教育事业也随之发展，以培养其所需要的人才。而要大力发展教育事业，就必须首先解决师资问题。促进了师范教育的发展。师范教育的发展规模和速度是与劳动生产力发展水平成正比的。

其次，劳动生产力的发展水平还为教师教育的发展提供可能性。劳动生产力发展水平决定了一个社会所能提供的剩余劳动的数量，而这种剩余劳动的数量与社会中可能受教育的人口之间存在着直接联系。当劳动生产力发展，受教育人口增多，必然要求迅速扩大教育规模，这就促进和带动了师范教育的发展。另外，劳动生产力发展水平决定了一个国家在教育上的经费投入多少，而教育经费的投入多少直接决定着师范教育发展的规模和速度。

（2）劳动生产力发展水平制约着教师教育的质量。由于劳动生产力发展水平的不断提高，新的科学技术层出不穷，要求新一代教师具有更加宽广和坚实的科学文化基础知识，这不仅要求师范院校在数量上要大大增加，而且要求师范教育在质量上也要有所提升。由于技术革新，劳动生产力发展水平的提高不断地要求就业人员的教育水平也要随之提高，如果不能供给培养这些人才的质量相应地提高了的教师，就会阻碍劳动生产力的发展。

3. 教师教育促进劳动生产力再发展

（1）教师教育通过培养教师来实现劳动力的再生产，从而促进劳动生产力的发展。在劳动生产力的诸要素中，人是起主导作用的首要因素。但是，当人们还不具有任何科学知识、生产经验和劳动技能时，这只能是一种可能的劳动生产力。而要把可能的劳动生产力变为现实的劳动生产力，必须通过教育，而教育又离不开教师，教师主要是通过师范教育来培养的。总之，教师在培养劳动者，并把潜在的劳动生产力变为现实的劳动生产力的过程中，师范教育起着工作"母机"的作用。这个作用可以表述为：师范教育—师资质量和数量—教育—劳动力再生产—劳动生产力发展。

（2）教师教育通过培养教师来实现科学技术的再生产，从而促进生产力的发展。科学技术是第一生产力，但当它被劳动者所掌握并应用于物质生产过程之前，这只是一种潜在的生产力。科学技术由潜在生产力向现实生产力转化，除了通过科研部门和生产部门有限的直接联系外，主要或大部分是通过教师的教育活动这一中介作用才能实现。

教育是进行科学知识再生产的最有效途径，它可以在较短时间内把人类社会长期积累的科学知识通过有效的组织形式和方法传授给学生。这种再生产是一种高速度、高效率的再生产。同时这种通过教育所进行的再生产又是一种扩大的再生产。它可以同时传授给许多学生，可以使原来为少数人所掌握的科学知识为更多人所掌握，并且不断扩大其传播范围。这种扩大的再生产，直接推动生产力发展。

而教育这种知识再生产的作用，主要是靠教师来实现的。各级各类学校的教师，又都是由师范院校培养的。因而，在实现科学知识的再生产、将科学技术这一潜在生产力转化为现实生产力的过程中，教师教育起着非常重要的作用。

（3）教师教育在生产和发展科学知识形态的生产力方面也具有重要作用。首先，生产力的发展，不仅需要已有的科学知识，而且需要源源不断地生产出新的科学知识，以便使生产力的发展获得持久的源泉。而新的科学知识的生产，需要大批科技人才；科技人才的培养主要依靠教师，教师的培养又主要依靠教师教育。只有通过教师教育，才能培养出高质量、高水平的教师，从而才能培养出高素质的科技人才。这些科技人才在前人的科学研究成果的基础上，有所发现、有所发明、有所创造，生产和发展新的科学知识，从而提高生产力发展水平。

其次，教师院校特别是高等师范院校也是科学研究的重要基地。许多师范院校具有一定的人才优势、设备优势、学科优势。他们在完成教学任务的同时，积极开展科学研究活动，并取得了可喜的研究成果。

（二）教师教育本质是劳动教育

教师教育是培养和培训各级各类师资的专业教育。为各级各类教育机构培养和培训合格的教师是教师教育的天职。教师教育的本质是劳动教育。

1. 教师教育是为了劳动的教育

教师教育的目标就是培养能够胜任未来教师劳动的教师。教师教育是培养师资的专业教育，它是现代社会的产物，它的诞生与变革，标志着教师职业经验化、随意化的"解冻"以及教师专业发展的发轫，其本质是劳动教育。

2. 教师教育是关于劳动的教育

教师教育的各项人才培养工作都是紧密围绕培养合格教师、让学生胜任未来的教师劳动这一目标和任务展开。各级各类教师教育在专业与课程设置、师资队伍配备、教学活动安排、思想政治工作等各方面，既要有助于师范生掌握专业的科学文化知识，满足他们自我完善及个性发展的需要，又要考虑教师教育自身的性质。

3. 教师教育是通过劳动的教育

教师教育是一种专门教育。这一性质决定着各级各类教师教育机构不仅要使学生掌握科学系统的文化知识，而且要使他们掌握教育工作的技能和艺术，还要了解教育工作的实际。如果师范院校的学生仅仅掌握了相应的理论，而缺乏相应的技能和艺术，对自己工作的内容和对象不甚了解，那是很难胜任教师工作的。因此，教师教育具有突出的实践性，是一种通过劳动的教育。要加强教师基本功训练，重视教育实习、教育见习、教育调查和社会调查等实践环节，使学生的教育工作技能在各种实践活动中得到锻炼和提高。

 思考题

1. 什么是劳动教育？

2. 新中国成立以来劳动教育都经历了哪些阶段？每个阶段都有什么特征？

3. 习近平总书记关于劳动教育的重要思想都有哪些？对于我们做好新时代劳动教育有哪些指导意义？

4. 新时代劳动教育中日常生活劳动、生产劳动和服务性劳动是如何体现劳动教育阶段性特征的？

5. 劳动教育与劳动有何区别与联系？劳动教育与其他四育有何关系？劳动教育与教师教育有何关系？

政策篇

第三章　劳动法律法规

要健全劳动法律法规，完善劳动关系协商协调机制，完善劳动者权益保障制度。

——摘自习近平《在中国共产党第二十次全国代表大会上的报告》（新华社，2022 年 10 月 16 日）

本章简介

本章主要介绍劳动法律法规的相关知识。包括劳动法律法规的作用、劳动法律关系、劳动法律法规规定的就业基本权利等劳动法律基本知识；《中华人民共和国宪法》《中华人民共和国劳动法》《中华人民共和国劳动合同法》等通用劳动法律法规；教师法律地位及《中华人民共和国教育法》《中华人民共和国教师法》《中华人民共和国义务教育法》等教师法律法规。

学习目标

1. 掌握劳动法律法规的作用、劳动法律关系及劳动法律法规规定的就业基本权利，学会用法律保障自己合法的权益。

2. 了解《中华人民共和国宪法》《中华人民共和国劳动法》《中华人民共和国劳动合同法》等通用劳动法律法规，学会用相关法律知识解决未来教师劳动中遇到的各种问题。

3. 明白教师法律地位，形成对教师职业定位的准确认识。

4. 了解《中华人民共和国教育法》《中华人民共和国教师法》《中华

人民共和国义务教育法》等教师法律法规关于教师劳动的相关法律规定，形成依法施教的意识和能力。

师范生是未来高素质教师队伍的后备军，是我国教育事业蓬勃发展的促进者，师范生不仅应该拥有胜任教师工作的基本劳动知识与技能，还必须了解相关的劳动法律法规。学习、掌握劳动法律法规，有利于提升师范生在职场上的自我保护能力，同时，还有利于师范生在未来教育培养中小学生的劳动法律意识，提升中小学生劳动素养。

第一节　劳动法律法规概述

公民的劳动权利及劳动所得受法律保护，不能被侵犯，这是社会主义制度对公民劳动的根本保障。为保护劳动者合法权益，促进劳动关系和谐，支持社会主义经济发展与社会进步，我国已经形成包括《宪法》《劳动法》《就业促进法》《劳动争议调解仲裁法》等实体法、程序法在内的一系列调整劳动关系、保护劳动者合法权益的劳动法律制度体系。整个劳动法律体系主要是围绕劳动关系的产生、运行、消灭、纠纷解决及消灭等环节而展开调整的制度体系，其调整机制在于规范各主体间的权利义务内容、明确各主体的法律地位。

一、促进和谐劳动关系

劳动法律法规由国家权力机关制定，能够保障用人单位权益与劳动者权益之间的平衡，消除和化解用人单位与劳动者之间的权益抗衡，调整两者之间的不平衡状态，其目的在于促进和谐的劳动关系。

（一）国家权力机关制定劳动法律法规

国家权力机关通过制定劳动法律法规对用人单位与劳动者之间的权益实施全面监督管理，对劳动争议案件进行调解或仲裁，其中，部分案件被允许进入诉讼程序，由法院进行审判。简言之，用人单位与劳动者之间的关系和谐、权益调节等受到国家劳动法律法规的约束和权力机关的监管。

（二）劳动法律法规规定劳动双方权利与义务

劳动法律法规的宗旨在于调整用人单位与劳动者之间的权益，促进双方劳动关系的和谐，其规定了用人单位与劳动者双方的合法权利与义务，这成为双方行事的基本底线。如，规定劳动用工必须签订劳动合同、具体的劳动时间及工资标准等。

二、劳动法律关系概述

劳动法律关系是指劳动法律规范在调整劳动关系过程中形成的法律上的劳动权利和劳动义务关系。

（一）劳动法律关系特征

（1）双方主体具有平等性、隶属性，也就是指用人单位与劳动者之间存在着管理与被管理的关系。

（2）劳动法律关系是以国家意志为主导，以当事人意志为主体。

（3）劳动法律关系体现与实现均反映在社会劳动过程中。

（二）劳动法律关系种类

（1）全民所有制单位的劳动法律关系，包括全民所有制企业、事业单位、国家机关、社会团体等单位的劳动法律关系。

（2）集体所有制单位的劳动法律关系，包括城镇集体所有制企业单位的劳动法律关系、乡村集体所有制企业单位的劳动法律关系。

（3）个体经营单位的劳动法律关系，包括城乡个体工商户、个人合伙单位的劳动法律关系。

（4）私营企业的劳动法律关系，包括城乡私营独资企业、私营合伙企业、私营有限责任公司等单位的劳动法律关系。

（5）股份制企业的劳动法律关系，即股份有限公司（包括中外股份有限公司）的劳动法律关系。

（6）外商投资企业的劳动法律关系，包括外商独资企业和中外合资经营企业的劳动法律关系。

（三）劳动法律关系要素

劳动法律关系要素是指构成各种劳动法律关系必要的组成部分。劳动法律关系要素包括劳动法律关系主体、劳动法律关系客体与劳动法律关系内容三个基本要素。

1. 劳动法律关系主体

劳动法律关系主体是指在实现社会劳动的过程中依照劳动法律规范参与劳动法律关系，享有权利并承担义务的当事人，其中，一方是用人单位，另一方是劳动者。

（1）用人单位。用人单位主体资格是指法律规定的用人单位应当具备的条件，即用人权利能力与用人行为能力。

首先，用人权利能力是用人单位依法享有用人权利和承担用人义务的资格，主要包括：用工权利义务；劳动管理权利义务；分配劳动报酬权利义务；劳动安全卫生保障权利义务。

其次，用人行为能力是用人单位依法能够以自己的行为行使用人权利和承担用人义务的资格，主要包括：独立支配的生产资料，如，生产工具与设备、生产材料、自由资金等；健全的劳动组织，如，劳动组织机构、劳动规则；技术条件，如，生产技术、生产工艺等。

（2）劳动者。劳动者主体资格是指在开展社会劳动的过程中依法享有权利并承担义务的当事人，主要包括劳动者的劳动权利能力与劳动行为能力。

首先，劳动者的劳动权利能力是指劳动者依法享有劳动权利和承担劳动义务的资格。劳动者的劳动权利与义务需要通过劳动者的劳动行为来实现，因此，劳动者的劳动权利能力与其劳动行为能力是统一的、不可分离的。

其次，劳动行为能力是指公民依法能够以自己的行为行使劳动权利和履行劳动义务的资格。劳动者的劳动行为能力主要受到以下因素影响或限制：第一，年龄。《中华人民共和国劳动法》（以下简称《劳动法》）第十五条规定："禁止用人单位招用未满十六周岁的未成年人"。在我国，除了文艺、体育等单位经批准可招用未满 16 周岁的公民为文艺工作者、运动员等之外，任何单位不得招用未满 16 周岁的公民从事劳动生产。第二，健康。劳动者必须具备从事职业所要求的健康条件。第三，智力。劳动者必须精神健全、具备相应文化与技术水平。第四，行为自由。劳动者必须能够自由支配自己的行为。

最后，在校大学生属于非全日制用工。第一，《劳动法》规定："劳动者就业，不因民族、种族、性别、宗教信仰不同而受歧视。"因此，在校大学生享有劳动权利能力。第二，大学生年龄基本上已满 18 周岁，多数身体健康，具备一定的文化与技能水平，同时，大学生拥有较多课余支配时间，如寒暑假。因此，在校大学生具备劳动行为能力。第三，非全日制用工。在校大学生因学业限制，其劳动时间有限，符合非全日制用工条件及特点。综上所述，如果在校大学生与用人单位存在管理与被管理的隶属关系，则其合法权益受《劳动法》保护。

2. 劳动法律关系客体

劳动法律关系客体是劳动法律关系主体双方的权利和义务所共同指向的对象即劳动力，主要包括劳动行为、劳动待遇和劳动条件。

（1）劳动行为。劳动行为是劳动法律关系的基本客体，是指劳动者为完成用人单位安排的劳动任务而付出劳动力的活动。

（2）劳动待遇和劳动条件。劳动待遇和劳动条件是劳动法律关系的辅助客体，是指劳动者因付出劳动力而有权利获得的、用人单位因使用劳动力而有义务提供的各种待遇和条件。劳动待遇与劳动条件从属和受制于劳动行为，体现和承载着劳动者的利益。其中，劳动待遇是指对劳动者付出劳动力的物质补偿，劳动条件是指劳动者完成劳动任务和保护安全健康所必需的物质技术条件。

（3）劳动法律关系客体种类。由于劳动力是劳动法律关系的客体，因此，劳动法律关系的各项权利、义务以劳动力为中心，主要包括以下三种关系：劳动力的让渡关系、劳动力的使用关系、劳动力的保护关系。

第一，劳动力的让渡关系。在劳动者择业权和用人单位招工权、辞退权的关系中，劳动者和用人单位的目的在于建立劳动力让渡关系，劳动合同被用来确定劳动力的具体让渡条件与形式。

第二，劳动力的使用关系。由于潜在劳动力难以被精准计量，无法直接成为劳动报酬权的客体，因此，在劳动者劳动报酬权和企业用人权、分配权关系中，其客体是指使用中的劳动力，具体是指劳动者按照用人单位要求付出劳动，用人单位按照劳动量支付报酬的使用关系。

第三，劳动力的保护关系。劳动者的身体是劳动力的物质载体。在休息权和劳动安全卫生权关系中，劳动力的物质载体成为被保护对象。为了保护劳动者的人身安全与健康，继而保护劳动力，我国建立了休假制度、劳动安全卫生制度、工时制度等。

（四）劳动法律关系产生、变更和消灭

劳动法律事实是引起劳动法律关系产生、变更与消灭的原因，其主要包括行为与事件两种法律事实。

第一，劳动法律关系产生。劳动法律关系的产生是指劳动者同用人单位依据劳动法律规范和劳动合同约定，明确相互间的权利义务，形成劳动法律关系，是劳动法律关系主体双方意思表示一致的合法行为。不符合劳动法律规范的行为，不会产生劳动法律关系。因此，产生劳动法律关系的法律事实，只能是劳动法律关系主体双方的合法行为，而非违法行为。

第二，劳动法律关系变更。劳动法律关系的变更是指劳动者同用人单位依据劳动法律规范，变更其原来确定的权利、义务内容。引起变更劳动法律关系的劳动法律事实，一般是劳动法律关系主体双方意思表示一致的合法行为，但在某种情况下，因劳动法律关系主体一方的违法行为，也可引起劳动法律关系的变更。此外，发生不以人的意志为转移的事件，也会引起法律关系的变更。

第三，劳动法律关系消灭。劳动法律关系的消灭是指劳动者同用人单位依据劳动法律规范，终止其相互间的劳动权利义务关系。消灭劳动法律关系的劳动法律事实包括行为人的合法行为和违法行为及事件。

三、师范生就业基本权利

师范生作为大学生群体的组成部分，在未来就业过程中，应了解国家

相关就业法律法规知识，以维护自身合法权益不受侵害。大学毕业生是就业过程中的重要且特殊的主体，根据我国在《中华人民共和国宪法》《中华人民共和国劳动法》《中华人民共和国高等教育法》《普通高等学校毕业生就业工作暂行规定》等的有关规定，除享有普通劳动者所享有的劳动报酬权、休息休假权、劳动保护权等一般权利外，还享有其他就业基本权利。

（一）接受就业指导权

《中华人民共和国高等教育法》第五十九条规定，"高等学校应当为毕业生、结业生提供就业指导和服务"。学生有权从学校接受就业指导。学校应设立专门机构，开设专门课程、安排专业人员对毕业生进行全方位的就业指导与服务，具体包括：向毕业生宣传国家关于毕业生就业的有关方针、政策；帮助毕业生进行职业规划，指导毕业生了解择业技巧；引导毕业生根据国家与社会需要，结合个人实际情况精准定位、合理择业。

（二）获取就业信息权

就业信息权是指大学毕业生拥有及时、全面获取各种公开就业信息的权利，具体包括三方面含义：第一，信息公开是指用人单位的用人信息要向大学毕业生公布，不得隐瞒、截留相关就业信息；第二，信息及时是指用人单位应及时向毕业生公布有效就业信息；第三，信息全面是指用人单位应向毕业生公布全面、完整的就业信息，以供大学毕业生了解、判断、选择用人单位。

（三）就业知情权

就业知情权是指大学毕业生在与用人单位签订协议前，有权了解用人单位的基本情况，如，生产规模、经营状况、工作环境、生活条件和工资待遇、工作地点及工作岗位等情况。

（四）被推荐权

大学毕业生享有被学校如实、及时、公正推荐给用人单位的权利。学校推荐对用人单位选择毕业生具有重要作用。学校向用人单位推荐大学毕业生应做到以下两点：第一，如实推荐，根据毕业生在校表现，实事求是地进行推荐；第二，择优推荐，根据公开、公平、公正原则，择优推荐毕业生；第三，公正推荐，根据毕业生实际情况，做到适切推荐。

（五）平等就业权

大学毕业生在就业过程中享有平等就业权利。一方面，大学毕业生应能够平等地得到学校的就业推荐，平等地参加用人单位的公开招聘。另一方面，用人单位在选择毕业生时，应做到公平、公正与公开，杜绝性别歧视、学历歧视等。

（六）就业选择自主权

根据国家有关规定，实行招生并轨改革的高校毕业生在国家就业方针、政策指导下自主择业，也就是说毕业生可自主决定自己是否就业、何时就业、从事何种职业等，学校、其他单位和个人均不得进行干涉。任何将个人意愿强加给毕业生的就业行为都是侵犯毕业生就业自主权的行为。

（七）违约求偿权

用人单位、毕业生、学校的三方协议一经签订后，任何一方不得擅自毁约和违约，若用人单位无故要求解除协议，毕业生有权要求用人单位履行就业协议，否则用人单位应承担违约责任，支付违约金等。

（八）户口档案保存权

自毕业生毕业之日起的两年择业期内，在以下条件下，毕业生有权将自己档案和户口放在学校保存，学校应对毕业生档案和户口进行妥善保管，且不得收取保管费用：第一，毕业生没有联系到合适的工作单位；第二，毕业生没有和用人单位签订就业协议；第三，毕业生没有因回生源地自主择业、出国等办理人事代理手续。

第二节　通用劳动法律法规

为了帮助广大师范生通过法律手段维护自身的合法劳动权益，本节将对我国现行的主要劳动法律法规包括《中华人民共和国宪法》（以下简称《宪法》）、《中华人民共和国劳动法》（以下简称《劳动法》）、《中华人民共和国劳动合同法》（以下简称《劳动合同法》）、《中华人民共和国劳动合同法实施条例》（以下简称《劳动合同法实施和例》）、《中华人民共和国劳动争议调解仲裁法》（以下简称《劳动争议调解仲裁法》）的相关条例进行基本介绍。其中，《宪法》是我国的根本大法，是其他劳动法律的制定依据，是劳动法律制度体系的顶层设计。其他劳动法律制度以《宪法》为依据，根据《宪法》对公民劳动权的相关规定，制定相应保护条例，保护劳动者的就业选择、劳动关系产生、运行、消灭及劳动争议解决等过程中的公民劳动权利。

一、《宪法》

基于《宪法》的根本大法属性，其规定的公民基本权利与国家的相应义务存在对应关系。《宪法》第四十二条、第四十三条、第四十四条分别对公民的劳动权利与义务、劳动者休息权利、退休制度进行了规定。

第四十二条 中华人民共和国公民有劳动的权利和义务。国家通过各种途径，创造劳动就业条件，加强劳动保护，改善劳动条件，并在发展生产的基础上，提高劳动报酬和福利待遇。劳动是一切有劳动能力的公民的光荣职责。国有企业和城乡集体经济组织的劳动者都应当以国家主人翁的态度对待自己的劳动。国家提倡社会主义劳动竞赛，奖励劳动模范和先进工作者。国家提倡公民从事义务劳动。国家对就业前的公民进行必要的劳动就业训练。

由第四十二条内容可以看出，劳动是公民的权利，也是公民的义务。

首先，劳动是公民获取生活资料，实现个人生存、发展和自身价值的直接手段。在此基础上，劳动权利成为公民追求幸福的基本权利而受到法律的保护。国家应通过各种手段保障公民的劳动权利，如，创造劳动就业条件、加强劳动保护、改善劳动条件、在发展生产的基础上，提高劳动报酬和福利待遇等。

其次，公民身处在社会中，是社会的一分子，是国家的公民。公民的生存、发展与社会、国家的发展紧密相连。劳动是一切有劳动能力的公民的光荣职责，是为国家发展贡献力量的具体体现。因此，劳动不仅是公民享受的基本权利，还是公民应尽的基本义务。

第四十三条 中华人民共和国劳动者有休息的权利。国家发展劳动者休息和休养的设施，规定职工的工作时间和休假制度。

劳动者的休息权是指劳动者在付出一定的劳动后消除疲劳、恢复劳动能力的权利。第四十三条内容体现了《宪法》对劳动者的保护，是对劳动者自然属性的尊重，也是劳动者持续参与劳动活动的需要。其中，国家发展劳动者休息和修养的设施是国家从硬件设置建设方面对劳动者休息权的保障；规定职工的工作时间和休假制度，成为具体劳动法律制度建构的依据与要求。同时，《宪法》第四十四条规定，国家依照法律规定实行企业事业组织的职工和国家机关工作人员的退休制度。退休人员的生活受到国家和社会的保障。这是国家从宪法高度对公民付出一生劳动后获得休息权利的保护。

二、《劳动法》

我国的《劳动法》是在 1994 年颁布、1995 年施行、2009 年进行第一次修正、2018 年第二次修订的劳动法律，是为了保护劳动者的合法权益，调整劳动关系，建立和维护适应社会主义市场经济的劳动制度，促进经济发展和社会进行，根据宪法而制定的劳动基本法典。

《劳动法》是我国第一部系统规范劳动关系、规定劳动者权利与义务的法律，具体包括以下十三章内容：总则、促进就业、劳动合同和集体合同、工作时间和休息休假、工资、劳动安全卫生、女职工和未成年工特殊保护、职业培训、社会保险和福利、劳动争议、监督检查、法律责任、附则。

《劳动法》结构成为我国劳动法律制度体系的基本结构，其他法律制度均是在《劳动法》框架结构下对相关内容的更为具体的规定，如后续颁布的《劳动合同法》《劳动合同法实施条例》《劳动争议调解仲裁法》等。

三、《劳动合同法》

劳动合同法律制度是劳动法的重要组成部分，是劳动法的核心法律制度。师范生通过对劳动合同法律制度的学习，了解签订劳动合同的注意事项，懂得劳动者在劳动合同签订、履行与变更、解除与终止应该依法享有的权利和承担的义务，以维护自身权益、防范风险。

从 20 世纪 80 年代开始，我国开始了以劳动合同形式建立劳动关系的实践，该实践过程始终与国家经济体制改革脉络相一致，在曲折中不断前进，最终形成了我国的劳动合同法律制度。①我国现行的《劳动合同法》从 2008 年开始实施，在 2012 年得到修改，并于 2013 年 7 月 1 日起施行，其在《劳动法》基础上对有关劳动合同的问题进行了体系化梳理与规范，明确了劳动合同双方当事人的权利和义务，是为了保护劳动者的合法权益、构建与发展和谐劳动关系而制定的法律。

（一）劳动合同订立

劳动合同是劳动者与用人单位确立劳动关系、明确劳务双方权利与义务的协议。

《劳动合同法》第十六条规定，劳动合同由用人单位与劳动者协商一致，并经用人单位与劳动者在劳动合同文本上签字或者盖章生效。

《劳动合同法》第八十二条规定，用人单位自用工之日起超过一个月不满一年未与劳动者订立书面劳动合同的，应当向劳动者每月支付二倍的工资。

《劳动合同法》第十七条规定，劳动合同应当具备以下条款：用人单位的名称、住所和法定代表人或者主要负责人；劳动者的姓名、住址和居民身份证或者其他有效身份证件号码；劳动合同期限；工作内容和工作地

---

① 刘向兵：《劳动通论》，高等教育出版社，2020，第 77 页。

点；工作时间和休息休假；劳动报酬；社会保险；劳动保护、劳动条件和职业危害防护；法律、法规规定应当纳入劳动合同的其他事项。

《劳动合同法》第十二条规定，劳动合同包括固定期限劳动合同、无固定期限劳动合同、以完成一定工作任务为期限的劳动合同。

首先，《劳动合同法》第十三条规定，固定期限劳动合同，是指用人单位与劳动者约定合同终止时间的劳动合同。用人单位与劳动者协商一致，可以订立固定期限劳动合同。

其次，《劳动合同法》第十四条规定，无固定期限劳动合同，是指用人单位与劳动者约定无确定终止时间的劳动合同。用人单位与劳动者协商一致，可以订立无固定期限劳动合同。有以下列情形之一，劳动者提出或者同意续订、订立劳动合同的，除劳动者提出订立固定期限劳动合同外，应当订立无固定期限劳动合同：劳动者在该用人单位连续工作满十年的；用人单位初次实行劳动合同制度或者国有企业改制重新订立劳动合同时，劳动者在该用人单位连续工作满十年且距法定退休年龄不足十年的；连续订立二次固定期限劳动合同，且劳动者没有《劳动合同法》第三十九条和第四十条第一项、第二项规定的情形，续订劳动合同的。用人单位自用工之日起满一年不与劳动者订立书面劳动合同的，视为用人单位与劳动者已订立无固定期限劳动合同。

最后，《劳动合同法》第十五条规定，以完成一定工作任务为期限的劳动合同，是指用人单位与劳动者约定以某项工作的完成为合同期限的劳动合同。用人单位与劳动者协商一致，可以订立以完成一定工作任务为期限的劳动合同。

（二）劳动合同试用期

试用期是指用人单位和劳动者为了相互了解、选择而约定的考察期限。《劳动合同法》第十九条规定，劳动合同期限三个月以上不满一年的，试用期不得超过一个月；劳动合同期限一年以上不满三年的，试用期不得超过二个月；三年以上固定期限和无固定期限的劳动合同，试用期不得超过六个月。同一用人单位与同一劳动者只能约定一次试用期。以完成一定工作任务为期限的劳动合同或者劳动合同期限不满三个月的，不得约定试用期。试用期包含在劳动合同期限内。劳动合同仅约定试用期的，试用期不成立，该期限为劳动合同期限。

根据《劳动合同法》第二十条的规定，劳动者在试用期的工资不得低于本单位相同岗位最低档工资或者劳动合同约定工资的百分之八十，并不得低于用人单位所在地的最低工资标准。

（三）劳动合同履行与变更

1. 劳动合同履行

《劳动合同法》第二十九条、第三十条规定，用人单位与劳动者应当按照劳动合同的约定，全面履行各自的义务。用人单位应当按照劳动合同约定和国家规定，向劳动者及时足额支付劳动报酬。用人单位拖欠或者未足额支付劳动报酬的，劳动者可以依法向当地人民法院申请支付令，人民法院应当依法发出支付令。

2. 劳动合同变更

根据《劳动合同法》第三十五条规定，用人单位与劳动者协商一致，可以变更劳动合同约定的内容。变更劳动合同，应当采用书面形式。变更后的劳动合同文本由用人单位与劳动者各执一份。

（四）劳动合同解除与终止

1. 劳动合同解除

根据《劳动合同法》第三十六条到第四十三条规定，首先，用人单位与劳动者协商一致，可以解除劳动合同。其次，劳动者提前三十日以书面形式通知用人单位，可以解除劳动合同。劳动者在试用期内提前三日通知用人单位，可以解除劳动合同。最后，用人单位可根据相关规定，对劳动者实行过失性辞退、无过失辞退以及经济裁员。

2. 劳动合同终止

《劳动合同法》第四十四条规定，有下列情形之一的，劳动合同终止：劳动合同期满的；劳动者开始依法享受基本养老保险待遇的；劳动者死亡，或者被人民法院宣告死亡或者宣告失踪的；用人单位被依法宣告破产的；用人单位被吊销营业执照、责令关闭、撤销或者用人单位决定提前解散的；法律、行政法规规定的其他情形。

四、《劳动争议调解仲裁法》

《劳动争议调解仲裁法》是为了公正及时解决劳动争议，保护当事人合法权益，促进劳动关系和谐稳定而制定并于 2008 年实施的法律，其为处理不同劳动争议提供了具体方式与程序，是重要的程序法依据。

（一）适用范围

劳动争议是指劳动者与用人单位之间由于劳动权利与义务而产生的法律争议。根据《劳动争议调解仲裁法》第二条规定，中华人民共和国境内的用人单位与劳动者发生的下列劳动争议，适用本法：因确认劳动关系发生的争议；因订立、履行、变更、解除和终止劳动合同发生的争议；因除名、辞退和辞职、离职发生的争议；因工作时间、休息休假、社会保险、福利、培训以及劳动保护发生的争议；因劳动报酬、工伤医疗费、经济补偿或者赔偿金等发生的争议；法律、法规规定的其他劳动争议。

（二）具体方式

关于劳动争议解决的具体方式主要包括协商、调解、仲裁及诉讼四种方式。

第一，协商。在劳动争议发生后，劳动者可首先与用人单位协商，也可以通过工会或者第三方与用人单位共同协商解决。

第二，调解。在劳动争议发生后，当事人不愿意协商、协商不成或者达成和解协议后不履行，可由当事人向调解组织申请调解。调解组织包括：企业劳动争议调解委员会；依法设立的基层人民调解组织；在乡镇、街道设立的具有劳动争议调解职能的组织。调解可以是书面申请，也可以是口头申请。经调解达成协议的，应当制作调解协议书。

第三，仲裁。自劳动争议调解组织收到调解申请之日起十五日内未达成调解协议的，当事人可以依法申请仲裁。仲裁是诉讼的法定前置程序，即劳动争议诉讼前必须经过仲裁程序。劳动争议仲裁委员会是依法设立的，经国家授权独立仲裁处理劳动争议案件的专门机构。

第四，诉讼。劳动争议当事人对仲裁裁决不服的，可以自收到仲裁裁决书之日起十五日内向人民法院提起诉讼。诉讼是劳动争议处理的最后程序，遵循两审终审原则，也就是说当事人在收到一审判决书之日起十五日内，收到一审裁定书之日起十日内可提出上诉请求，当事人一旦上诉即提起二审程序，二审法院的判决、裁定是终审的判决、裁定，具有终局性。

第三节　教师劳动法律法规

在依法治国的背景下，未来的教师劳动要求肩负教书育人重任的教师具有更高的法律素养。师范生作为我国未来基础教育师资的储备力量，应该清楚认知教师法律地位及教师劳动相关法律法规，提升自身法律素养。

一、教师法律地位

根据《法学大辞典》，"法律地位"指"法律规定的法律关系主体的权利与义务的实际状态"。[①] 法律地位是通过法律对特定主体的界定或定位，是特定主体依法享有权利与承担义务的前提条件。教师法律地位是贯穿《中华人民共和国教师法》（以下简称《教师法》）的基础问题，它决定着教师的权利与义务，决定着教师与政府、学校和学生法律关系的性质及其权利救济方式，决定着特定国家教师管理体制、学校对教师的管理范式。[②] 教师法律地位主要包括对教师专业性与教师公务性两个方面的法律规定。

（一）教师专业地位

专业属于职业的高级形态，是职业不断发展分化的结果。随着时代的

---

① 邹瑜、顾明：《法学大辞典》，中国政法大学出版社，1991，第 1040 页。
② 陈鹏、李莹：《国家特殊公职人员：公办中小学教师法律地位的新定位》，《教育研究》2020 年第 12 期，第 141 - 149 页。

发展与社会的进步，国际社会普遍认为，教师职业具有特殊性与不可替代性，教师职业具有专业性。

1. 教师专业化基本保障

促进教师专业化、提升教师专业水平，需要保障以下基本三点[①]：第一，保障教师群体的专业自主权。专业人士在从事专业活动的过程中具有高度的权威性与自主权，应该享有不受"外行"的干扰、独立进行分析并做出决定、开展行动的权利。第二，规定专业准入标准与专业道德规范。教师是教书育人的专业群体，对教师准入条件及道德规范进行规定，是维护教师群体权威地位与专业自主权的需要，也是促进教师个体形成专业道德与专业追求的必然选择。第三，根据教育科学理论不断促进教师个体的专业化成长。教师个体的专业化成长是教师群体专业化的根本，国家、社会应根据教育科学理论不断促进教师个体成为具有自主意识、反思批判及专业价值标准的专业教师。

2. 我国关于教师专业化地位规定

在 1993 年，我国颁布的《教育法》第三条规定，教师是履行教育教学职责的专业人员。在 2021 年，教育部发布的《教师法（修订草案）（征求意见稿）》（以下简称《征求意见稿》）第二条规定，教师是指在各级各类学校和其他教育机构中专门从事教育教学工作的专业人员。这是《教师法》对教师是专业人员地位的肯定与延续。

根据《关于教师地位的建议》，教师作为专业人员的要求主要体现在教师资格制度与职务制度两个方面。

第一，教师资格制度。《教师法》第十条规定，具备本法规定的学历或者经国家教师资格考试合格，有教育教学能力，经认定合格的，可以取得教师资格。据此，取得教师资格需满足学历要求或者教师资格考试合格两个条件之一。《征求意见稿》在坚持《教育法》关于教师资格规定的基

---

① 张良禹:《公务与专业:教师法律地位的再认识》,《教育评论》2021 年第 8 期,第 119 － 126 页。

础上，对获取教师资格提出了更高要求，其第十五条规定，具备本法规定的条件，通过国家教师资格考试，经认定合格的，可以取得教师资格；第十六条规定，幼儿园教师、中小学教师、普通高等学校教师等不同群体取得教师资格应当具备相应的学历学位。由此可见，《征求意见稿》要求取得教师资格需同时满足相应学历要求与通过教师资格考试两个条件，严格了教师准入条件，进一步完善了教师资格制度。

第二，教师职务制度。《教师法》虽然对教师职务进行了相关规定，但没有对职务等级做出具体规定。2006 年，我国对《教育法》进行修订，对义务教育教师职务制度进行了统一规定，具体包括初级职务、中级职务和高级职务，但是，却没有对学前教育和高中教育阶段的教师职务进行具体规定。针对我国当前教师职务规定不全的现状，2021 年《征求意见稿》第二十二条规定，国家实行教师职务制度，幼儿园、中小学教师职务分为初级职务、中级职务、副高级职务和正高级职务。《征求意见稿》关于教师阶梯式职务等级的设置，并规定教师初级职务和中级职务晋升主要依据履职年限和相关要求进行，这些都为教师专业发展提供了更为宽广的路径。

（二）教师公务地位

公务，即公共事务，是一个只有在现代社会才具有的概念，指为了最广大的公众社会利益而从事的工作与承担的责任，其以法律作为后盾，体现国家意志。[①] 现代教育公共性决定了教师的公务性，了解教师公务性内涵，能够对教师公务地位进行准确定位。

1. **教师公务性内涵**

第一，关于教师价值与目的。现代公共教育的价值导向是公平、公开、公正，注重全民参与共享教育。教师作为一种公共性角色，应当面向所有民众，为了民众的利益而思考、行动，而不是单纯从个人私利出发。[②]

---

① 张良禹:《公务与专业:教师法律地位的再认识》,《教育评论》2021 年第 8 期,第 119 - 126 页。

② 许纪霖:《公共性与公共知识分子》,江苏人民出版社,2003,第 29 页。

教师公务性应体现教师职业关于现代公共教育价值追求的实现。

第二，关于教师教育教学质量。教师是社会共同性基础角色的扮演者，承载着社会公众对教育的期待与信任，[①] 其通过教育教学活动影响学生，为国家、社会培养人才，其教育教学质量对国家与社会发展具有十分重要的影响。因此，教师公务性需要对教师的教育教学质量进行体现。

第三，关于教师与国家关系。在现代社会，教师教育权具有显著的公权性质。公立中小学是国家的教养机构，教师是代替国家对学生进行教育的国家公职人员，[②] 要承接忠于公共事务的特殊义务，并且在自然权利上受到一定的限制。[③]因此，教师要接受国家的管理与监督。

第四，关于教师与社会关系。教师开展教育教学活动主要以政府对教育事业的经费拨款及社会力量集资为支撑。教师享受着来自社会的资源，自然应当对社会负责，为社会利益而工作，同时接受来自社会大众的监督。[④]

现代教师职业的公务性既是教育自身发展的结果，也是广大人民受教育以及国家、社会发展的需要，对于促进教育公平发展具有重要意义。因此，现代教育法律必须明确、维护教师的公务地位。

2. 我国关于教师公务地位规定

《教师法》将教师定位为专业人员，其核心在于强调教师的专业权利与义务，围绕此核心，建构起关于教师权利与义务的相关制度，同时，也使得教师的身份与公务员正式分离，弱化了教师应承担的公共职责与政府对教师的管理权。

教师作为专业人员而非国家公职人员的法律身份引发了诸多现实问

---

① 余雅风:《从教师职业的公共性看教师的权利及其界限》,《教师教育研究》2006 年第 3 期,第 53 页。

② 劳凯声、蔡春、寇彧、田汉族、姚金菊、蔡海龙、罗爽:《教育惩戒:价值·边界与规制(笔谈)》,《教育科学》2019 年第 4 期,第 3 页。

③ 马克斯·韦伯:《经济与社会》,阎克文译,上海人民出版社,2020,第 1325 页。

④ 张良禹:《公务与专业:教师法律地位的再认识》,《教育评论》2021 年第 8 期,第 119-126页。

题，如，中小学教师福利待遇难以落实。针对此，学界对教师法律身份进行了广泛且深入的研究，强调了公办中小学教师的公职身份。

2018年，中共中央、国务院印发《关于全面深化新时代教师队伍建设改革的意见》，提出应"确立公办中小学教师作为国家公职人员特殊的法律地位"。

2021年，《征求意见稿》在延续教师是专业人员定位的基础上，明确公办中小学教师是国家公职人员。同时，相比《教育法》，《征求意见稿》第十条增加了"依法依规履行公共教育服务职责，公正评价、平等对待、科学管理学生"的规定。《征求意见稿》还对教师有偿补课问题进行了规定，除将一般有偿补课纳入师德失范行为进行处理之外，还规定教师诱导或者强制学生有偿补课，将受到开除处分或被解聘，并被撤销教师资格。这些都进一步体现了教师职业的公务性质。

二、相关法律法规

教师职业道德是指所有教师应该具有的基本道德，它不仅能够保证教师教育工作的顺利进行，而且对学生的道德成长具有直接且重要的影响。教师职业法法律规则是对教师职业行为的基础要求，师范生必须认真学习教师职业相关法律法规，并按照法律法规规范自己的言行，才能依法执教与维护教师职业尊严。

（一）《中华人民共和国教育法》

《中华人民共和国教育法》（以下简称《教育法》），于1995年第八届全国人民代表大会第三次会议通过，并于1995年9月1日起施行。这是我国教育史上具有里程碑意义的大事，标志着我国进入全面依法治教的新时期，将对我国教育事业的改革与发展、物质文明与精神文明建设等产生巨大而深远的影响。

1. 立法基础

《教育法》的诞生经历了长期的孕育过程，是我国教育改革与发展的必然产物，具有坚实的理论基础。

第一，理论基础：建设有中国特色的社会主义理论。邓小平建设有中国特色的社会主义理论是马克思主义理论在我国的新发展。邓小平在建设中国特色社会主义的总体发展战略中，始终将教育摆在突出位置，提出教育要面向现代化，面向世界，面向未来；教育要培养有理想、有道德、有文化、有纪律的人；教育应该与生产劳动相结合；加强党对教育工作的领导等，这些为制定《教育法》奠定了理论基础。

第二，立法依据：《宪法》。《宪法》是我国的根本大法，其对国家的基本制度进行了规定，是其他法律制定的依据。《宪法》规定了我国教育事业发展的基本原则以及公民接受教育的权利与义务。其第十九条规定，国家举办各种学校，普及初等义务教育，发展中等教育、职业教育和高等教育，并且发展学前教育。国家发展各种教育设施，扫除文盲，对工人、农民、国家工作人员和其他劳动者进行政治、文化、科学、技术、业务的教育，鼓励自学成才。国家鼓励集体经济组织、国家企业事业组织和其他社会力量依照法律规定举办各种教育事业。第四十六条规定，中华人民共和国公民有受教育的权利和义务。国家培养青年、少年、儿童在品德、智力、体质等方面全面发展。这些为我国制定《教育法》提供了立法依据。

第三，政策基础：《中国教育改革和发展纲要》。《中国教育改革和发展纲要》对新中国成立以来的教育改革和发展经验进行了全面总结，是指导我国从20世纪90年代至21世纪初期教育改革与发展的纲领性文件，其确定的我国教育改革和发展原则、目标、方针、政策措施等成为制定《教育法》的政策基础。

第四，实践基础：我国教育改革与发展实践。改革开放以来，我国教育事业取得了很大发展，积累了正反两方面的经验。同时，也面临着教育改革与发展中的诸多问题与困难。基于以上基础，《教育法》确认了我国教育改革与发展实践的经验与成果，并通过法制对其中的问题与困难进行了解决。我国教育改革与发展实践为《教育法》的制定提供了丰富、扎实的实践基础。

2. 重要地位

《教育法》是我国教育的基本法律，在法律体系和教育法规体系中占有非常重要的地位。

第一，《宪法》是制定《教育法》的法律依据，《宪法》关于教育的条款具有最高法律效力，《教育法》不能同其抵触。

第二，《教育法》以教育关系作为调整对象，具有特定的法律关系主体、法律基本原则及其相应处理方式，与刑法、劳动法等基本法律相并列、具有同等法律地位。

第三，《教育法》是我国规范教育工作的基本法律，在教育法规体系中处于"母法"地位，具有最高的法律权威。其他调整和规范某一方面的教育关系或某一项教育工作的单行教育法规处于《教育法》的"子法"地位。因此，单行教育法规必须以《教育法》为依据，不得与《教育法》规定条款相违背。

3. 基本内容

我国《教育法》自 1995 年颁布施行，迄今为止，分别在 2009 年、2015 年、2021 年进行了三次修订。经过 2021 年修订后，《教育法》共包括十章八十六条内容：总则、教育基本制度、学校及其他教育机构、教师和其他教育工作者、受教育者、教育与社会、教育投入与条件保障、教育对外交流与合作、法律与责任、附则。

《教育法》在第四、五章分别对教师和其他教育工作者、受教育者的权利与义务进行了规定，以维护教育者和受教育者的合法权益，确保教育活动的顺利进行。

首先，关于教师和其他教育工作者的权利与义务方面。《教育法》规定，教师享有法律规定的权利，履行法律规定的义务，忠诚于人民的教育事业；国家保护教师的合法权益，改善教师的工作条件和生活条件，提高教师的社会地位；国家实行教师资格、职务、聘任制度，通过考核、奖励、培养和培训，提高教师素质，加强教师队伍建设等。

其次，关于受教育者的权利与义务方面。《教育法》规定，受教育者在入学、升学、就业等方面依法享有平等权利；学校和有关行政部门应当按照国家有关规定，保障女子在入学、升学、就业、授予学位、派出留学等方面享有同男子平等的权利；国家、社会对符合入学条件、家庭经济困难的儿童、少年、青年，提供各种形式的资助；还规定了其他受教育者享有的具体权利与应当履行的具体义务。

（二）《教师法》

为了保障教师的合法权益，建设具有良好思想品德修养和业务素质的教师队伍，促进社会主义教育事业的发展，在 1993 年，第八届全国人民代表大会常务委员会第四次会议审议通过《中华人民共和国教师法》（以下简称《教师法》），并于 1994 年 1 月 1 日起施行。《教师法》是我国第一部关于教师的法律，其对于提高教师地位、保障教师合法权益、促进我国社会主义教育事业发展，具有重要意义。

1. 立法基础

由于我国教育"母法"《教育法》是在 1995 年才颁布施行的，略晚于《教师法》的颁行，因此，《教师法》立法基础主要以宪法、政策以及现实情况为依据。

（1）立法依据。《宪法》作为国家的根本大法，是我国《教师法》指定的法律依据。

首先，关于知识分子队伍的规定。《宪法》第二十三条规定，国家培养为社会主义服务的各种专业人才，扩大知识分子的队伍，创造条件，充分发挥他们在社会主义现代化建设中的作用。教师作为教书育人的专业人员，是我国知识分子队伍的重要组成部分。

其次，关于教育工作的规定。《宪法》第十九条规定，国家发展社会主义的教育事业，提高全国人民的科学文化水平。国家举办各种学校，普及初等义务教育，发展中等教育、职业教育和高等教育，并且发展学前教育。第四十六条规定，中华人民共和国公民有受教育的权利和义务。国家培养青年、少年、儿童在品德、智力、体质等方面全面发展。教师群体是完成与实现以上宪法中规定任务的关键。因此，《宪法》中有关知识分子和教育工作的相关规定，成为《教师法》制定的法律依据。

（2）政策依据。我国关于教师与知识分子工作的相关方针政策是制定《教师法》的重要政策依据。

首先，关于建设教师队伍的政策。《中共中央关于教育体制改革的决定》中指出，建设一支有足够数量、合格而稳定的师资队伍，是实施义务教育、提高基础教育水平的根本大计。为此，要采取特定的措施，提高中小学教师与幼儿园教师的社会地位和待遇。

其次，关于知识分子的政策。党的十四大报告指出，知识分子是工人阶级中掌握文化知识较多的一部分，是先进生产力的开拓者，在改革开放和现代化建设中起着特殊重要的作用。要努力创造出更加有利于知识分子施展聪明才智的良好环境，在全社会进一步形成尊重知识，尊重人才的良好风尚。

（3）现实依据。教师作为教育教学活动的主体之一，提高教师队伍素质、维护教师合法权益、规范教师队伍建设等现实问题，是《教师法》立法的现实依据。

首先，提高教师队伍素质。为了满足人才培养需要，提升教师队伍素质成为一项重要任务。因此，国家需要通过立法对教师思想品德和业务素质进行规定，从而加强教师队伍建设，提升教师群体的整体素质。

其次，维护教师合法权益。为了稳定教师队伍，提高教师地位和待遇，防止与解决拖欠教师工资、干扰教师教育教学活动等问题，激发教师从事教育的积极性与主动性，国家需要制定法律以保障教师从事教育教学活动的合法权益。

最后，规范教师队伍建设。为了改变当时教师队伍管理随意性大、无法可依的现实情况，迫切需要国家制定相关法律以规范教师队伍建设。

2. 地位与意义

第一，《教师法》地位。《教师法》是一部关于教师行政管理和教师权益保护的综合性专门法律，是我国关于教师的第一部单行法律，体现了党和国家对人民教师的重视。《教师法》的颁布标志着广大教师的地位和责任、权利和义务、工资、住房、医疗待遇等合法权益从此有了国家法律的保护。[①]

第二，《教师法》意义。《教师法》对新中国成立后特别是改革开放以来建设教师队伍的经验进行了全面、系统的总结，并以法律形式确定教师地位和作用、明确教师权利和义务、确立教师资格制度、规定教师培养、考核与待遇等方面，形成一个相互衔接、相互配套的有机整体。这对于保障教师合法权益，规范教师队伍建设与管理，提升教师队伍质量，发展我国社会主义教育事业等，具有重大意义。

3. 基本内容

《教师法》于1994年施行，在2009年通过了第一次修订。《教师法》适用于在各级各类学校和其他教育机构中专门从事教育教学工作的教师。这里的教师是指在学校中传递人类文化科学知识和技能，进行思想品德教育，把受教育者培养成社会主义的建设者和接班人的专业人员，而教育行政管理部门、校办企业管理人员、工勤人员则不能纳入教师法的适用范围。

《教师法》共包括九章四十三条内容：总则、权利和义务、资格和任用、培养和培训、考核、待遇、奖励、法律责任、附则。具体如下：

第一，权利和义务。《教师法》第七条规定，教师享有指导学生的学习和发展，按时获取工资报酬，享受国家规定的福利待遇以及寒暑假期的带薪休假，参加进修等权利。同时，教师有履行教师聘约，完成教育教学工作任务，制止有害于学生的行为或者其他侵犯学生合法权益的行为等义务。

第二，资格和任用。《教师法》第十条和第十一条规定，国家实行教师资格制度，教师取得教师资格应当具备相应学历。

第三，培养和培训。《教师法》第十八条规定，各级人民政府和有关

---

① 陈文博:《〈教师法〉是教师队伍建设的根本保障》,《中国高等教育》1994年第1期,第17页。

部门应当办好师范教育，各级教师进修学校承担培训中小学教师的任务。第十九条规定，政府教育行政部门、学校主管部门和学校应当制定教师培训规划，对教师进行多种形式的思想政治、业务培训。

第四，考核。《教师法》第二十二条规定，学校或者其他教育机构应当对教师的政治思想、业务水平、工作态度和工作成绩进行考核。教育行政部门对教师的考核工作进行指导、监督。

第五，待遇。《教师法》第二十五条规定，教师的平均工资水平应当不低于或者高于国家公务员的平均工资水平，并逐步提高。建立正常晋级增薪制度，具体办法由国务院规定。第三十条规定，教师退休或者退职后，享受国家规定的退休或者退职待遇。

第六，奖励。《教师法》第三十三条规定，教师在教育教学、培养人才、科学研究、教学改革、学校建设、社会服务、勤工俭学等方面成绩优异的，由所在学校予以表彰、奖励。国务院和地方各级人民政府及其有关部门对有突出贡献的教师，应当予以表彰、奖励。对有重大贡献的教师，依照国家有关规定授予荣誉称号。

第七，法律责任。《教师法》第三十五条规定，侮辱、殴打教师的，根据不同情况，分别给予行政处分或者行政处罚；造成损害的，责令赔偿损失；情节严重，构成犯罪的，依法追究刑事责任。第三十八条规定，地方人民政府对违反本法规定，拖欠教师工资或者侵犯教师其他合法权益的，应当责令其限期改正。

4.《中华人民共和国教师法（修订草案）（征求意见稿）》

《教师法》作为我国第一部关于教师的法律，是我国教师队伍建设的法律基础，是分析和解决各级各类教师问题的法理资源，也是解决这些纷繁复杂的问题所必须依凭的直接法源与重要基点，[①] 在推进依法治教、依法治校上发挥了重大作用。

---

① 朱旭东:《论中国教师队伍建设的法律支撑——基于《教师法》修订的分析》,《中国教育学刊》2022 年第 5 期,第 23 - 28 页。

但是，伴随着我国政治、经济、社会的巨大发展以及教育事业的重大变革，《教师法》的一些规定已经不能适应我国建设高素质教师队伍的需求，主要体现在以下三个方面：

第一，《教师法》对于规范教师管理做了较多规定，但是，对于维护教师权益方面的规定还相对不足，如关于教师权利与义务的相关规定还没有准确体现出教师的职业特点与需求。

第二，《教师法》对于教师权利与义务的规定出现了失衡，如关于教师聘任、学历、待遇等规定已经难以解决教师实践中出现的现实问题。同时，还有部分条款规定存在着虚化的问题。

第三，有关部门先后发布《关于全面深化新时代教师队伍建设改革的意见》《教师教育振兴行动计划（2018—2022 年）》《关于深化教育教学改革全面提高义务教育质量的意见》《中国教育现代化 2035》等政策性、指导性文件，对于教师地位、教师培养培训、教师评价等提出了指导意见与新的要求。为了适应新时代教师队伍建设与管理的实际需要，《教师法》修订势在必行。

2021 年 11 月 29 日，教育部发布关于《中华人民共和国教师法（修订草案）（征求意见稿）》（以下简称《征求意见稿》）公开征求意见的公告。总体而言，《征求意见稿》在保持《教师法》基本法理、核心概念、基本原则及制度框架的基础上，主要呈现出了以下亮点。

第一，《征求意见稿》注重教师职业公共性与专业性相统一，坚持了立德树人与尊师重教的理念。如，首先，《征求意见稿》第二条规定，教师是履行教育教学职责的专业人员，同时，新增的第十三条规定，公办中小学教师是国家公职人员，依据规范公职人员的相关法律规定，享有相应权利，履行相应义务。其次，《征求意见稿》体现了党对教师工作的领导，能够确保教师队伍建设的正确政治方向，突出了教师为党育人、为国育才以及立德树人的职责使命。最后，《征求意见稿》新增第七条规定，国家建立教师荣誉表彰制度。第八条紧接着规定，全社会都应当尊重教师，维护教师队伍形象，宣传先进事迹，弘扬尊师重教风尚。

第二，《征求意见稿》从多维度视角对教师权利义务体系进行了全方位、大幅度扩充。一方面对第九条的基本权利和第十条的基本义务条款内容进行了扩充；另一方面，新增了第十一条履职规范、第十二条特别义务、第十三条特别权利、第十四条特别身份等条款。同时，围绕保护教师合法权益，《征求意见稿》对于教师资格和准入、聘任和考核、培养和培训、保障和待遇、奖励和申诉等方面都新增了大量的权利规范条款。

第三，为保障我国广大教师群体能够潜心教书、静心育人，《征求意见稿》在第四条明确提出改善教师的工作条件和生活条件的基本原则。同时，在第四十五条规定，各级人民政府、教育行政部门及有关部门，或者学校和其他教育机构应当履行的具体职责，为教师开展教育教学活动提供保障。第四十五条第五项明确规定，除特殊、紧急情况外，不得安排教师到与教育教学无关场所开展相关工作，不得安排教师从事学校以外的执法、执勤或者其他与教师职责无关的工作。

（三）《中华人民共和国义务教育法》

在 1986 年 4 月 12 日，第六届全国人民代表大会第四次会议审议通过了《中华人民共和国义务教育法》（以下简称《义务教育法》），并于同年 7 月 1 日起施行。

1. 立法基础

第一，现实情况。虽然自新中国成立到二十世纪八十年代，我国从根本上改变了旧中国基础教育极为落后的局面，中小学教育有了很大的发展，但是，基础教育事业依然薄弱，面临着严峻的现实问题，如，根据《中国 1982 年人口普查 10% 抽样资料〈附录〉》，我国（台湾地区除外）的文盲和半文盲人口占全国总人口的 23.5%，同时，许多适龄儿童特别是女童不能受完规定年限的小学教育，文盲、半文盲仍在继续产生。在当时，通过立法普及义务教育已经刻不容缓。

第二，法律依据。为了发展基础教育，提高全民族素质，促进社会主义现代化建设进程，保障适龄儿童、少年接受义务教育的权利，确保义务教育的实施，我国以《宪法》为法律依据，以马克思列宁主义、毛泽东思想为思想指导，总结新中国成立后我国教育事业发展的经验与教训，吸收国外发展和实施义务教育经验，制定普及义务教育的法律。

2. 地位与意义

第一，《义务教育法》是我国第一部关于教育的专门立法。《义务教育法》的颁布与实施，标志着我国基础教育进入了依法治教的新阶段，标志着我国从此确立了普及义务教育制度，是我国教育法制建设的重要标志，是我国教育发展历程中具有里程碑意义的重大事件。

第二，《义务教育法》的颁布与实施，对于提高全民族素质，落实教育优先发展战略，将义务教育置于教育事业的"重中之重"，促进我国社会主义物质文明和精神文明建设，推进社会主义现代化建设等具有重要的意义。各级人民政府、教育行政部门、学校、家长以及监护人均应自觉遵照《义务教育法》，切实履行各自的职责、义务和权利。

3. 基本内容

《义务教育法》于1986年4月12日颁布施行后，在2006年6月29日，第十届全国人大常委会第二十二次会议通过了对《义务教育法》的第一次修订，并于同年9月1日起施行；在2015年、2018年，我国分别对《义务教育法》进行了第二次、第三次修订。现行《义务教育法》包括总则、学生、学校、教师、教育教学、经费保障、法律责任及附则，共八章六十三条内容。在此，主要对教师、教师教育教学密切相关的部分规定进行简要介绍。

（1）关于义务教育的基本性质。《义务教育法》明确了我国义务教育具有公益性、统一性、强制性及普及性的基本性质。

首先，公益性。《义务教育法》第二条规定，义务教育是国家统一实施的所有适龄儿童、少年必须接受的教育，是国家必须予以保障的公益性事业。实施义务教育，不收学费、杂费。国家建立义务教育经费保障机制，保证义务教育制度实施。

其次，统一性。《义务教育法》规定，国家实行统一的义务教育。如，第三十五条规定，国务院教育行政部门根据适龄儿童、少年身心发展的状况和实际情况，确定教学制度、教育教学内容和课程设置，改革考试制度，并改进高级中等学校招生办法，推进实施素质教育；第三十八条规定，教科书根据国家教育方针和课程标准编写；第四十三条规定，学校的学生人均公用经费基本标准由国务院财政部门会同教育行政部门制定，并根据经济和社会发展状况适时调整。

再次，义务性即强制性。《义务教育法》对各方在保障适龄儿童、少年接受义务教育的权利义务等方面进行了规定。如，第五条规定，各级人民政府及其有关部门应当履行本法规定的各项职责，保障适龄儿童、少年接受义务教育的权利。同时，第五十一条规定，国务院有关部门和地方各级人民政府未履行对义务教育经费保障职责的，由国务院或者上级地方人民政府责令限期改正；情节严重的，对直接负责的主管人员和其他直接责任人员依法给予行政处分。

最后，普及性。《义务教育法》第四条规定，凡具有中华人民共和国国籍的适龄儿童、少年，不分性别、民族、种族、家庭财产状况、宗教信仰等，依法享有平等接受义务教育的权利，并履行接受义务教育的义务。

（2）关于教师权利义务的规定。《义务教育法》对义务教育阶段的教师权利、义务、地位、待遇等进行了具体规定。如，第二十八条规定，教师享有法律规定的权利，履行法律规定的义务。全社会应当尊重教师。第三十条规定，教师应当取得国家规定的教师资格。国家建立统一的义务教育教师职务制度。第三十一条规定，各级人民政府保障教师工资福利和社会保险待遇，改善教师工作和生活条件。教师的平均工资水平应当不低于当地公务员的平均工资水平。

（3）关于学生权利义务的规定。《义务教育法》第十一条规定，凡年满六周岁的儿童，其父母或者其他法定监护人应当送其入学接受并完成义务教育；条件不具备的地区的儿童，可以推迟到七周岁。同时，第十三条规定，县级人民政府教育行政部门和乡镇人民政府组织和督促适龄儿童、少年入学，帮助解决适龄儿童、少年接受义务教育的困难，采取措施防止适龄儿童、少年辍学。

（4）关于教育教学的规定。《义务教育法》推动实施素质教育，要求教育教学应确保质量，注重培养学生核心能力，促进学生全面发展。第三十四条规定，教育教学工作应当符合教育规律和学生身心发展特点，面向全体学生，教书育人，将德育、智育、体育、美育等有机统一在教育教学活动中，注重培养学生独立思考能力、创新能力和实践能力，促进学生全面发展。第三十五条规定，国务院教育行政部门根据适龄儿童、少年身心发展的状况和实际情况，确定教学制度、教育教学内容和课程设置，改革考试制度，并改进高级中等学校招生办法，推进实施素质教育。

师范生要以培养德、智、体、美、劳全面发展的社会主义事业的建设者和接班人为根本教育目的，充分认识学习《教育法》《教师法》《义务教育法》等的重大意义，认真做好教师劳动相关法律法规的贯彻实施工作，切实推动我国基础教育事业发展。

 思考题

1. 简述劳动法律法规的作用。

2. 简述如何用好劳动法律法规规定的就业基本权利，保障自己合法权益。

3.《宪法》《劳动法》《劳动合同法》等通用劳动法律法规中关于劳动的规定主要有哪些？

4. 如何准确认识教师的法律地位？

第四章　劳动教育政策

要在学生中弘扬劳动精神，教育引导学生崇尚劳动、尊重劳动，懂得劳动最光荣、劳动最崇高、劳动最伟大、劳动最美丽的道理，长大后能够辛勤劳动、诚实劳动、创造性劳动。

——摘自《习近平著作选读》第二卷

（人民出版社，2023，第 202 页）

本章简介

本章主要从历史维度介绍劳动教育发展的历史，从时代维度介绍新时代劳动教育主要政策。

学习目标

1. 了解新中国劳动教育的发展历史，通过了解新中国发展不同阶段劳动教育的重要作用，增强对劳动教育重要性的认识。

2. 掌握《关于全面加强新时代大中小学劳动教育的意见》《大中小学劳动教育指导纲要（试行）》及《义务教育劳动课程标准（2022 年版）》主要精神及特点，增强对新时代劳动教育政策的整体把握。

劳动教育政策是指导劳动教育教学与实践活动的纲领性文件，其规定的内容和形式是劳动教育实施者参照执行的标准，对我国劳动教育实施与改革具有方向性指导作用。新中国成立以来，为了充分发挥劳动教育的育人价值，国家相继颁布了一系列劳动教育政策，逐渐形成了相对完整的劳动教育政策体系，指导劳动教育朝着规范化和科学化目标的不断发展。系统梳理我国劳动教育政策，总结经验与教训，归纳劳动教育政策发展趋势，对于师范生未来走向工作岗位，开展劳动教育教学与实践具有现实指导意义。

第一节　新中国劳动教育政策发展

新中国成立 70 多年来，受不同时期的政治、经济、社会及文化等因素影响，劳动教育政策在演进过程中表现出阶段性与连续性、继承性与发展性共存的特征，从强调教育与生产劳动相结合，到强调劳动技术教育和素质教育相结合，再到服务德智体美劳全面发展的育人体系的构建，都体现了不断革新的发展脉络。基于以上继承与发展，具有中国特色的劳动教育政策体系渐趋完善。

一、劳动教育政策探索期（1949—1977 年）

新中国成立初期，国家建设百废待兴，为适应社会经济的恢复与发展，我国教育工作的主要任务是在汲取解放区教育经验的基础上，学习苏联经验和模式，建立适应社会主义建设的新教育。党和国家重视劳动教育，因此坚持工读结合的思想，总结革命根据地生产劳动教育经验，注重对中小学生生产与劳动技能的培养，形成了教育与生产劳动相结合的劳动教育政策导向。

1949 年 9 月，中国人民政治协商会议第一届全体会议通过了《中国人民政治协商会议共同纲领》，其中提出，提倡爱祖国、爱人民、爱劳动、爱科学、爱护公共财物为中华人民共和国全体国民的公德。同年 12 月，第一次全国教育工作会议提出，教育为人民服务，首先是为工农服务，确立了教育必须为国家建设服务、学校必须向工农开放的教育建设方针。

1951 年，中央人民政府政务院颁发《关于改革学制的决定》，提出各级各类学校应提倡实施教育与生产劳动相结合。

1952 年，教育部颁发《中学暂行规程（草案）》，提出理论联系实际为一切教学的原则，同时也指出了实施劳动教育教学的途径。

1954 年，中央宣传部出台《关于高小和初中毕业生从事生产劳动的宣传提纲》，指明了体力劳动与脑力劳动的关系，提出体力劳动是一切劳动的基础，是培养社会主义社会全面发展的成员。

1955 年，教育部发布的《关于初中和高小毕业生从事生产劳动的宣传教育工作报告》和相关通知，要求课堂教学贯彻劳动教育，注意对学生进行综合技术教育，有步骤地实施生产技术教育，服务于毕业生就业。同年，教育部印发《关于小学课外活动的规定的通知》，将基本生产教育作为劳动教育的内容。

1957 年，毛泽东提出"我们的教育方针，应该使受教育者在德育、智育、体育几方面都得到发展，成为有社会主义觉悟的有文化的劳动者"。在这一方针指引下，全国开展了勤工俭学、教育与生产劳动相结合的教育改革。

1958 年，中共中央、国务院在《关于教育工作的指示》中指出"党的教育方针是教育为无产阶级的政治服务，教育与生产劳动相结合"。同时，还规定"在一切学校中，必须把生产劳动列为正式课程。每个学生必须依照规定参加一定时间的劳动"。在课程设置方面，小学增设"手工劳动课""生产劳动课"，注重提升学生的动手能力；中学阶段增设基本理论、教学工厂实习等实践课程，强调提升学生实践能力的重要性，还注重将课程与农业、工业生产技术相结合，推行勤工俭学与半工半读的教育形式。同年，共青团中央发布《关于在中学生中提倡勤工俭学的决定》，第一次明确提出，勤工俭学是实现知识分子和工农相结合、脑力劳动和体力劳动相结合的一条具体重要途径。同时，教育部发出通知，大力支持共青团的决定，这一举措肯定了勤工俭学的意义和作用。

1963 年 3 月，中共中央印发《全日制中学暂行工作条例（草案）》，强调全日制中学应该贯彻执行教育为无产阶级的政治服务、教育与生产劳动相结合的方针，并专列一章阐述生产劳动，指出学生参加生产劳动的重要性。

总体而言，这一时期的劳动教育政策强调将教育与生产劳动相结合，劳动教育一旦在各级各类学校的教育教学过程中得到落实，对于培养有社会主义觉悟的有文化的劳动者等具有重要意义。这一时期的劳动教育政策激发了人们的劳动激情与劳动创造力，提升了人民群众的整体文化程度，促进了社会经济发展与社会主义建设。

二、劳动教育政策重塑期（1978—2011 年）

党的十一届三中全会开启了改革开放的新征程，强调以经济建设为中心、推动社会主义现代化建设，迫切要求提高劳动者素质。在此背景下，教育要服务于经济建设，服务于社会主义现代化建设，教育事业应与经济事业相互适应与促进，与之相适应，劳动教育更加注重培养学生的劳动技术技能，进而推进素质教育。劳动教育政策进入了以强调劳动技术教育、推进素质教育为主要导向的重塑期。

1981 年，党的十一届六中全会通过《关于建国以来党的若干历史问题的决议》，其中明确提出要"坚持德智体全面发展、又红又专、知识分子与工人农民相结合、脑力劳动与体力劳动相结合的教育方针"，对新条件下的劳动教育重新定位，凸显了劳动教育与其他教育从对立到结合、全面发展的总体导向。同年，教育部出台了《全日制六年制重点中学教学计划（试行草案）》，提出开设专门的劳动技术课。

1982 年，教育部颁发《关于普通中学开设劳动技术教育课的试行意见》，指出劳动技术教育是中学教育不可缺少的组成部分，开设劳动技术教育课程目的在于培养德、智、体全面发展的一代新人，同时，还提出多元、分层实施劳动教育的政策要求。中小学阶段依据学生成长特征设置不同劳动教育教学内容，即小学阶段开设劳动教育课，初中、高中开设劳动课与劳动技术课，开始强调学生的社会实践活动。

1985 年，《中共中央关于教育体制改革的决定》指出，社会主义现代化建设的宏伟任务，就是大规模地准备新的能够坚持社会主义方向的各级各类合格人才，并造就数以亿计的工业、农业、商业等各行各业有文化、懂技术、业务熟练的劳动者。

1993 年，中共中央、国务院发布《中国教育改革和发展纲要》，其中要求高校劳动教育必须与经济建设和科技密切结合，推动社会主义现代化建设。

1995 年，第八届全国人大第三次会议审议通过了《中华人民共和国教育法》，其中第五条规定，教育必须为社会主义现代化建设服务，必须与生产劳动相结合，培养德、智、体等方面全面发展的社会主义事业的建设者和接班人。

1999 年，中共中央、国务院《关于深化教育改革 全面推进素质教育的决定》要求改变过去偏重智育的倾向，提出素质教育的主张，强调教劳结合是造就全面发展人才的关键路径，素质教育应当贯穿各级各类教育，继而促进德智体美同劳动技术教育与社会实践协调发展。由此可见，劳动教育政策开始关注个体的发展，并趋于素质教育化。

2001 年，国务院出台《关于基础教育改革与发展的决定》，强调必须坚持教育与生产劳动和社会实践相结合，在中小学增设综合实践课程，组织中小学生参与社会公益劳动，培养学生热爱劳动、热爱劳动人民的情感，掌握一定的劳动技能。同年 6 月，教育部印发《基础教育课程改革纲要（试行）》，将信息技术教育、劳动与技术教育作为综合实践活动的重要内容，与研究性学习、社区服务、社会实践一道构成综合实践活动课程的内容结构。在素质教育目标引导下，中小学劳动教育以综合实践活动课程为主要载体来实施。

2002 年，党的十六大报告中提出，坚持教育为社会主义现代化建设服务，为人民服务，与生产劳动和社会实践相结合，培养德、智、体、美全面发展的社会主义建设者和接班人。报告指出，必须尊重劳动、尊重知识、尊重人才、尊重创造，这要作为党和国家的一项重大方针在全社会认真贯彻。尊重劳动被提到一个新的高度，劳动的价值、意义和重要性在时代发展中越来越得到认可。党的十七大报告重申了贯彻尊重劳动、尊重知识、尊重人才、尊重创造的方针，要求建立健全劳动者就业体系、为劳动教育创造良好的社会环境。

2010 年，教育部发布《国家中长期教育改革和发展规划纲要（2010—2020 年）》，进一步强调坚持教育教学与生产劳动、社会实践相结合，加强劳动教育，培养学生热爱劳动、热爱劳动人民的情感。《纲要》一方面对营造劳动教育实施的教育与社会环境具有现实意义。另一方面，要求劳动教育不仅培养学生的劳动习惯与劳动能力，而且更应该培养学生对劳动价值的认同，塑造学生关于劳动情怀的精神世界。

这一时期的劳动教育政策，进一步规定了劳动教育应适应社会主义现代化发展，推动劳动教育为新时期现代化建设服务。劳动教育政策从强调劳动技术教育到提高劳动者素质、服务素质教育，劳动教育的人本价值更加凸显，劳动情感与劳动精神被逐步纳入劳动教育的培养目标，促进了我国劳动教育的转变，也为后续"五育"举措的提出奠定了基础。

三、劳动教育政策创新期（2012 年至今）

这一时期，在习近平新时代中国特色社会主义思想的指引下，我国教育改革围绕培养什么人、怎样培养人、为谁培养人这一根本问题，不断深化对教育事业发展和人才培养的规律性认识，特别是在促进人的全面发展和推进劳动教育实施方面提出了新的理念与观点。劳动教育政策进入了以强调培养德智体美劳全面发展的时代新人为主要特征的创新期。

在党的十八大报告中，突出强调尊重劳动，营造劳动光荣、创造伟大的社会氛围，加快确立人才优先发展战略布局，推动我国由人才大国迈向人才强国。党的十九大报告指出，我国发展进入了社会主义新时代的历史方位，新时代要建设知识型、技能型、创新型劳动者大军，弘扬劳模精神和工匠精神，营造劳动光荣的社会风尚。报告还提出，要使绝大多数的城乡新增劳动力接受高中阶段教育，更多接受高等教育。这深化和升华了劳动与育人的关系内涵，从全面育人和促进教育公平出发，推动了新时代劳动教育的实施。党的二十大报告明确提出，要落实立德树人根本任务，培养德智体美劳全面发展的社会主义建设者和接班人。这是十年来劳动教育第一次被写进党的代表大会报告。报告同时重申，要坚持尊重劳动、尊重知识、尊重人才、尊重创造。

2015年7月，教育部、共青团中央、全国少工委联合印发《关于加强中小学劳动教育的意见》，明确提出劳动教育是全面贯彻党的教育方针的基本要求，是实施素质教育的重要内容，是培育和践行社会主义核心价值观的有效途径，并从明确劳动教育的主要目标、坚持劳动教育的基本原则、抓好劳动教育的关键环节、完善劳动教育的保障机制四个方面对加强新时期中小学劳动教育提出指导意见。

2016年发布的《中国学生发展核心素养》将劳动素养纳入学生核心素养之列，劳动教育的育人价值更加受到关注。

2019年6月，中共中央、国务院印发《关于深化教育教学改革　全面提高义务教育质量的意见》，其聚焦深化改革、提高质量，从突出德育实效、提升智育水平、强化体育锻炼、增强美育熏陶、加强劳动教育五个方面提出"坚持'五育'并举，全面发展素质教育"的要求。这就从教育体系构建的角度，确证了劳动教育在德智体美劳全面发展整体结构中的重要地位，劳动教育被摆在了与德智体美各育同等的地位。

2020年3月，中共中央、国务院印发《关于全面加强新时代大中小学劳动教育的意见》，旨在贯彻落实新时代党对劳动教育的新要求，同时强化劳动育人的功能，其中明确提出要把劳动教育纳入人才培养全过程，贯通大中小各学段，贯穿家庭、学校、社会各方面。这标志着我国教育进入了一个构建德智体美劳全面培养的教育体系的全新发展阶段。同年7月，教育部印发《大中小学劳动教育指导纲要（试行）》，提出要重视劳动教育的地位作用，组织开展劳动教育活动，着力构建劳动教育体系，这为新时代大中小学开展劳动教育指明了方向。

2020年10月，中共中央、国务院印发《深化新时代教育评价改革总体方案》，提出加强劳动教育评价，以教育评价改革促进新时代劳动教育的高质量开展。劳动素养成为学生评价的重要内容，并成为学生升学的重要依据。

2022年3月，教育部印发《义务教育课程方案》，将劳动从原来的综合实践活动课程中完全独立出来，并发布《义务教育劳动课程标准（2022年版)》，明确劳动课程要培养学生包括劳动观念、劳动能力、劳动习惯和品质、劳动精神在内的劳动素养，正式确立了义务教育阶段劳动教育国家课程的地位。

这一时期的劳动教育政策，契合全面育人的教育方针与立德树人的根本任务，强调培养德智体美劳全面发展的时代新人，充分彰显了新时代"五育并举"、全面育人的教育理念，使社会各层面意识到劳动教育的重要性，有助于加快推进教育现代化、实施科教兴国战略，指引劳动教育成为全面建成社会主义现代化强国、实现第二个百年奋斗目标、全面推进中华民族伟大复兴的重要支撑。

总之，新中国成立七十多年来的劳动教育政策，是在中国共产党领导下，结合当时的社会发展状况而制定，每一阶段的劳动教育政策均是对上一阶段的丰富与拓展，劳动教育政策的不断发展与完善，有力推动了劳动教育实施，也为社会发展带来了新的进步与契机。

第二节　新时代劳动教育政策解读

2017年，党的十九大报告提出，中国特色社会主义进入了新时代。自新时代以来，为了推进新时代大中小学劳动教育深入实施，我国中央和地方先后出台了多部专门的劳动教育政策、文件。本节主要对国家层面的三个主要政策文件进行简要解读，具体包括劳动教育政策的出台背景、重要意义、基本结构、主要内容和主要特点等，从而帮助师范生更好地把握与理解党和国家开展劳动教育的方向与具体要求。

一、《关于全面加强新时代大中小学劳动教育的意见》解读

2020 年 3 月，中共中央　国务院印发《关于全面加强新时代大中小学劳动教育的意见》（以下简称《意见》），就全面贯彻党的教育方针、加强大中小学劳动教育进行了系统设计和全面部署。

（一）出台背景

1. 贯彻落实新时代党对劳动教育的新要求

党的十八大以来，党和国家高度重视劳动教育，习近平总书记多次就加强劳动教育发展做出重要指示。2013 年 4 月，习近平总书记在同全国劳动模范代表座谈时讲话指出，必须牢固树立劳动最光荣、劳动最崇高、劳动最伟大、劳动最美丽的观念。2015 年 4 月，习近平总书记在庆祝"五一"国际劳动节暨表彰全国劳动模范和先进工作者大会上讲话强调，要弘扬劳模精神，弘扬劳动精神，"以劳动托起中国梦"。2018 年 9 月，习近平总书记在全国教育大会上明确提出，要在学生中弘扬劳动精神，教育引导学生崇尚劳动、尊重劳动；要努力构建德智体美劳全面培养的教育体系，形成更高水平的人才培养体系。

2. 劳动教育的育人功能亟待加强

我国一贯重视劳动教育的育人作用。新中国成立之初，我国提出培养"有社会主义觉悟的有文化的劳动者"。20 世纪 80 年代，我国进一步提出培养"有理想、有道德、有文化、有纪律，热爱社会主义祖国和社会主义事业，具有为国家富强和人民富裕而艰苦奋斗的社会主义事业的建设者和接班人"。新时代，我国明确把"努力培养担当民族复兴大任的时代新人，培养德智体美劳全面发展的社会主义建设者和接班人"作为教育的根本目标。让劳动教育发挥其独特育人价值和综合育人价值，是新时代劳动教育的新使命。但是，相比其他四育，劳动教育仍然面临一系列育人难题，如，劳动教育被淡化、弱化，一些青少年出现不爱劳动、不想劳动、不会劳动、不尊重他人劳动成果的现象，劳动的育人价值在一定程度上被忽视，这与新时代培养社会主义建设者和接班人的要求还有较大差距。这些

亟须引起全党和全社会的高度重视。

(二) 重要意义

《意见》是党中央、国务院出台的第一个劳动教育的纲领性文件。《意见》的出台标志着我国构建"德智体美劳"全面培养的教育体系进入了一个全新发展阶段，标志着我国的劳动教育在实践层面转入了以强调培养德智体美劳全面发展的人为特征的新阶段。《意见》对于全面贯彻党的教育方针具有重要意义，主要体现在两个方面。

一方面，《意见》的出台使全党全社会充分认识到，劳动教育是中国特色社会主义教育制度的重要内容，直接决定着社会主义建设者和接班人的劳动精神面貌、劳动价值取向和劳动技能水平，是贯彻落实新时代党的教育方针的内在要求。

另一方面，《意见》对新时代大中小学劳动教育进行了全面部署，这对于劳动教育的真正有效实施具有现实指导意义。《意见》以习近平新时代中国特色社会主义思想为指导，从培养德智体美劳全面发展的社会主义建设者和接班人的战略高度，从统筹人才培养的全过程、大中小学各学段、家庭学校社会各方面、德育智育体育美育劳动教育等不同角度，对切实加强新时代大中小学劳动教育做了顶层设计和全面部署，探索并形成了具有中国特色的劳动教育模式，能够有效指导学校、家庭及社会机构等实施劳动教育。

(三) 结构内容

《意见》由五个部分组成，即"充分认识新时代培养社会主义建设者和接班人对加强劳动教育的新要求""全面构建体现时代特征的劳动教育体系""广泛开展劳动教育实践活动""着力提升劳动教育支撑保障能力""切实加强劳动教育的组织实施"，共十八条内容，分别对新时代大中小学劳动教育的基本内涵、总体目标、课程设置、教学内容、支撑保障、师资队伍建设及评价监督等方面做出了具体规定。

1. 劳动教育基本内涵

《意见》阐明了新时代劳动教育的基本内涵，即明确了新时代劳动教育"是什么"。长期以来，围绕劳动教育究竟"是什么"，学者们有着不同的认识：有的认为应以体力劳动为主，让学生出力流汗；有的认为脑力劳动也是劳动，让学生学习就是劳动教育；有的认为智能时代要对劳动教育的内容、形态进行变革，强化劳动新技术、新工艺、新方法及新形态的教学；有的则认为那些"过时的劳动"同样具有教育意义，不能矮化家政等日常生活劳动，要让学生感受到普通劳动、日常生活劳动的不平凡。①如果对劳动教育的内涵定位不清，存在边界模糊的现象，必然会影响劳动教育的有效开展。针对上述问题，《意见》明确提出，"劳动教育是国民教育体系的重要内容，是学生成长的必要途径，具有树德、增智、强体、育美的综合育人价值。实施劳动教育重点是在系统的文化知识学习之外，有目的、有计划地组织学生参加日常生活劳动、生产劳动和服务性劳动，让学生动手实践、出力流汗，接受锻炼、磨炼意志，培养学生正确劳动价值观和良好劳动品质"，这帮助我们廓清了思想迷雾，明确了新时代劳动教育的基本内涵。

2. 劳动教育总体目标

《意见》明确了新时代劳动教育的总体目标，即明确了劳动教育"目标是什么"。劳动教育的目标应该是劳动精神面貌、劳动价值取向和劳动技能水平三方面的统一体，既不能把新时代劳动教育理解为只是劳动精神面貌、劳动价值取向的教育，忽视对学生劳动技能水平的培养；更不能把劳动教育"窄化"为劳动技能水平提升，忽视对学生劳动态度、劳动品德、劳动价值观的塑造。因此，《意见》明确从劳动精神面貌、劳动价值取向和劳动技能水平三个维度，思想意识、情感态度、劳动能力、劳动习惯四个方面，提出了劳动教育目标，并突出强调劳动教育的思想性。

（1）在思想意识方面，强调使学生能够理解和形成马克思主义劳动观，牢固树立劳动最光荣、劳动最崇高、劳动最伟大、劳动最美丽的

---

① 柳夕浪:《建构完整体系 解决突出问题——〈中共中央 国务院关于全面加强新时代大中小学劳动教育的意见〉解读》,《中国德育》2020 年第 7 期,第 7−8 页。

观念。

（2）在情感态度方面，要求学生体会劳动创造美好生活，体认劳动不分贵贱，热爱劳动，尊重普通劳动者，培养勤俭、奋斗、创新、奉献的劳动精神。

（3）在能力习惯方面，要教育学生具备满足生存发展需要的基本劳动能力，形成良好劳动习惯。

3. 劳动教育课程设置

《意见》提出了系统设置劳动教育课程，即明确了新时代劳动教育"怎么教"的问题。课程是人才培养的核心环节，新时代加强高校劳动教育，必须注重加强课程的主渠道、主阵地作用，在劳动教育课程建设上破题出新，《意见》对此做出了系统设计。

（1）在课程体系上，《意见》一方面明确了劳动教育课程在大中小学课程方案（培养方案）中的地位，提出整体优化学校课程设置，将劳动教育纳入中小学国家课程方案和职业院校、普通高等学校人才培养方案。另一方面，明确了新时代劳动教育课程体系的特征要求，即形成具有综合性、实践性、开放性、针对性的劳动教育课程内容体系。

（2）在课程设计上，围绕整体优化学校课程设置，形成具有综合性、实践性、开放性、针对性的劳动教育课程内容体系的总体要求。一方面，专门开设劳动教育课程，与其他课程有机融入相结合，《意见》提出，在大中小学设立劳动教育必修课程，系统加强劳动教育，要求中小学劳动教育课每周不少于 1 课时；职业院校除实习、实训外，专门进行劳动精神、劳模精神、工匠精神专题教育不少于 16 学时；普通高等学校要明确劳动教育主要依托课程，其中本科阶段不少于 32 学时。除设立劳动教育必修课程外，其他课程应结合学科、专业特点，有机融入劳动教育内容。另一方面，课堂教学和课外实践有机结合，《意见》提出，在设立劳动教育课程之外，学校要对学生每天的课外校外劳动时间做出规定。大中小学每学年设立劳动周，高等学校可安排劳动教育活动月。通过安排必要的劳动实践，教育学生形成正确劳动观、传承劳动精神、形成基本劳动能力、养成良好劳动习惯。

4. 劳动教育内容

《意见》规定了劳动教育的基本内容，即明确了劳动教育"教什么"。《意见》依据马克思主义劳动观，将劳动分为生产劳动和非生产劳动，相应地将劳动教育分为生产劳动教育和非生产劳动教育，又将非生产劳动教育分为日常生活劳动教育和服务性劳动教育，三类劳动共同构成了新时代大中小学劳动教育的主要内容。

围绕以上三类劳动教育，在不同学段，《意见》又提出了不同侧重：小学低年级要注重围绕劳动意识启蒙，小学中高年级要注重围绕卫生、劳动习惯养成开展劳动教育；初中要注重围绕增加劳动知识、技能，加强家政学习，开展社区服务，适当参加生产劳动；普通高中要注重围绕丰富职业体验，开展服务性劳动、参加生产劳动；中等职业学校要重点结合专业人才培养，提高职业技能水平；高等学校要结合学科和专业积极开展实习实训、专业服务、社会实践、勤工助学等，重视新知识、新技术、新工艺、新方法的应用，创造性地解决实际问题，注重培育学生的公共服务意识。三类劳动教育内容不同，各学段也各有侧重，但从总体上看，三类劳动教育内容都很重要，不能偏废。

5. 支撑保障

《意见》明确了如何形成合力开展劳动教育实践活动，即明确了劳动教育的有效实施由"谁来保障"。《意见》从家庭、学校、社会三个方面，明确了各方责任：家庭要发挥基础作用，学校要发挥主导作用，社会各方面发挥支持作用，形成由学校主导、家校共育、社会参与的劳动教育开展格局。

（1）在家庭基础作用方面，《意见》从四个方面强调要发挥家庭在劳动教育中的基础作用：一是鼓励孩子自觉参与、自己动手，随时随地、坚持不懈进行劳动，每年掌握 1—2 项生活技能；二是鼓励孩子利用节假日参加社会劳动；三是树立崇尚劳动的家风，让孩子养成从小爱劳动的好习惯；四是学校（家委会）和社区等组织开展学生生活技能展示活动，加强对家庭劳动教育的指导。

（2）在学校主导作用方面，《意见》明确提出学校的主要任务：一是明确实施机构和人员，开齐开足劳动教育课程，统筹安排课内外劳动实践；二是明确学校劳动教育要求，注重对马克思主义劳动观、有关劳动技能的学习；三是统筹安排好课内外劳动教育时间，组织实施好劳动周，有序安排学生的集体劳动。

（3）在社会支持作用方面，《意见》对社会各方面如何发挥资源优势，为劳动教育提供必要保障提出了明确要求：一是企业公司、工厂农场等要履行社会责任，开放实践场所，特别是鼓励高新企业为学生体验现代科技条件下劳动实践新形态、新方式提供支持；二是工会、共青团、妇联等群团组织以及公益基金会、社会福利组织要组织动员相关力量，搭建多样化劳动实践平台，注重引导学生参加公益劳动、志愿服务。

针对劳动教育具有很强的社会性特点，《意见》特别强调各级政府要加强对劳动教育工作的统筹协调，各相关部门要履行自身的劳动教育职责，全社会合力推动劳动教育。

6. 师资队伍建设

《意见》提出加强专兼职相结合的劳动教育师资队伍建设，着力解决"谁来教"的问题。教师作为组织实施劳动教育的重要主体，应该首先接受相关教育与培训，因此，必须加强专兼职相结合的劳动教育师资队伍建设。《意见》提出，一是高等学校要加强劳动教育师资培养，有条件的院校开设劳动教育相关专业；二是开展全员培训，强化每位教师的劳动意识、劳动观念，提升实施劳动教育的自觉性；三是对担任劳动教育课程的教师进行专项培训，提高劳动教育专业化水平。

7. 监督评价

《意见》提出了加强评价监督的促进作用，即着力解决"不愿意教"

的问题。《意见》针对各方面开展劳动教育积极性不高、内在动力不足等突出问题，注重发挥评价的指挥棒作用和教育督导的监督作用，要求从两方面建立健全劳动教育的评价监督机制。

（1）健全学生劳动素养评价制度。《意见》指出，通过组织开展劳动技能和劳动成果展示、劳动竞赛等活动，激发学校和学生的积极性；将劳动实践过程和结果纳入学生综合素质评价体系，建立公示、审核制度，确保真实可靠；把劳动素养评价结果作为评优、评先的重要参考和毕业依据，作为高一级学校招生录取的重要参考或依据，使劳动教育评价硬起来。

（2）完善督导检查和质量评估制度。《意见》指出，把劳动教育纳入教育督导体系，完善督导办法；劳动教育督导结果向社会公开，并作为被督导部门主要负责人考核奖惩的依据；探索建立劳动教育质量监测制度，推动劳动教育过程的反馈和改进。

（四）主要特点

1. 结合两个导向

目标是奋斗的方向，问题是时代的声音。《意见》将目标导向和问题导向相结合，既立足国之大计、党之大计，又基于对现实问题的深入调查分析，确保了新时代劳动教育要求的有效落地。

（1）《意见》站在为党育人、为国育才的角度，着眼于落实"五育"并举的总体要求，面向全党全社会，把劳动教育融入人才培养全过程和家庭、学校、社会教育各方面，落实了新时代培养社会主义建设者和接班人对人才培养的新要求，构建全面系统的劳动教育体系。

（2）《意见》针对当前大中小学劳动教育存在的"教什么""谁来教""什么时间教""到哪儿教""不愿意教"等突出问题，明确了劳动教育的目标体系、课程体系、内容体系、实施体系和保障体系等，能够引导、推动新时代劳动教育的有效实施。

2. 构建完备体系

《意见》提出建立科学完备的劳动教育体系，具体应包括以下四点：

一是突出强调劳动教育要贯通大中小学各学段，明确对各学段学生要进行一体化、贯通式培养。在纵向上注重小学低学段与中高学段、小学与初中、初中与高中、高中与大学的联系与衔接。同时，横向要注意普通学校与职业院校的联系。二是贯穿学校、家庭与社会等方面，以形成三方面的教育合力。三是劳动教育与德育、智育、体育、美育有机融合，以体现德智体美劳全面发展的教育理念。四是统筹设计将劳动教育专门课程与劳动教育元素融入其他课程，课堂教学与课外实践等。

3. 设置全面多元目标

《意见》从思想认识、情感态度、能力习惯三个方面向全体学生提出了劳动教育目标，形成了全面多元的劳动教育目标要求，突出强调劳动教育的思想性，突破了以往重劳动技术教育的藩篱。《意见》特别强调了两点：一要通过劳动教育提高学生的创造性劳动能力。二要促进学生树立正确的人生观和世界观，立志报效国家，奉献社会。

4. 科学构建内容

《意见》明确规定，劳动教育应以日常生活劳动、生产劳动和服务性劳动为主要内容。日常生活劳动教育注重在学生个人生活自理中强化劳动自立意识，体验持家之道，这也是学生健康发展、适应社会生活的重要基础。生产劳动和服务性劳动教育注重培养学生利用知识、技能等为他人和社会提供服务，特别是在公益劳动、志愿服务中强化社会责任，培养良好的社会公德。

5. 健全评价监督制度

《意见》不仅健全了劳动素养评价制度，如，将劳动素养纳入学生综合素质评价体系，制订评价标准，组织劳动实践活动，并要求全面客观记录学生课内外劳动过程和结果，将劳动素养评价结果作为评优、评先的重要参考和毕业依据等；而且还完善了督导检查和质量评估制度，如，把劳动教育纳入教育督导体系，完善督导办法，定期公开劳动教育督导结果，探索建立劳动质量检测制度等。

二、《大中小学劳动教育指导纲要（试行）》解读

2020 年 7 月，教育部印发《大中小学劳动教育指导纲要（试行）》（以下简称《指导纲要》），就全面贯彻落实《意见》精神，加快构建德智体美劳全面培养的教育体系，充分发挥学校在劳动教育中的主导作用，推进大中小学劳动教育进行了系统设计和指导。

（一）出台背景

2020 年 3 月，中共中央、国务院印发《意见》，面向全社会，对新时代大中小学劳动教育进行了全面部署。《意见》强调了学校在劳动教育中的主导作用，并明确提出学校劳动教育的主要任务。为全面贯彻落实《意见》，充分发挥学校在劳动教育中的主导作用，亟须面向教育系统内部出台专门文件，对学校劳动教育如何开展进行细化部署。

（二）重要意义

《指导纲要》以《意见》为依据，主要面向学校，重点针对学校劳动教育是什么、教什么、怎么教等问题，细化相关要求，加强专业指导。《指导纲要》的出台，对于发挥学校主导作用，推进新时代大中小学劳动教育发展，具有重要的意义。

（三）结构内容

《指导纲要》包括"劳动教育性质和基本理念""劳动教育目标和内容""劳动教育途径、关键环节和评价""学校劳动教育的规划与实施""劳动教育条件保障与专业支持"五个部分，分三十六条进行了说明。我们主要从以下几点做一些具体介绍。

1. 劳动教育性质和基本理念

《指导纲要》指出，劳动教育是发挥劳动的育人功能，对学生进行热爱劳动、热爱劳动人民的教育活动，并强调劳动教育具有鲜明的思想性、突出的社会性和显著的实践性三个基本属性。劳动教育的基本理念为强化劳动观念，弘扬劳动精神；强调学生身心参与，注重手脑并用；继承优良传

统，彰显时代特征；发挥学生主体作用，激发劳动创新创造。大中小学劳动教育应注意防止把劳动教育窄化为上课或者泛化为学生的一切学习活动。

2. 劳动教育目标和内容

《指导纲要》指出，大中小学劳动教育要准确把握社会主义建设者和接班人的劳动精神面貌、劳动价值取向和劳动技能水平的培养要求，全面提高学生劳动素养，使学生树立正确的劳动观念、具有必备的劳动能力、培育积极的劳动精神、养成良好的劳动习惯和品质。

《指导纲要》注重全面提升学生劳动素养，强调劳动教育以日常生活劳动、生产劳动和服务性劳动中的知识、技能与价值观为主要内容，应防止把新时代劳动教育与过去的劳技训练混为一谈。

3. 劳动教育途径、关键环节和评价

《指导纲要》提出将劳动教育纳入人才培养全过程，丰富、拓展劳动教育实施途径，通过独立开设劳动教育必修课、在学科专业中有机渗透劳动教育、在课外校外活动中安排劳动实践、在校园文化建设中强化劳动文化四个途径，着力解决有劳动无教育、有教育无劳动、劳动教育与专业教育"两张皮"、不能充分形成劳动教育合力等问题。

《指导纲要》强调围绕劳动教育的目标和内容要求，抓住讲解说明、淬炼操作、项目实践、反思交流、榜样激励等关键环节，开展劳动教育，努力克服劳动教育形式单一、质量不高等问题。

《指导纲要》提出将劳动素养纳入学生综合素质评价体系，要求过程性评价和结果性评价结合，通过平时表现评价、学段综合评价、开展学生劳动素养监测等形式，形成多元的劳动教育评价体系，切实发挥评价的育人导向和反馈改进功能，发挥监测结果的示范引导、反馈改进等作用。

4. 劳动教育的规划与实施

《指导纲要》强调学校作为劳动教育的实施主体，要在正确处理理论学习和实践锻炼、劳动教育与其他教育活动、劳动的传统形态与新形态三对关系的基础上，整体设计、系统规划，形成劳动教育总体实施方案。

《指导纲要》要求通过配备实施机构和人员、加强劳动安全风险防范与管理、建立协同实施机制等措施，严格组织实施要求，把劳动教育做细做实。

5. 劳动教育条件保障与专业支持

《指导纲要》要求通过丰富和拓展劳动实践场所、加强师资队伍建设、健全经费投入机制等举措，为新时代开展学校劳动教育提供场地、师资和经费保障。

《指导纲要》强调通过加强劳动教育研究与指导、组织开展劳动教育课程资源研发等方式，以劳动教育科研引领和助力劳动教育实践，推进优质劳动教育资源共享。

《指导纲要》提出加强对学校劳动教育实施情况的督查，并建立健全劳动教育激励机制，以引导提高大中小学劳动教育质量和水平。

（四）主要特点

1. 注重处理三个关系

（1）《指导纲要》和《意见》的关系。《指导纲要》作为《意见》的配套文件，在劳动教育内涵和基本要求上，与《意见》保持贯通一致，如都强调当前实施劳动教育的重点是组织学生参加劳动实践，出力流汗，磨炼意志，培养正确的劳动价值观和良好的劳动品质。同时，《指导纲要》依据《意见》，主要面向学校，细化有关要求，强化可操作性。

（2）基础教育、职业教育和普通高等教育的关系。《指导纲要》突出劳动教育面向全体学生的共性要求，同时，适当兼顾各自特点。如基础教育以使用传统工具、传统工艺为主，引导学生体会劳动人民的艰辛与智慧；职业院校、普通高等学校要注重结合产业新业态、劳动新形态，提升创造性劳动能力。

（3）学校和教育行政部门的关系。《指导纲要》的落脚点主要在学校，重点在于加强对学校实施指导，同时，兼顾对教育行政部门的统筹管理。

2. 明确回答三个问题

（1）明确回答了什么是劳动教育理念和性质。《指导纲要》强调了劳动教育鲜明的思想性、突出的社会性及显著的实践性三个基本属性，同时，提出"强化劳动观念，弘扬劳动精神""强调身心参与，注重手脑并用""继承优良传统，彰显时代特征""发挥主体作用，激发创新创造"四个方面的行为基本准绳。

（2）明确回答了劳动教育教什么。《指导纲要》提出了"树立正确的劳动观念""具有必备的劳动能力""培育积极的劳动精神""养成良好的劳动习惯和品质"四个方面的学生劳动教育素养目标，提出了劳动教育的内容主要包括"日常生活劳动、生产劳动和服务性劳动中的知识、技能与价值观"。

（3）明确回答了劳动教育怎么教。即在实施途径上，主要解决有教育无劳动的问题，明确了劳动教育的四个途径；在方式上，主要解决有劳动无教育的问题；在评价上，主要解决教到什么程度的问题，以发挥评价的育人导向和反馈改进功能。

3. 系统设计各个方面

学校劳动教育涉及多个方面多个学段，《指导纲要》对各个方面进行了系统设计。在要素上，从劳动教育的性质到劳动教育的理念，从劳动教育的目标到内容，从劳动教育的途径到关键环节，从劳动教育的评价到劳动教育的实施，从劳动教育的条件保障到专业支持，《指导纲要》均进行了系统规划，实现了环环相扣。在学段上，从小学到初中，从普通高中到职业院校、普通高等学校，《指导纲要》均进行了系统设计，体现了阶段性和连续性的统一。

三、《义务教育劳动课程标准（2022年版）》解读

2022年3月，教育部正式印发《义务教育劳动课程标准（2022年版）》（以下简称《课程标准》），全面贯彻落实《意见》和《指导纲要》精神，充分发挥课程主阵地主渠道的作用，为义务教育阶段劳动教育课程制定了标准。

（一）出台背景

1. 国家启动新一轮义务教育课程标准修订工作

义务教育课程标准规定了课程目标、课程内容和教学基本要求，体现国家意志，在立德树人中发挥着关键作用。我国先后于 2001 年、2011 年制定颁布义务教育课程方案和课程标准，在引导和推动基础教育教学改革、提高基础教育质量方面发挥了重要作用。但是，随着义务教育全面普及，教育需求从"有学上"转向"上好学"，义务教育课程标准必须与时俱进，进行修订完善。

结合新时代落实立德树人根本任务要求、教育改革发展新要求和第二版课程标准实施过程中遇到的问题，2019 年，教育部组织启动新一轮义务教育课程方案和课程标准研制工作。新一轮课程方案在指导思想上，提出落实劳动教育，在课程内容结构上，提出将劳动、信息科技从综合实践活动课程中独立出来。特别是，第一次提出了编制劳动教育课程标准，把义务教育劳动课程标准作为拟制定的 16 个课程标准之一。

2. 落实《意见》与《指导纲要》要求

中共中央、国务院于 2020 年 3 月颁发《意见》，提出在大中小学设立劳动教育必修课程、系统加强劳动教育、中小学劳动教育课每周不少于 1 课时等明确规定。

教育部于 2020 年 7 月正式颁发《指导纲要》，把独立开设劳动教育必修课作为劳动教育的途径之一，提出中小学劳动教育课平均每周不少于 1 课时，用于活动策划、技能指导、练习实践、总结交流等具体要求。

在以上背景下，研究、制定义务教育劳动课程标准，构建基础与开放相结合、劳力与劳心相结合、劳动与技术相结合、传统与现代相结合、个体与集体相结合的义务教育劳动课程体系，是对《意见》和《指导纲要》在义务教育阶段课程层面要求的细化。

（二）重要意义

《课程标准》是中华人民共和国成立以来颁布的第一部义务教育劳动

课程标准。《课程标准》的出台，既是对《意见》及《指导纲要》关于新时代劳动教育要求在义务教育阶段的具体与细化，又是新课程改革理念在义务教育阶段劳动课程上的体现，具有划时代的历史意义和重要价值，彰显出党和国家对于劳动教育重要作用的高度重视。

《课程标准》对于发挥课程主阵地、主渠道作用，推动义务教育劳动教育实施具有重要意义。劳动课程作为义务教育阶段劳动教育的重要载体和核心构件，对落实完成劳动教育的使命任务具有关键作用。《课程标准》的出台，有助于指导义务教育阶段各学校充分发挥课程的主阵地、主渠道作用，开齐开好劳动教育课程，更好发挥劳动教育的综合育人功能和独特育人功能，为促进学生全面发展和健康成长做出贡献。

《课程标准》对义务教育阶段劳动教育的课程性质、课程理念、课程目标、课程内容、学业质量和课程实施等进行了规定，是义务教育阶段的劳动教育教材编写、课程教学、考试评价以及课程实施管理的直接依据。

(三) 结构内容

1. 课程性质

《课程标准》指出，义务教育劳动课程是实施劳动教育的重要途径，具有鲜明的思想性、突出的社会性和显著的实践性，在劳动教育中发挥主导作用。义务教育劳动课程以丰富开放的劳动项目为载体，重点是有目的、有计划地组织学生参加日常生活劳动、生产劳动和服务性劳动，让学生动手实践、出力流汗，接受锻炼、磨炼意志，培养学生正确的劳动价值观和良好的劳动品质。

2. 课程理念

课程理念是课程建设的灵魂和支点。义务教育劳动课程理念是义务教育阶段劳动课程设计的依据、出发点和愿景，是劳动课程顺利建设的前提信念。《课程标准》根据义务教育劳动课程性质的基本定位，以培养中小学生的劳动素养为核心指向，分别从课程功能、课程结构、课程内容、课程实施、课程评价、课程保障六个方面，提出了六个义务教育劳动课程的教育理念，即坚持育人导向、构建以实践为主线的课程结构、加强与学生生活和社会实际的联系、倡导丰富多样的实践方式、注重综合评价、强化课程实施的安全保障。

3. 课程目标

基于新时代劳动教育的育人导向和功能定位，《课程标准》提出，义务教育劳动课程要围绕培养学生的劳动素养，让学生在学习与劳动实践过程中逐步形成适应个人终身发展和社会发展需求的正确价值观、必备品格和关键能力，主要包括劳动观念、劳动能力、劳动习惯和品质、劳动精神。据此，《课程标准》规定了义务教育阶段劳动课程的总目标是形成基本的劳动意识，树立正确的劳动观念；发展初步的筹划思维，形成必备的劳动能力；养成良好的劳动习惯，塑造基本的劳动品质；培育积极的劳动精神，弘扬劳模精神和工匠精神。

4. 课程内容

基于注重劳动课程功能的育人导向和课程结构的实践性导向，《课程标准》不仅设计了覆盖日常生活劳动、生产劳动和服务性劳动在内的三类劳动，还设计了具有进阶性、有所侧重的十个劳动任务群，形成了以若干劳动项目为载体，以任务群为基本单元，构建具有覆盖性、进阶性和有所侧重的内容结构。

5. 劳动素养要求

《课程标准》将义务教育阶段分为了四个学段，对不同学段的学生在完成阶段性劳动课程学习后需要达成的素养表现进行了总体刻画。

6. 课程实施

《课程标准》从劳动项目开发、劳动过程指导、劳动周设置、学校与家庭社区协同开展劳动教育、课程评价、课程资源开发与利用、教学研究与教师专业发展七个方面，对义务教育阶段劳动教育课程实施提出了全方位的指导性建议。

（四）主要特点

为满足学生多元的劳动实践需求，《课程标准》依据国家相关劳动教育文件精神、遵循义务教育课程标准总体要求而研制，其继承了劳动教育的优秀传统经验，并努力探寻劳动教育的现代元素，具有以下特点。

1. 坚持育人导向，凝练核心劳动素养

以核心素养为导向，落实立德树人根本任务，是本次义务教育课程改革的重要突破。[①]《课程标准》坚持育人导向，以义务教育课程方案总体要求为指导，对马克思主义劳动观进行深入分析，对标《意见》和《指导纲要》文件的精神，聚焦劳动教育面临的现实育人难题，凝练出了劳动课程要培养的学生核心素养，具体包括劳动观念、劳动能力、劳动精神、劳动习惯和品质四个方面，充分体现了培养学生正确价值观、必备品格和关键能力的要求。

同时，为检验是否达成了义务教育劳动课程目标以及达成程度，《课程标准》还对学生在完成阶段性劳动课程学习后需要达成的素养表现进行了刻画。

2. 坚持核心素养培养，构建相应课程目标体系

《课程标准》在凝练学生劳动素养的基础上，构建了与之相匹配的劳动课程目标体系，致力于培养学生核心素养。劳动课程目标体系包括总目标与学段目标两个部分。其中，劳动课程总目标与学生劳动素养相对应，是对学生劳动素养的具体化，同时，劳动课程总目标又是学段目标的设置基础；学段目标以核心素养培养要求和劳动课程总目标为基础，充分考虑学生认知水平及学习规律而设置，是对劳动课程总目标在各学段的进一步细化，各学段目标体现出连续性、衔接性与进阶性等特点。

---

① 顾建军、郝天聪：《劳动课标（2022年版）：建构新时代以劳育人课程体系》，《中小学管理》2022年第6期，第29页。

3. 以任务群为单元，搭建课程内容结构

课程内容作为义务教育劳动课程标准的主体部分，是实现劳动课程目标的重要载体。《课程标准》以学生劳动素养培养为导向，围绕日常生活劳动、生产劳动和服务性劳动三大类劳动开发劳动项目。以劳动项目为载体设计劳动课程，一个劳动项目就是一个劳动任务，若干劳动任务组合在一起，就形成了一个任务群。《课程标准》共设置了十个任务群，具体是指日常生活劳动，包括清洁与卫生、整理与收纳、烹饪与营养、家用器具使用与维护四个任务群，生产劳动，包括农业生产劳动、传统工艺制作、工业生产劳动、新技术体验与应用四个任务群，服务性劳动，包括现代服务业劳动、公益劳动与志愿服务两个任务群，最终形成了劳动课程的内容结构。

4. 以问题解决为导向，设计劳动课程实施方案

为解决劳动教育落地难的问题，《课程标准》以问题为导向，系统设计劳动课程实施方案，明确具体实施要求，具有很强的指导性和可操作性。如，《课程标准》提出劳动课程教师包括校内专职教师、校内兼职教师、家长志愿者、当地劳动者和有一技之长的人员、相邻职业学校或基地教师等，能够解决"谁来教"的问题；提出学校应结合实际，根据《课程标准》设置的任务群，自主选择和确定各年级任务群学习数量等，能够解决"教什么"的问题；提出充分利用学校、家庭、社区物质资源和文化资源，选择并合理利用劳动课程数字化资源实施劳动课程，能够解决"用什么教"的问题。

在向着第二个百年奋斗目标迈进之际，师范生认真学习新时代劳动教育政策，对于今后有效开展劳动教育，发展学生核心素养，推动基础教育高质量发展、全面建成社会主义现代化强国具有重要意义。

✎ 思考题

1. 简述在新中国发展不同阶段劳动教育都具有哪些不同的重要作用。

2. 简述《关于全面加强新时代大中小学劳动教育的意见》《大中小学劳动教育指导纲要》及《义务教育劳动课程标准（2022 年版）》主要精神及特点。

实践篇

第五章　师范生劳动素养培养

　　培养社会主义建设者和接班人，迫切需要我们的教师既精通专业知识、做好"经师"，又涵养德行、成为"人师"，努力做精于"传道授业 解惑"的"经师"和"人师"的统一者。

——摘自习近平《在中国人民大学考察时的讲话》

（新华网，2022 年 4 月 25 日）

本章简介

　　本章主要介绍师范生要胜任教师劳动必须具备的一般劳动素养和专业劳动素养。

学习目标

　　1. 掌握师范生要胜任教师劳动必须具备的一般劳动素养。

　　2. 掌握师范生要胜任教师劳动必须具备的专业劳动素养。

　　"劳动素养"一词最早由苏联教育家苏霍姆林斯基提出，他认为劳动教育的最终目标是提高人的劳动素养，成就真正完整的人。《大中小学劳动教育指导纲要（试行）》中明确提出新时代劳动教育的目标是"准确把握社会主义建设者和接班人的劳动精神面貌、劳动价值取向和劳动技能水平的培养要求，全面提高学生劳动素养"。人的劳动素养包括一般劳动素养和职业劳动素养。师范生劳动素养主要由一般劳动素养、教师职业劳动素养两个方面组成。

第一节　师范生一般劳动素养

一般劳动素养是劳动教育的基础，主要指劳动者在生活、教育和劳动过程中形成的与劳动有关的人的素养，是学生全面发展的根本内容、必备品格及关键能力。师范生一般劳动素养即各类学生均须具备的劳动素养。

一、师范生一般劳动素养的内容

2020 年 7 月，教育部印发的《大中小学生劳动教育指导纲要（试行)》（以下简称《指导纲要》）指出，大中小学生劳动素养主要包括劳动观念、劳动能力、劳动精神、劳动习惯和品质等内容。

（一）劳动观念

劳动观念是学生在劳动活动中所形成的综合性认知，是学生劳动意识、劳动思想和劳动态度的表达。首先，劳动意识是学生在与劳动对象相互作用的过程中产生的主观意识，如小学生关于自己的事情自己做的想法、青少年通过劳动获取尊严与幸福的意识。劳动意识对于学生的劳动态度和劳动行为具有重要影响。其次，劳动思想是指学生在正确认识马克思主义劳动思想与新时代劳动观具体内容的基础上，在动手实践、出力流汗的过程中，形成的劳动光荣、劳动崇高、劳动伟大、劳动美丽的思想观念。最后，劳动态度是指学生关于劳动实践活动的心理行为倾向，其外在的个体劳动行为是学生劳动态度的表现，如积极的劳动态度包括中小学生主动参与打扫卫生、洗衣做饭等行为。

建构科学合理的劳动观念，有助于激活蕴藏在劳动实践活动中的伟大意义与价值，教师只有把握好劳动实践的客观规律，在劳动教育中充分激发学生劳动观念的能动作用，才能使学生积极投身于劳动实践，不断创造劳动价值，进而获得尊重与幸福。

培养学生形成科学合理的劳动观念，需要以社会主义核心价值观为引领，教育学生坚决摒弃将劳动当作负担的错误观念，引导学生不仅能够正确认识劳动本身，而且能够客观公正看待劳动与自身的交互关系，不仅能够充分体认到人类的本质活动是劳动，而且把劳动当作创造价值、获取幸福的源泉。在此基础上，教育学生逐渐养成崇尚劳动、尊重劳动、珍惜劳动成果、积极参与劳动的劳动观念。

（二）劳动能力

劳动能力是学生劳动素养发展的关键，也是其综合的外在表现，是指学生在掌握相关劳动知识、技能的基础上，在参与劳动实践活动过程中所表现出的具体行为，具体包括劳动知识、劳动技能及劳动创新能力。首先，劳动知识是人类在认识客观世界、推动社会进步的劳动实践活动中逐渐积累与传承的经验结果，即体系化、专业化的劳动理论知识与劳动实践知识，如劳动起源与发展、劳动价值等。其次，劳动技能是运用一定知识和经验顺利完成某种劳动任务的活动方式[1]，主要表现为学生能够熟练运用相关劳动工具，独立或者合作完成符合其年龄阶段的劳动活动。例如，对于小学生而言，应该具有扫地、洗衣、叠被等日常生活的劳动能力，对于中学生而言，应该能够使用吸尘器、洗衣机等劳动工具的能力等。最后，劳动创新能力是学生创新思维、创造能力的重要体现，是劳动创造价值的实践要求，主要"指学生通过知识与技能的学习，在各类劳动实践活动中所形成的劳动创新思维以及在以往劳动基础之上继承创造的能力"[2]，如优化、改造传统劳动工具，针对现实劳动问题创造新的解决方式、劳动工具等。

---

[1] 顾明远：《教育大辞典》第1卷，上海教育出版社,1990,第175页。

[2] 纪德奎、陈璐瑶：《劳动素养的内涵、结构体系及培养路径》,《天津师范大学学报（基础教育版）》2021年第2期,第17页。

劳动能力即劳动知识、劳动技能及劳动创新能力，为学生劳动品质与劳动习惯等的发展奠定了基础，是学生完成劳动活动、创造劳动成果的重要保障。

学生的劳动能力是在其参与劳动实践的过程中不断形成、发展与提高的，因此，若想培养学生的劳动能力，教师应通过创设或提供真实的劳动场景，让学生在亲身体验真实的劳动过程中，习得一定的日常生活劳动、生产劳动和服务性劳动技能，在劳动实践中培养其团结合作能力、创新能力以及与社会、自然和谐相处的能力。

（三）劳动精神

劳动精神是学生劳动素养的核心内容，主要指劳动者在劳动中展现的精神状态、精神面貌、精神品质[1]，是学生面对劳动所秉持的精神风貌和人格气质[2]，劳动精神包括劳模精神、劳动精神及工匠精神。

劳动精神指向以劳树德、以劳育美的目的，是学生个体意识、思维及思想的高度凝练，指导与规范着学生个体关于劳动的观念及在劳动实践中的劳动行为。劳动精神促进学生提升发现劳动美、欣赏劳动美进而创造劳动美的能力，引导学生养成坚忍不拔的劳动意志，让学生懂得劳动能够创造幸福生活，引导学生尊重并热爱劳动，最终促进学生的全面发展。

培养学生的劳动精神，首先，教师应结合时代发展及学生身心发展水平，立足并挖掘中华优秀传统文化中的劳动精神素材，引导学生逐渐形成勤俭、奋斗、奉献等劳动思想。其次，教师应创设条件与机会，明确劳动行为目标，引导学生积极参与社会公益劳动、日常生活劳动以及生产劳动等活动，在参与劳动实践过程中不断克服困难，锤炼意志，进一步内化努力奋斗、乐于奉献等劳动精神。

---

① 贺兰英：《中国特色社会主义劳动精神的内涵》，《南方论刊》2018年第5期，第45页。
② 纪德奎、陈璐瑶：《劳动素养的内涵、结构体系及培养路径》，《天津师范大学学报（基础教育版）》2021年第2期，第18页。

（四）劳动习惯和品质

劳动习惯与品质是指学生通过经常参与劳动实践而逐渐养成的稳定行为倾向和人格品质。劳动习惯和品质是学生劳动素养体系的关键内容，也是学生内在思想与外在行为的综合展现，主要表现为"学生在劳动实践中所形成的自觉主动、安全规范、坚持不懈、注重效率等习惯，以及在动手实践、出力流汗过程中所形成的吃苦耐劳、艰苦奋斗等意志品质和诚实守信、勤俭节约、责任担当等人格特征"①。

劳动习惯与品质保障了学生能够持续、不间断地参与劳动实践，是培养学生劳动精神和提升学生劳动能力的重要举措，成为评价学生劳动素养的关键指标。劳动习惯与品质作为学生通过长期劳动实践所内化形成的心理结构，具有较强的稳定性，能够促使学生在劳动实践过程中，精益求精，大胆创新，不断提升劳动质量。

培养学生的劳动习惯及品质，首先，教师应注重在劳动实践中培养学生自觉主动劳动的习惯，如教育引导学生自觉主动、积极自愿地参与家务劳动、班级劳动及社会公益服务等。其次，教师应引导教育学生遵守劳动规范，养成劳动诚信的行为品格。最后，教师还应注意在学生的各个发展阶段，强调其对个人、家庭、学校及国家社会的劳动责任感。

二、培养师范生一般劳动素养的意义

劳动素养是一个综合性概念，它汇聚了劳动教育的价值核心，能够在最根本处明晰劳动教育的目的。具体而言，培育学生劳动素养对于促进学生的全面自由发展、彰显教育实践品性、实现中华民族伟大复兴等具有重要意义。

---

① 王泉泉、刘霞、陈子循、王晖、刘金梦、李金文：《核心素养视域下劳动素养的内涵与结构》，《北京师范大学学报（社会科学版）》2021 年第 2 期，第 40 页。

（一）有助于学生全面自由发展

劳动教育作为一种实践教育，其核心在于培养学生劳动素养。培养学生一般劳动素养是促进学生全面自由发展的内在要求。

首先，教师通过劳动教育引导学生厚植劳动情怀，弘扬劳动精神，不断提升劳动素养。教师通过劳动教育将劳动理论与劳动实践紧密结合，鼓励、引导、支持学生在劳动实践中深入理解劳动价值，促使学生形成尊重劳动的态度与热爱劳动的情感，进而在亲身参与劳动实践的过程中提升劳动素养。

其次，教师通过劳动教育促进学生全面自由发展。第一，劳动教育具有德育属性，是德育教育的内容之一。教师能够通过劳动教育活动对学生进行正直劳动、诚实劳动等思想品质教育，引导学生体会劳动过程的艰辛和珍惜劳动成果，从而树立正确的劳动情怀与劳动观念，推进德育效果。第二，劳动教育具备显著的智育特质。教师通过劳动教育，向学生传授劳动知识与技能，提升学生劳动能力，为学生参与社会生产奠定知识基础。第三，劳动教育是一种劳体综合的教育形态。学生通过参与劳动教育实践，不仅习得了劳动知识、获得了劳动技能，而且在出力流汗、克服困难等过程中，锻炼了体力，也锤炼了意志。第四，劳动教育与美育关系紧密。劳动教育不仅能够陶冶学生的心灵之美，而且能够培养学生的正确审美观，提高学生鉴赏美、感受美和创造美的能力。①

（二）有助于彰显教育实践品性

教育是人类有意识、有目的地培养人的实践活动。然而，随着教育实践被更多地概括和理论化，其应有的情境性、反思性、人文性和智慧性相应地被削减，因此，需要重新认识与彰显教育实践。劳动教育是一种特殊的实践教育，能够丰富教育实践的生命性与动态性。

---

① 肖映雪:《浅谈劳动技能教育在素质教育中的促进作用》,《教育探索》2000 年第 12 期,第 26 页。

在劳动教育过程中，教师将"学""做""思"进行有机衔接与贯通，既引导学生树立对劳动本质与价值的正确认识，又提升其参与劳动实践的能力，促进了劳动知识与劳动实践的融合，充分体现了中学的教育实践理念。第一，具有情境性。劳动教育是贴近生活、走近自然的实践活动。学生通过参与劳动实践，解决劳动问题，克服劳动困难，创造劳动成果，在此过程中体悟生命，体认价值与美好，不断形成与提升劳动素养。随着劳动素养的不断提升，学生投身于劳动实践的愿望将更加强烈，这就形成了劳动教育、劳动实践与劳动素养的良性螺旋发展。第二，具有反思性。学生在教师的引导下，一方面对劳动教育与实践进行反思，体悟、探究劳动的本质、目的、意义与价值，逐渐形成正确的劳动意识、积极的劳动情感和坚强的劳动意志；另一方面，在"思"与"做"的过程中发挥主观能动性，通过劳动实践创造劳动价值，提升自身劳动能力。第三，具有人文性。人文精神即人类自我关怀，是教育的灵魂所在。劳动教育致力于培养学生劳动素养，它关注人的存在方式，重视劳动者本身，引导学生关注自我，追求人格全面自由发展。第四，具有智慧性。教师通过劳动教育帮助学生习得劳动知识与技能，引导学生在参与劳动实践的过程中，提升劳动能力，获取劳动实践智慧。

（三）有助于实现中华民族伟大复兴

习近平总书记在党的十九大报告中指出："实现中华民族伟大复兴是近代以来中华民族最伟大的梦想。"实现中国梦必须弘扬中国精神，必须凝聚中国力量。实现中华民族伟大复兴，需要同时具备厚实的物质基础与强大的精神力量，而劳动实践既是创造物质基础的根本源泉，又是凝集意志、汇聚力量、发挥引领作用的精神来源，劳动实践与创造是实现中华民族伟大复兴的根本途径。

劳动教育培养学生劳动素养，是健全学生人格、培养时代新人的内在要求，也是建设高水平人才队伍的基础保障。第一，从劳动个体角度来看，劳动教育以培养学生劳动素养为核心，开发学生的内在潜质，涵养学生个性，帮助学生形成道德心与责任心，培养学生的实践与创新能力，健全学生人格，为成为时代新人做好准备。第二，从集体劳动层面来看，人才队伍建设是实现中华民族伟大复兴的必然要求与有力支撑，是推动社会发展的关键性力量。以劳动教育培养学生劳动素养，能够提高学生的思想觉悟，为学生积极参与劳动、投身社会主义建设奠定了重要基础，是汇聚劳动力量、提升劳动竞争力、形成高质量人才队伍、构建美好社会的根本动力。

第二节　师范生专业劳动素养

师范生专业劳动素养是指师范生从事未来教师劳动所必需的基本品质或基本条件。专业素养是一名专业人员的独特资质内涵。具备一定的职业素养是一个人胜任某种职业实践的必需条件，一名师范生只有习得和形成良好的教师职业劳动素养，才能胜任未来复杂、多变和多面的教育教学工作。一般说来，教师职业劳动素养包括专业知识、专业技能和专业情感三个方面。

一、专业知识

教师专业知识是教师职业劳动素养和能力的核心，体现了教师区别于其他专业人士的职业特征，是"教师保障教学活动有效性的基本条件"[①]。教师专业知识主要包括通识性知识、所教学科知识和教育教学知识三个方面。

（一）通识性知识

教师是青少年成长的引导者与支持者，其自身的知识文化素养对学生

---

① 蒋茵：《教师专业知识：职前教师实践教学的基石》，《教育理论与实践》2021年第26期，第36页。

的成长发展具有直接且重要的影响。通识性知识作为教师必备的专业知识，能够帮助教师拓宽文化视野、丰富专业知识、提升教育教学水平。教师劳动的对象是有待进一步塑造的人，教学的根本任务在于立德树人。这要求教师拥有广博的通识性知识，丰厚的文化底蕴，能够掌握支持、引导、促进青少年成长和发展的策略与方法，并能在教育教学实践中融会贯通、灵活运用，以满足学生多方面的探索兴趣和多方面发展的需要，帮助学生了解丰富多彩的客观世界，帮助自己更好地理解所教学科知识与教育学科知识。

教师通识性知识主要包括四类：一是人文科技知识，即具有相应的自然科学和人文社会科学知识；二是国情知识，即了解中国教育基本情况；三是艺术知识，即具有相应的艺术欣赏和表现知识；四是教育技术知识，即具有适应教育教学内容、教学手段和教学方法的信息技术及应用的知识。

（二）所教学科知识

教师的学科知识对于形成教师的科学学科观念、构建良好的课堂教学和学生学习方式以及提升学生学习成就等方面都有着重要作用，对于我国课程教学改革具有促进作用。

教师劳动是一种复杂的、综合的、创造性的劳动。教师要有效完成教学任务，必须深入了解所教学科知识，具体包括三类：一是学科知识体系知识，即理解所教学科的知识体系、基本思想与方法；二是学科基本内容知识，即掌握学科内容的基本知识、原理与技能；三是学科联系知识，即清楚所教学科与其他学科、社会实践及共青团、少先队活动的联系等。对于今后从事教师职业的师范专业大学生，需要特别注意关于学科知识与其他学科及教育教学活动相联系的知识，这是解决当前师范毕业生因分科而产生的知识面狭窄问题的现实需要，更是未来培养全面发展的社会主义建设者和接班人的战略需要。

（三）教育教学知识

教师要成功扮演自己的角色，除了精通自己所教学科的知识体系与内容，还应该具备教育教学方面的知识，即关于如何教育教学的知识。教育教学知识是教师必须掌握的基本素养，也是教师提高教育教学质量的必要条件。

教育教学知识是教师必备的核心素养和技能，主要有教育学、心理学、教育法律法规、教育技术等方面的知识。第一，教育学知识是关于教育现象和教育规律的知识，包括教育学、教育社会学、课程与教学等方面的知识。教师需要通过学习相关的教育学知识，了解教育的本质和目的，掌握有效的教育方法和策略，提高教学效果。第二，心理学是研究人类行为和思维的学科，心理学知识主要包括儿童心理学、青少年心理学、认知心理学等方面的知识。教师掌握心理学相关知识，了解不同年龄阶段学生的心理特点和需求，能够为学生提供更为合适的教育与关怀。第三，教育法律法规知识主要包括教育法、教师法、未成年人保护法等方面的知识。教师了解并遵守相关教育法律法规，能够更好地保障学生的合法权益。第四，教育技术知识主要包括多媒体教学、网络教学、教育软件等方面的知识。教师需要掌握相关教育技术知识，了解并运用现代教育技术来提高教育教学效果。

二、专业技能

专业化的教师必须具备从事教育教学工作的基本技能和能力。教学技能指教师在教学过程中运用一定的专业知识和经验顺利完成某种教学任务的活动方式。教师的专业技能主要包括教师教学技巧和教师教学能力两个方面。[①]

（一）教师教学技巧

在教育学、心理学与学校教育教学理论的指导下，师范生以专业知识

---

① 教育部师范教育司:《教师专业化的理论与实践》(修订版)，人民教育出版社，2003，第58、62－63页。

为基础，掌握开展教育教学活动的基本要求，能够形成独立开展教学工作的基本技能，如教学设计技能、课堂教学技能、教学研究技能等。师范生走上教师工作岗位后，在教学实践中不断运用、改进自己以往获得的基本教学技能，进而形成教师的教学技巧。"教学技巧是教学技能发展的高级形态，反映了教师运用已有知识或经验来完成教学任务的熟练程度和水平。"① 教师运用教学技巧能够有效引导与支持学生的学习活动，调控课堂氛围与吸引学生的学习注意力，进而保证教学活动的顺利进行。

在教学过程中，教师经常需要的教学技巧主要包括②：

导入技巧。通过小故事、案例等唤起学生好奇心，激发学生学习兴趣。

强化技巧。适时对学生正确的学习行为给予反馈，如表扬、鼓励等。

变化刺激技巧。根据教学实际情况，调动学生多感官参与教学活动，采用提问、讨论、回答等多种方式刺激、维持学生学习注意力。

提问技巧。结合教学进程，适时合理提问学生，增强学生的学习参与程度。

分组活动技巧。根据学生性别、个性及学习情况合理分组，明确小组成员职责，确保每一个学生的活动参与权，引导学生构建合作公约等。

教学媒体运用技巧。根据教学需要，恰当、综合运用传统教具与现代化教学设备。

沟通与表达技巧。注意书面语言使用、口头语言表达与体态语言运用。

结束技巧。总结学生课堂学习情况，复述学习的重点，提出需要继续思考的问题。

延伸技巧。根据学生学习情况，指导学生完成作业，对学习有困难的

---

① 阮为文:《促进农村中学教师专业技能发展研究》,《教育导刊》2006 年第 3 期,第 41 页。
② 同①。

学生进行个别辅导。

（二）教师教学能力

教师教学能力是指教师在运用教学理论知识开展教学实践的过程中不断形成的稳固的、复杂的教学行为系统，是教师在教学活动过程中，为完成教学任务而必须具备的能力。优秀的教师所应具备的良好教学能力主要包括教学设计能力、教学实施能力及教学评价能力。

1. 教学设计能力

教学设计能力是教师课堂教学所需的基本能力，指教师在具备基本的专业知识和教学技能的基础上，能够综合运用专业知识、教育教学知识与技能，根据教学大纲要求对教学活动进行系统设计的能力。具体来说，教师教学设计能力包括掌握和运用教学大纲的能力，掌握和运用教材的能力，设计教学目的、任务及活动的能力，教学评价方案设计能力等。

2. 教学实施能力

教学实施能力是保证教师有效开展教学活动的关键能力，指教师有效地实施教学计划，并能根据实际情况对教学活动进行调整与控制的能力。教学实施能力主要包括教学活动导入能力，选择和运用教学方法能力，因材施教能力，课堂教学组织管理能力，运用各种教学技巧能力等。

3. 教学评价能力

教学评价能力是指教师在教学过程中收集资料，运用各种评价方法了解学生的学习状况，以判定教师是否完成了预定的教学目标，学生是否达到了预定的学习目标，从而根据反馈的信息来补救或改进教学工作的能力。教师教学评价能力包括设计评价教学方案能力，研发或选择评价工具能力、收集评价资料的能力，运用评价标准及工具开展评价能力以及反馈的能力等。

三、专业态度

教师专业态度对于提高教师教育教学活动质量、促进教师专业发展都具有十分重要的意义。教师专业态度是指教师专业行为的心理倾向，"是基于对所从事专业的价值、意义深刻理解的基础上，形成的奋斗不息、追求不止的一种精神"①，其主要包括专业理想、专业情操、专业性向、专业自我四个方面。

（一）专业理想

教师的专业理想是教师对成为一个成熟的教育教学专业工作者的向往与追求，它为教师提供了奋斗的目标，是推动教师专业发展的巨大动力。具有专业理想的教师对教学工作会产生强烈的认同感和投入感，愿意献身于教育事业。具有专业理想的教师对教学工作抱有强烈的承诺，他们致力于改善教育素质以满足社会对教育专业的期望，努力提高专业才能及专业服务水准，努力维护专业的荣誉、团结、形象等。② 教师树立崇高专业理想，必须能够了解教育发展形势，正确、深入理解教师职责与新时代教育教学活动的要求。如新时代要求教师立德树人，是教育教学方面的专家，而非"教书匠"；要求教师不仅是优秀的教学人员，还应该成为教育教学实践的研究者与反思者，更应该成为青少年灵魂的"优秀塑造者"③。

（二）专业情操

教师的专业情操是教师价值观形成的基础，是优秀教师个性形成的重要因素，标志着教师专业情意发展成熟。教师专业情操是指教师对教育教学工作带有理智性的价值评价的情感体验，其主要包括：理智情操，即由于对教育功能和作用的深刻认识而产生的光荣感与自豪感；道德情操，即

---

① 教育部师范教育司组织:《教师专业化的理论与实践》(修订版),人民教育出版社,2003,第64页。
② 同①。
③ 阮为文:《促进农村中学教师专业态度发展研究》,《中小学教师培训》2005年第5期,第38、39页。

由于对教师职业道德规范的认同而产生的责任感和义务感。①

教师需要提升自身的专业情操，首先，应加强教育理论学习，加深自己对教育地位、功能的认知，深刻理解教师工作对于学生发展、对于国家建设的重要意义，不断激发自己对教育工作的热爱。其次，应积极进行教师职业道德规范教育，增强自身的教师责任感与义务感，树立正确的学生观，更好地关爱学生，引导帮助学生健康全面快乐地成长。

（三）专业性向

教师的专业性向是指教师成功从事教学工作所应具有的人格特征，包括见识、献身精神、敏锐的洞察力和分析能力、独立性等。② 怎样的人具有适合教学工作的个性倾向呢？美国心理学家霍兰德认为，社会型劳动者喜欢从事为人服务和教育他人的工作，其个性适合做教师，因为他们热情慷慨，善于交际，关心他人，人际关系融洽。他们总在寻求与群众接触的机会，渴望发挥自己的社会作用。③

虽然教师专业性向在很大程度上属于"先存的教师特性"，不易受后天发展的影响，但只要经过长期的努力，如教师在教育教学工作中努力做到诚实正直、活泼开朗、耐心细致、善良宽容、勇敢顽强等，就可以使自身的教师专业性向不断完善。

（四）专业自我

教师的专业自我即自我意识或自我价值在教师专业素质的态度领域得到重视，其对教师的教育教学行为及工作效果具有显著影响。教师专业自我是教师个体对自身从事教育教学工作的感受、接纳及肯定的心理倾向，

---

① 教育部师范教育司组织:《教师专业化的理论与实践》(修订版)，人民教育出版社，2003，第64页。

② 阮为文:《促进农村中学教师专业态度发展研究》，《中小学教师培训》2005年第5期，第39—40页。

③ 教育部师范教育司:《教师专业化的理论与实践》(修订版)，人民教育出版社，2003，第65页。

主要包括以下六个方面:①

自我意象:回答了"作为一个教师,我是谁"的问题,可以体现在教师的一般自我描述中。

自我尊重:与自我意向紧密交织,是一种"评价性"的自我体验,即教师对自身专业行为与专业素质所做的个人评价。

工作动机:是促使人们进入教学职业、留在教学工作岗位的动机。

工作满意感:指教师对他们的满意度。

任务知觉:指教师对工作内容的理解。

未来前景:指教师对其职业生涯未来发展的期望。

提升教师的专业自我,首先,需要学校营造良好的尊师重教氛围,努力维护教师权益,尊重教师专业权利,激发教师专业自主性,引导教师专业发展,实现自我专业价值等。其次,需要教师加强自我教育与修养,能够针对自身在开展教育教学实践过程中存在的错误观念、不当行为及问题进行反思并积极改进,能够在教育教学活动中对自我情绪进行调整与控制,同时,能够在独立开展专业工作时进行自我监控,坚决不做违背教师专业的事情。

 思考题

1. 简述师范生一般劳动素养的内容。

2. 简述培养师范生一般劳动素养的意义。

3. 简述师范生专业劳动素养的内容。

4. 简述培养师范生专业劳动素养的意义。

---

① 教育部师范教育司:《教师专业化的理论与实践》(修订版),人民教育出版社,2003,第 66–67 页。

第六章　中小学劳动教育教学

广大教师要做学生锤炼品格的引路人，做学生学习知识的引路人，做学生创新思维的引路人，做学生奉献祖国的引路人。

——摘自习近平《在北京八一学校考察时的讲话》

（《人民日报》2016 年 9 月 10 日）

本章简介

本章主要向师范生介绍中小学劳动教育课程基本情况，中小学劳动教育课程设计、实施和评价的基本方法，中小学劳动教育课程资源开发的基本方法。

学习目标

1. 了解中小学劳动教育的基本概况。

2. 掌握中小学劳动教育课程设计和实施与评价的基本方法，能独立设计和开展中小学劳动教育课程教学。

3. 掌握中小学劳动教育课程资源开发的基本方法，能够广泛收集和利用各类课程资源。

在新时代背景下，"劳动教育既表达着教育促进学生全面发展的承诺，更肩负着实现国家教育理想、推进社会进步的责任。"①劳动教育课程是劳动教育活动的核心载体，其教学活动则是劳动教育课程的生动演绎。师范生不仅要有正确的劳动价值观、较高的劳动技能水平，还要有开展中小学劳动教育课程教学的能力。因此，师范生应结合自身专业特点，学习中小学劳动教育课程教学的相关理论知识、学会设计劳动教育课程教学方案、实施劳动教育课堂教学及评价、开发劳动教育课程教学资源等，为未来开展劳动教育课程教学奠定基础。

第一节　中小学劳动教育课程概述

2015 年 7 月，教育部、共青团中央、全国少工委联合印发《关于加强中小学劳动教育的意见》，明确提出"劳动教育是全面贯彻党的教育方针的基本要求，是实施素质教育的重要内容，是培育和践行社会主义核心价值观的有效途径"。2020 年 3 月 20 日，中共中央、国务院正式颁布《关于全面加强新时代大中小学劳动教育的意见》（以下简称《意见》），为新时代中小学开展劳动教育指明了方向。师范生作为未来基础教育事业的师资主体，有必要对中小学劳动教育的内涵、类型及实施策略进行系统了解。

一、中小学劳动教育内涵

新时期中小学劳动教育是"国民教育体系的重要内容，是学生成长的必要途径，具有树德、增智、强体、育美的综合育人价值"②，是一种基于劳动融通德智体美来促进人的全面发展的教育活动。

---

① 林克松、熊晴：《走向跨界融合：新时代劳动教育课程建设的价值、认识与实践》，《湖南师范大学教育科学学报》2020 年第 2 期，第 57 页。

② 余文森、殷世东：《新时代中小学劳动教育的内涵、类型与实施策略》，《全球教育展望》2020 年第 10 期，第 92 页。

（一）中小学劳动教育是基于劳动的教育

劳动创造了人类的生活世界，劳动是人类全部历史的基础，因此，劳动是劳动教育的基础，也是教育的最终目的。《意见》指出，新时期中小学劳动教育是一种"有目的、有计划地组织学生参加日常生活劳动、生产劳动和服务性劳动，让学生动手实践、出力流汗，接受锻炼、磨炼意志，培养学生正确劳动价值观和良好劳动品质"的教育活动。

劳动教育是通过劳动进行的教育，没有劳动就没有劳动教育，劳动成为劳动教育的必要条件，但是，有劳动未必有劳动教育，新时期中小学劳动教育关注劳动教育性与教育劳动性之间的相互融合。中小学生在劳动教育过程中感知、感悟、体验与实践，习得劳动技能，提升生存与发展所必需的劳动素养，最终实现自身的全面发展。

（二）中小学劳动教育是融通德智体美的相对独立教育

"劳动教育具有立德、益智、健体、育美等较为全面的教育功能。"[1]劳动教育既可以作为相对独立的教育形式，又可以成为实施德智体美各育的重要抓手，是"五育"得以融通的黏合剂，能够促进中小学生身心和谐发展。

首先，中小学劳动教育是一种相对独立的教育形态，它有自身独特的教育内容与教育形式、教育手段和教育目的。中小学劳动教育主要围绕社会生活生产活动、学科知识实践以及服务性活动等方面开展。中小学劳动教育开设场所相对广泛，既可以在校内，将劳动教育渗透于日常教育教学活动中，如开展校园卫生保洁与绿化美化，开发学校实验田进行农作物种植和动物养殖等；也可以在校外开展一定课时的工业生产、农业耕作以及服务行业实习等劳动实践；还可以组织学生参加某些社会公益劳动与志愿服务。总之是通过多种途径，培养中小学生自觉劳动、热爱劳动、勇于创造的劳动精神，为他们终身发展和幸福生活奠定基础。

---

① 檀传宝:《劳动教育的概念理解——如何认识劳动教育概念的基本内涵与基本特征》,《中国教育学刊》2019 年第 2 期,第 84 页。

其次，劳动教育与中小学其他各育联系密切，是有效开展德智体美各育的重要载体。在德育方面，热爱劳动是中华民族的传统美德，劳动教育能够帮助中小学生树立正确的劳动价值观；在智育方面，劳动教育能够传授劳动知识和技能；在美育方面，劳动教育过程就是创造美的过程；在体育方面，劳动教育能够帮助学生的身心得到锻炼，身体机能得到形成和增强。因此，劳动教育能将德智体美四育融合一体，共同促进中小学生身心素质的全面发展。

（三）中小学劳动教育是促进中小学生全面发展的教育

首先，中小学德育主要以"爱祖国、爱人民、爱劳动、爱科学、爱社会主义"为基本内容，进行社会主义公德教育、社会常识教育和文明行为习惯的养成教育。爱劳动是社会主义公民品德的重要内容，需要通过劳动教育来培养。劳动教育是立德树人的基础性教育。

其次，中小学劳动教育有利于培养学生的正确劳动态度、提高学生的劳动能力以及养成良好劳动习惯。劳动教育能够帮助中小学生树立正确的劳动价值观，在劳动教育中，中小学生认识到劳动的价值与意义，认识到是劳动创造了人本身与人类社会，继而崇尚劳动、尊重劳动、热爱劳动。同时，劳动教育能够将中小学生对学科知识的掌握与他们的生活世界联系起来，使他们意识到知识的价值，继而激发学习的主动性与积极性。劳动教育能够提高中小学生的责任感与意志力，养成勤俭、感恩、助人、自律自省等优良品质，最终实现健全学生人格、促进其身心全面发展的综合育人价值。

二、中小学劳动教育实施策略

为确保劳动教育在中小学校的常态、有序与有效开展，应进一步落实劳动教育课程化，开设劳动教育课程，同时，逐渐尝试将劳动教育与其他学科教育活动相融合。

（一）设置劳动教育课程

第一，各中小学校应重视劳动教育在中小学教育过程中的价值，根据学校发展实际情况，设置劳动教育课程，规定相应课时，并将劳动教育落实开展情况纳入学校评价体系。

第二，各中小学校根据国家劳动教育相关文件，结合学生年龄特征，系统规划，编制年级劳动教育目标，制订年级劳动课程计划、劳动课程标准和劳动课程方案，使各年级劳动教育内容丰富、有趣、开放，能够发挥学生自主性，各级内容相互衔接，呈阶梯性发展。

第三，在劳动教育课程具体课时安排方面，各中小学校既可单列劳动教育课时，也可将劳动教育与综合实践课程、地方课程及校本课程的课时合并。在劳动教育课程开展形式方面，在校内，可以通过组建兴趣小组、团队活动的形式；在校外，利用课外时间开展社会公益劳动、志愿服务活动。

第四，各中小学校应加强劳动教育督导，如，将学生参加劳动教育的态度、时间、感悟与成果等记入学生成长档案，并将其作为学生升学、评优的重要参考等。

（二）融合劳动教育与其他学科教育教学活动

新时期劳动教育不仅肩负着培养学生劳动素养的功能，还兼具"树德、增智、强体、育美"的综合育人功能。中小学劳动教育要实现其育人功能，需要与其他学科课程、各类教育活动课程进行深度融合。

第一，在学科课程教学中，中小学教师可以根据教学实际，将学科相关知识转化为劳动学习内容，增加学科课程教学活动的劳动实践性；中小学教师可以根据学科性质与内容，统筹安排教学内容，加强"五育融合"，将劳动教育融于学科教学过程中，如在中小学语文、历史等学科教学过程中，可以融合对劳动观念与劳动态度的培养，逐渐帮助学生树立正确的劳动观念和形成良好的劳动品格；在物理、化学、生物等学科教学过程中，中小学教师重视对学生劳动基础知识和基本技能的培养，继而为学生未来职业生涯打下一定的劳动基础。

第二，在学校教育活动中，中小学教师可以将个人劳动教育和集体劳动教育、校内劳动教育和校外劳动教育等多种劳动教育形式进行融合，逐渐构建起能够整合多种劳动教育内容的中小学劳动教育课程体系，促进学校劳动教育课程的常态化开展。如根据学校办学实际，可以开发校内劳动教育实验田、养殖园等劳动教育场所；根据学校所处社区情况，可以组织学生到养老院、博物馆等开展服务性劳动，也可以组织学生走向田间地头、走进工厂等生产劳动场地，进行体验性与探索性劳动等。

第二节　中小学劳动教育课程开发

党的十八大以来，习近平总书记多次强调劳动教育的重要性。2018 年 9 月 10 日，习近平总书记在全国教育大会上讲话指出："要在学生中弘扬劳动精神，教育引导学生崇尚劳动、尊重劳动，懂得劳动最光荣、劳动最崇高、劳动最伟大、劳动最美丽的道理，长大后能够辛勤劳动、诚实劳动、创造性劳动。"[①] 劳动教育课程应适应新时代发展要求，中小学教师研发创新劳动教育课程，成为当前开展劳动教育的重要内容。

一、劳动教育课程开发原则

（一）坚持因时因地制宜

首先，反映时代要求。伴随着全球信息化、人工智能化等的发展，劳动也产生了很多新的形态。中小学教师在新时代开展劳动教育，应全面认识与深入理解劳动观念、劳动知识与劳动能力，能够按照时代性要求设定劳动教育课程与教学目标，选择、构建出适宜发展学生劳动素养的劳动教育内容。

其次，体现地方特色。国家政策文件要求各级各类学校设置劳动教育必修课程。中小学教师应立足地方和学校实际，充分挖掘可以作为劳动教

---

① 习近平：《培养德智体美劳全面发展的社会主义建设者和接班人》，载《习近平著作选读》第 2 卷，人民出版社，2023，第 202 页。

育课程内容的资源，采取多样形式开展劳动教育。如乡村学校结合村落风土民俗等，提炼出劳动人民在劳动文化方面的价值性知识，并将其整合成具有乡土特色和涵养乡土文化的劳动课程；建立乡土特色劳动基地和场所，把农村种植、养殖基地等发展成为劳动教育的真实劳动场所，开发具有地方特色的农业劳动教育课程。

（二）强调劳动实践体验

劳动教育课程的开发要体现劳动的综合育人价值，仅依靠劳动知识的简单传递显然无法实现，还要强调学生关于劳动的切身感知与体验。动手实践应是学生在劳动教育课程中的主要学习方式。一方面，劳动教育课程开发应要求学生亲身参与劳动过程、践行体验式劳动学习，有助于教师指导学生通过体验式劳动、动手实践，掌握劳动知识，获得劳动技能，感悟劳动价值，形成劳动习惯与品质。另一方面，劳动教育作为一项复杂的综合教育活动，劳动也不是简单的体验活动，因此，中小学教师要避免把劳动教育视为一种简单的、体验性的体力劳动。可见，劳动教育课程开发应注重手脑并用，在劳动实践中达成对学生劳动观念、劳动态度、劳动习惯与品质等的培养，重点指向劳动教育活动所要培养的劳动素养目标。

（三）遵循教育教学规律

中小学教师开展劳动教育课程应遵循教育教学规律，结合不同学段学生的身心发展规律和特点，在课程形态、课程目标及课程内容等方面有所侧重。同时，中小学劳动教育课程又具有纵向阶段的系统性，因此，要求中小学教师在课程开发时，不仅要考虑劳动教育课程目标、内容等在各阶段的侧重点，又要注意把握不同学段的相互衔接。

首先，小学阶段主要以生活劳动为主要教育内容，主要目标是培养小学生的劳动意识和劳动习惯，使小学生能够感知劳动带来的乐趣，并逐渐体会到劳动是光荣的、是有价值的。其中，在小学低段，教师应着重培养小学生的自我服务意识，教导小学生掌握基本的生活自理技能；在小学中段，教师应引导小学生适当学习家务劳动，培养他们的服务意识；在小学高段，教师应指导小学生参与力所能及的公益性劳动，以发展他们服务社会的能力。

其次，中学阶段主要由生活劳动教育向生产劳动教育过渡，教师应帮助中学生逐步参与生产劳动，更多参加服务性劳动，在巩固以往家务劳动的基础上，提升更多劳动技能，培养吃苦耐劳的劳动品质与习惯等。

二、劳动教育课程目标设定

设定明确的课程目标是开发科学有效的劳动教育课程的先决条件，课程目标"直接作用于课程编制、课程内容确定、教学目标确立、学习活动实施和评价体系构建"[①]。课程目标"在整个课程中理所当然地居于'权威'的地位"[②]。师范生作为未来基础教育教师的预备者，需要对当前劳动教育课程理论研究和开发实践中关于劳动教育课程目标设计的现状有所了解，在此基础上，师范生要清晰认识新时代劳动教育的综合育人价值，同时，继承我国劳动教育优良传统，对劳动教育课程目标进行科学合理设定。

（一）劳动教育课程目标设计现状

近年来，一些青少年不珍惜劳动成果、不想劳动、不会劳动，劳动的独特育人价值在一定程度上被忽视，劳动教育正在被淡化。当前，中小学劳动教育课程目标设计还存在一些问题。

1. 劳动教育课程目标表述不完整

中小学劳动教育课程目标除了让学生学习和掌握基本劳动知识技能，更重要的在于让学生通过劳动学习与实践锻炼，领悟劳动的意义与价值，继而形成勤俭、奋斗、创新、奉献的劳动精神。因此，劳动观念、劳动能力、劳动精神、劳动习惯和劳动品质成为劳动教育课程目标的重要组成部分，它们是互相关联的整体存在。然而，当前中小学对劳动教育课程的开

---

① 康翠萍、龚洪：《新时代中小学劳动教育课程的价值旨归》，《教育研究与实验》2019年第6期，第72页。

② 吴康宁：《价值的定位与架构：课程目标的一种社会学释义》，《教育科学》2000年第4期，第24页。

发，还不能将以上劳动教育课程目标的各组成部分进行很好的融合，缺乏对新时代劳动教育课程目标的整体设计。

2. 劳动教育课程目标价值未体现

中小学劳动教育课程目标强调身心参与，注重手脑并用。当前劳动教育课程目标设计存在"泛化"与"异化"两种倾向，如侧重"劳动"而轻视"教育"，有劳动而无育人；更多看重形式而轻视内在实质，如有的将劳动教育课程与教学活动演变为一种惩罚手段、休闲方式以及才艺秀场等，严重违背了新时代劳动教育的理念与初衷。

3. 劳动教育课程目标创新性不足

中小学劳动教育课程目标应在继承我国劳动教育优良传统的基础上，尽力彰显时代特征。然而，现在有不少学校对培养具备实践创新、科学精神的创造性劳动者的要求领会还不够深入。如面对社会的信息化、网络化发展，一些中小学对与科技信息化相关的劳动素养关注还不够，在劳动教育课程目标设计上，对涉及信息化劳动技能的掌握与应用还显得不足，对凸显培养中小学生劳动素养的时代要求理解还相对浅显，创新性设计较为欠缺。

（二）劳动教育课程目标时代定位

近年来，党和国家高度重视大中小学劳动教育，将劳动教育纳入人才培养全过程。劳动教育对我国实现健全育人体系、厚植劳动情怀的教育目标具有重要意义。新时代劳动教育发展为新的教育领域，其课程目标具有明确的时代定位。以往学校教育存在重视智育而轻视劳育的突出问题。马克思主义"教劳结合"思想理论旨在解决教育与生产劳动相分离而产生的人发展不全面的问题，其蕴含着实现人的全面发展和社会全面进步的双重使命。因此，新时代劳动教育课程目标的设定，要摒弃有关劳动片面性的认识与做法，以马克思主义"教劳结合"思想为基础，坚持教育的劳动属性为根本遵循，传承与发展中国共产党在不同阶段的劳动教育实践经验，实现劳动教育课程的综合育人价值。

1. 坚持教育与生产劳动相结合理论

教育与生产劳动相结合理论产生于保护工人阶级孩童的受教育权利和为社会主义培养大工业生产所需劳动力，具有提升个体素质和促进社会发展的双重功能。教育与生产劳动相结合理论的最初目标是为了消灭旧分工，促进脑力劳动与体力劳动相结合，以实现人的全面发展。由此可见，教育与生产劳动相结合理论提倡通过劳动实践活动来促进人的全面发展，强调生产劳动应与知识学习、身体发展等相结合，这成为中小学教师在新时代设定劳动教育课程目标的应有之义。

2. 发展中国共产党劳动教育实践经验

在不同历史时期，党围绕当时的中心工作与奋斗目标，始终坚持劳动光荣、坚持教育的劳动属性、坚持教育与生产劳动相结合的理论。如，在新民主主义革命时期，党创办中国人民抗日军政大学，不仅肩负着抗日救亡时期的教育使命，而且教育学生开展生产劳动，既保障了战时物资的供应，又加强了青年学生劳动爱国的思想观念；在社会主义革命和建设时期，为了服务国家生存与发展需要，"爱劳动"被作为新中国国民必须遵守的公德之一；在改革开放和社会主义现代化建设新时期，劳动教育受到党和国家高度重视，不仅实现了从重视劳动实践到重视劳动教学与劳动实践的深刻转变，而且实现了劳动教育从重视服务集体到重视服务集体与发展个人相结合的积极发展。

进入新时代，劳动与创造创新相结合是时代与社会发展的必然趋势，因此，党在坚持教育与生产劳动相结合理论的基础上，不断发展与创新劳动教育，不仅重视教育学生积极参与社会实践与服务性劳动，增强学生了解社会与服务社会的责任感，而且更加重视劳动教育对学生创造创新素养的培养。

（三）劳动教育课程目标重新设定

劳动教育是以促进学生形成劳动价值观和养成良好劳动素养为目的的

教育活动。①根据《义务教育劳动课程标准（2022年版）》，劳动教育要培养学生的劳动素养主要包括：劳动观念、劳动能力、劳动精神、劳动习惯和品质，这成为新时代开发劳动教育课程的总体目标。

1. 树立正确的劳动观念

《大中小学劳动教育指导纲要（试行）》（以下简称《指导纲要》）指出："劳动是一切财富、价值的源泉，劳动者是国家的主人，一切劳动和劳动者都应该得到鼓励和尊重。"中小学劳动教育课程以帮助学生树立正确的劳动观念为总体目标。首先，劳动教育课程目标设定应能够支持学生崇尚劳动。热爱劳动、勤于劳动是根植于中华儿女内心深处的文化基因，劳动教育课程目标设定应继承、发扬我国的优秀传统，发挥劳动教育课程的独特育人功能，能够帮助学生规避好逸恶劳、贪图享乐的恶习。其次，劳动教育课程目标设定应能够教育学生尊重劳动者。劳动者虽有分工之别，但无贵贱之分，无论时代如何变化，劳动教育课程目标应该始终要求、教育学生尊重劳动者，增强学生对劳动人民的情感，使学生在未来自觉践行劳动活动的过程中成长为一名新时代的光荣劳动者。

当前，青少年群体中不珍惜劳动成果、不想劳动的现象屡有存在。苏霍姆林斯基在《给教师的建议》中讲道："只有通过有汗水、有老茧和疲乏的劳动，人的心灵才会变得敏感、温柔。通过劳动，人才具有用心灵去认识周围世界的能力"。因此，中小学教师需要运用"亲身实践"的劳动教育方式、"动"起来的劳动教育形式，在组织学生开展服务活动、日常生活劳动、职业体验活动等亲历实践中，引导他们崇尚劳动、尊重劳动，懂得劳动最光荣、劳动最崇高、劳动最伟大、劳动最美丽的道理，实现帮助学生树立正确劳动观念的劳动教育课程目标。

2. 形成必要的劳动能力

形成必要的劳动能力是构建中小学生劳动素养培养体系的主要着力

---

① 檀传宝:《劳动教育的概念理解——如何认识劳动教育概念的基本内涵与基本特征》,《中国教育学刊》2019年第2期,第82页。

点，是劳动者能否顺利完成相应劳动任务的重要保证，它是中小学劳动教育课程的主要目标。教师应在先进教学理念的引导下，结合学生生活实际，通过"学中做""做中学"等方式，提出具有一定新意、价值和深度的劳动现实问题，引导学生综合运用劳动相关知识技能分析与解决问题，不仅培养学生的基本劳动能力，更能强化学生的问题意识和研究意识，增强他们解决实际劳动问题的能力。学生必要的劳动能力可细分为三个维度。

（1）形成从事日常生活劳动的能力。教师以学生的个人生活事物为出发点，注重通过开展日常生活性劳动教育，提高学生的生活能力，引导学生养成良好的卫生习惯。在此方面，教师应有意识地发挥家校共同育人的作用，抓住日常生活中有关衣食住行等的劳动实践机会，引导学生将劳动作为日常学习生活不可或缺的一部分，帮助学生形成"自己的事情自己做，别人的事情帮助做，集体的事情争着做"的责任意识，培养学生感受参与日常生活劳动的获得感、成就感、价值感与幸福感。

（2）形成从事生产劳动的能力。习近平总书记强调：要"教育引导青少年树立以辛勤劳动为荣、以好逸恶劳为耻的劳动观，培养一代又一代热爱劳动、勤于劳动、善于劳动的高素质劳动者。"[①] 形成从事生产劳动的能力，主要指教师通过营造学生参与生产劳动的条件，引导、指导学生学习并实践生产劳动，逐渐形成从事生产劳动所必需的劳动知识、劳动技能及相关劳动品质等。在此方面，教师可以创造条件，让学生在工农业生产过程中亲身实践物质财富的创造过程，掌握基本的劳动技能，体会劳动人民的智慧、艰辛与伟大；组织、引导学生了解劳动的新形态，学习关于新形态劳动的知识与技术，尝试参与新形态劳动知识技能转化为社会效能的过程，培养学生创造性地解决实际问题的品质与能力。

（3）形成参与服务性劳动的能力。指教师通过组织、支持、引导学生

---

① 习近平：《在全国劳动模范和先进工作者表彰大会上的讲话》，人民出版社，2020，第6页。

利用所学知识与技能为他人和社会提供服务,以增强学生的社会责任感、服务意识以及参与服务性劳动的能力。在此方面,教师可以组织学生参加志愿活动,促进学生提升劳动技能,强化公共意识,发扬奉献精神。

3. 培养积极的劳动精神

培养学生勤俭、奋斗、创新、奉献的劳动精神是中小学劳动教育课程的重要目标。教师应注重培育学生的积极劳动精神,引导学生将劳动精神融入自身的成长成才过程中,教育学生将自己将来的劳动岗位视为创造人生价值的最佳舞台。

(1)努力劳动与享受幸福生活并存。习近平总书记指出:"幸福不会从天而降。人世间的一切成就、一切幸福都源于劳动和创造。"① 马克思主张将劳动复归于人的本质,实现努力劳动与享受生活的统一。因此,教师要教育学生,在今天这样一个千帆竞发、百舸争流的新时代,要更加珍惜劳动机会、更加努力投身劳动,才能真正体会到人生的价值与幸福。

(2)坚持勤俭节约与敬业奉献的优良传统。勤俭节约、敬业奉献是中华民族的传统美德,更是支撑中华民族生生不息、薪火相传的优良品质。教师应注意汲取中华传统文化中的积极劳动精神元素,教育学生从小勤俭节约、热爱劳动、敬业奉献等,帮助学生自觉抵制攀比享乐、拜金主义等错误思想,培养学生积极的劳动精神。

(3)弘扬开拓创新、砥砺奋进的时代精神。劳模精神是劳动教育视域下新时代劳动精神的集中体现,"是以爱国主义为核心的民族精神和以改革创新为核心的时代精神的生动体现,是鼓舞全党全国各族人民风雨无阻、勇敢前进的强大精神动力"②,是劳动精神在更高层次、更广范围的凸显。教师培育学生积极的劳动精神,需要组织学生认真学习劳动模范的先进事迹,将劳模精神的外在形态融入实实在在的劳动实践之中。

---

① 习近平:《在会见中国少年先锋队第七次全国代表大会代表时的讲话》,《人民日报》2015 年 6 月 2 日。

② 习近平:《在全国劳动模范和先进工作者表彰大会上的讲话》,人民出版社,2020,第 4 页。

4. 养成良好的劳动习惯和品质

良好的劳动习惯和品质是学生在树立正确的劳动观念、掌握相关劳动知识技能、形成积极的劳动精神基础上的更深层次的追求，主要包括诚实劳动、辛勤劳动以及创造性劳动。

（1）诚实劳动。诚实劳动体现了劳动的基本价值和获得社会认可的基本要求。一方面，教师应使学生明白，社会和人民会尊重与爱戴诚实的劳动者，诚实的劳动者往往能够从本心出发，竭尽全力、诚心诚意地做好自己的工作。另一方面，只有诚实劳动才能够创造物质价值和精神财富，才能实现个人要求生存和奉献社会的统一，才能够真正促进社会的进步与发展。

（2）辛勤劳动。劳动教育课程在教育学生诚实劳动的基础上，还要教育学生辛勤努力劳动，用辛勤劳动创造美好生活，用辛勤劳动建设我们的祖国、治理我们的社会。在此过程中，教师要引导学生在日常生活与学习中，应努力拼搏，争做新时代的优秀劳动者。

（3）创造性劳动。习近平总书记曾寄语青年："让创新成为青春远航的动力，让创业成为青春搏击的能量。"[①] 伴随着信息时代和知识经济的到来，为了适应新一轮产业和科技变革，新时代的劳动者应善于开展创造性劳动。劳动教育课程应及时更新劳动教育内容，并要求教师不断改进劳动教育方式，以培养新时代劳动者的创造创新能力。

三、劳动教育课程内容确定

劳动教育课程内容主要是指在新时代中小学劳动教育理念和课程目标引领下，教师针对不同学段、不同类型的学生特点，遵循一定的选择原则，进行统筹安排而形成类型丰富、结构合理、具有较强操作性的劳动教育课程内容体系。

---

① 习近平:《在知识分子、劳动模范、青年代表座谈会上的讲话》,人民出版社,2016,第12页。

（一）劳动教育课程内容类型

中小学劳动教育是一种教育性劳动，师范生深入了解劳动教育课程内容的类型，能够帮助其认识、选择与组织劳动教育课程的内容。根据《指导纲要》，中小学劳动教育课程内容主要分为日常生活劳动、生产劳动和服务性劳动三种类型。

1. 日常生活劳动

日常生活劳动是学生的自我服务性和生存性活动，是一种指向学生日常生活自理能力提升的教育活动。日常生活劳动的目的在于教会中小学生掌握基本的生活技能，养成勤劳朴实的生活习惯，提高生活自理与适应能力，具体包括清洁与卫生、整理与收纳、烹饪与营养、家用器具使用与维护四个主要任务群。按照日常生活劳动实施的场所不同，可以分为家务劳动和校务劳动两种类型。

（1）家务劳动。家庭是学生生长和生活的场所，家庭生活中蕴含着丰富的劳动教育资源，体现在学生生活起居的方方面面，家庭生活中也处处体现着劳动价值、家庭成员关于劳动的态度以及需要学生学习的劳动技能。因此，家庭是开展日常生活劳动教育的最重要场域，家务劳动成为对学生开展日常生活劳动教育的重要载体之一。教师应注重与家长合作，让家长成为学校开展劳动教育的合作者，注重抓住衣食住行等日常生活中的劳动实践机会，鼓励孩子自觉参与、自己动手，随时随地、坚持不懈进行劳动。

（2）校务劳动。校务劳动是教师对学生实施日常生活劳动教育的另一重要载体。学校拥有良好的劳动教育资源与环境，如劳动教育基地与场所、工具、器材等。教师应根据学校劳动教育的实际条件，为学生创造参与适宜校务劳动的机会，设置相应劳动任务，如，引导学生整理书桌、打扫教室卫生，鼓励学生主动参与学校生活服务和部分管理工作，提高学生劳动能力，让学生体会劳动带来的乐趣与幸福，养成热爱劳动、热爱生活的习惯。

2. 生产劳动

生产劳动是指教师组织学生亲身参与工农业生产相关劳动,学习生产工具相关知识与使用方法,掌握劳动技术,提升劳动能力,体验物质财富被创造的过程,获得从简单劳动到复杂劳动的成就感,逐渐形成乐于劳动、享受劳动的意识,树立起关于劳动的正确价值观念。著名的帕夫雷什中学主要通过生产劳动组织劳动教育,并取得了举世瞩目的劳动教育成果,它强调学校应"竭力使劳动在幼年时期就进入儿童的精神生活""分析我们周围生产环境中种种劳动过程,并从中找出某些东西来具体而又清晰易懂地向孩子们揭示劳动的社会意义和创造意义"。[①]生产劳动主要包括农业生产劳动、传统工艺制作、工业生产劳动、新技术体验与应用四个主要任务群。

在迅速发展的互联网和人工智能时代,社会对广大劳动者的需求呈现出显著的时代特征,"要求劳动者不仅具备专业技术能力,同时具备复合素质"[②],特别要求发展学生的科学劳动能力。为发展学生的科学劳动能力,教师在生产劳动中组织学校劳动教育内容,具体可以包括以下三个类型。

(1)科学劳动意识教育。新时代社会化生产需要劳动者具有基本的科学劳动意识。为了适应社会化经济发展,提高学生的科学劳动意识,教师应注重通过工农业生产活动与实践,强化科学劳动教育,在劳动教育课程内容中,融入物理、化学、生物等学科相关知识,加大动手操作技能、职业技能等的培养力度,帮助学生逐渐形成基础的科学与劳动意识。

(2)科学劳动知识教育。教师在组织学生参与生产劳动的过程中,应有意识地为学生选择现代信息技术、人工智能等方面的相关劳动内容或活动,在此过程中,引导学生认知、了解与应用现代信息技术、人工智能等方面的知识与技术,教育学生尊重科学技术、理解科学技术、投入科学研

---

① 苏霍姆林斯基:《帕夫雷什中学》,赵玮、王义高、蔡兴文、纪强译,教育科学出版社,1983,第363页。

② 曾天山、顾建军:《劳动教育论》,教育科学出版社,2020,第47页。

究，运用先进科学的劳动方式解决遇到的现实问题，逐渐掌握开展生产活动的科学方法和形成相应的思维能力。

（3）科学劳动精神教育。教师主要通过两种方式对学生开展科学劳动精神教育。一是教师提供与产业升级和生产活动能力提高相关的创新劳动知识及其应用机会，支持学生把科学技术融入自身的学习和生活中，在此过程中，引导学生体会、探究现代科学知识和科学方法所蕴含的核心理念与价值意义。二是教师通过学习各类生产劳动领域的科学家、劳动模范相关事迹，组织参观或参与相关科学劳动活动，引导学生学习科学家、劳动模范等追求真理的精神和献身科学的事业心，帮助学生树立科学的劳动精神。

3. 服务性劳动

服务性劳动是劳动教育的重要形式，主要指教师引导学生参与为他人、为社会服务的劳动实践，具有公益性特征，强调培养学生服务他人、服务社会的责任感。服务性劳动具有重要的育人功能，学生能够在参与服务性劳动中了解他人、了解社会，体验到为他人、为社会服务的快乐与幸福，体会到实现自我价值和社会价值的统一。服务性劳动主要包括现代服务业劳动、公益劳动与志愿服务两大任务群。

为了发挥服务性劳动的育人功能，教师通过服务性劳动形式实施学校劳动教育课程，需要调动家庭、企业、社区、社会多方力量，整合相应的劳动教育内容，主要包括校内公益活动、社会公益劳动和国家公益行动三种类型。

（1）校内公益劳动。教师通过组织校内的各项公益劳动，如，校园卫生保洁和绿化活动，劳动相关兴趣小组、社团、俱乐部等活动，以培养学生运用所学知识与技能为师生提供服务、主动参与学校公共活动的习惯等。

（2）社会公益劳动。教师可结合当地劳动特点，与村委会、社区、博物馆、工厂等开展合作，组织学生参加农业生产、社区服务、车间体验、工厂实习等义务劳动实践。同时，教师可利用本地的劳动教育实践基地、综合实践基地和其他社会资源，与学校的研学旅行、团队日活动和社会实践活动等有机结合，以培养学生的服务意识与奉献精神。

（3）国家公益劳动。教师根据学生身心发展程度与实际需要，鼓励和支持学生以不同形式参与救助受灾群众、救济贫困人士、扶助残障人士等活动，并引导学生在为他人和社会服务的劳动实践中，不断提升自身的服务意识，领悟个人劳动价值与社会文明发展的辩证关系，树立做德智体美劳全面发展的时代新人的目标。

（二）劳动教育课程内容选择

劳动教育内容极其丰富，对劳动教育内容进行选择是确定学校劳动教育课程内容的重要工作。教育内容选择是"根据特定的教育价值观及相应的课程目标从学科知识、当代社会生活经验或学习者的经验中选择课程要素的过程"①。教师在选择中小学劳动教育课程内容的过程中，应以促进学生全面发展为目标，立足学生身心发展情况，根据新时代劳动教育课程的目标要求，对劳动教育课程内容中包含的劳动知识、劳动技能、劳动方法以及劳动价值观等做出合理的抉择，将延续传统劳动美德、改造过时劳动内容和引入新劳动内容相结合，将规定性必修内容、选择性必修内容、开放性选修内容、非规定性内容相结合，为后续建构出理念先进、内容丰富、形式多样的劳动教育课程内容体系打好基础。

1. 以促进人的全面发展为主要目的

在网络化、数字化、智能化的信息时代，劳动教育课程内容的选择应以促进新时代中小学生全面发展为主要目的，应能够引导中小学生在处理人与自然、人与社会、人与自身的关系中实现劳动能力、社会关系及个性自由的全面发展。

（1）促进中小学生全面提升劳动能力。面对当前不少中小学生劳动意识淡薄、缺少基本的生活自理能力等问题，教师选择学校劳动教育课程内容应注重有利于实现"手脑并用"，使中小学生在参与劳动活动过程中获

---

① 张华：《论课程选择的基本取向》，《外国教育资料》1999 年第 5 期，第 31 页。

得劳动能力的全面提升。

（2）帮助中小学生创建良好社会关系。中小学生作为信息化时代的土著居民，有部分学生习惯于沉浸在网络社会中的虚拟世界，存在着真实社会交往缺失的问题。教师选择学校劳动教育课程内容应注重扬长避短，在发挥信息技术优势如信息搜索、合作交流等的同时，应注意引导中小学生进入真实的劳动世界，使他们在开展劳动实践中学会沟通协作，创建良好的社会关系。

（3）支持中小学生个性自由发展。当前中小学生面临学习压力大，容易产生心理压抑、思维固化等问题。教师选择劳动教育课程内容，应能够引导中小学生在劳动实践中体验自我生命存在的价值和乐趣，在参与劳动活动的过程体验中展现个人辛勤、坚持劳动的意志，在劳动成果分享中感悟自我价值的实现，使中小学生在劳动中实现个性自由的发展。

2. 以培育马克思主义劳动观为意识形态指向

《指导纲要》指出，中小学劳动教育课程"必须将马克思主义劳动观贯彻始终"。劳动教育是新时代德智体美劳育人体系的重要组成部分。中小学劳动教育课程不仅需要教育学生掌握基本的劳动知识和技能，养成相关劳动习惯和品质，更需要引导其形成科学的马克思主义劳动观。针对当前劳动价值被虚化、劳动伦理被消解、劳动观念不断扭曲、劳动意识日渐淡漠的现象，教师选择学校劳动教育课程内容时，应注重坚守马克思主义劳动观的意识形态本位，坚守科学理性和政治理性，选择能够向学生传播和培育正确的劳动价值观、劳动主体观、劳动过程观和劳动关系观的劳动教育内容。

3. 以学生认知规律和接受程度为立足点

在不同的年龄阶段，学生的认知规律和接受程度存在着差异。教师选择中小学劳动教育内容，应综合考虑学生的年龄特征、认知规律和接受特点，选择不同的劳动教育内容，确保各学段有侧重而又相互衔接。一般而言，小学劳动教育重在塑造小学生的劳动习惯，发展小学生的生活自理能力，引导小学生做好个人卫生，分担一些简单的家务，适当参加一些社会公益劳动等。中学劳动教育重在强化中学生的劳动能力，培养中学生自立自强的劳动品质，引导中学生学习基本的劳动知识和技能，适当参加生产劳动，参与社区服务等。

4. 以新时代劳动新形态与学生新特点为突破点

（1）关注劳动新形态。劳动形态随着社会进步不断迭代和更替，步入新时代，劳动与科学技术的联系日益紧密，体力劳动与脑力劳动逐渐走向深度融合，出现了数字劳动、智能劳动、公益劳动、服务产业劳动等新形态。新时代劳动形态的变化深刻影响着劳动教育的发展，教师选择劳动教育内容应注重适应科技发展和产业变革，针对劳动新形态，注重新兴技术支撑和社会服务新变化。

（2）适应中小学生时代特点。中小学生身处信息化、全球化、网络化的社会发展过程中，其社会化过程表现出鲜明的时代特殊性，其中，在思想认知上，他们具有包容开放的价值观和思想方式；在行为生活上，有些中小学生表现出好逸恶劳、渴望不劳而获、盲目消费、商品拜物教等不良现象。针对以上中小学生的时代特点，教师应科学合理选择劳动教育课程内容，注重选择能够促进中小学生形成正确世界观、人生观和价值观的劳动内容。

（三）劳动教育课程内容安排

教师在统筹安排劳动教育课程内容时，应因地因时制宜，主要根据学生年龄特征、阶段性教育要求，与学生实际生活相结合，从横向和纵向上科学、有序地设置劳动教育课程内容。

1. 横向融合

（1）以劳动必修课形式组织劳动教育课程内容。《指导纲要》要求，中小学劳动教育课程平均每周不少于 1 课时。教师可以面向全体学生开设劳动必修课，在劳动教育课程中融入德育、智育、体育、美育相关内容，主要形式包括活动策划、技能指导、练习实践、总结交流等。教师也可以将劳动教育与综合实践活动、通用技术课程等整合实施，如综合实践活动的社会服务、设计制作、职业体验等内容，通用技术的工业、农业、现代服务业等内容，以及中华优秀传统文化、生产劳动等内容，都可以成为劳动教育课程内容。

（2）以劳动选修课形式组织劳动教育课程内容。《指导纲要》规定，中小学每周课外活动和家庭生活中的劳动时间，小学 1 至 2 年级不少于 2 小时，其他年级不少于 3 小时，中小学每学年设立劳动周。针对这一规定，教师可以通过劳动教育选修课形式，根据学生兴趣爱好及学习需求，挖掘各学科课程教学中隐性的劳动教育内容，探索劳动教育与德育、美育、体育、学科课程等方面的融合，如定期组织学习家务劳动、了解世界和劳动发展历史、学习劳动模范先进事迹、创新劳动工具与技术、养成良好劳动意识与习惯、实施日常生活劳动技能教育、组织劳动技能比赛、分享劳动收获等，具体形式包括专题讲座、主题演讲、劳动技能竞赛、劳动成果展示、劳动项目实践等。

劳动教育必修课与劳动教育选修课是相互关联、相辅相成的关系，必修课是为开展选修课进行的知识与能力准备，选修课是必修课的真实实践和拓展延伸，二者的充分融合对于理论联系实际、沟通校园学习与校外生活、发挥劳动教育课程的综合育人价值具有重要意义。

2. 纵向进阶

各学段劳动教育课程内容体现出从易到难、从简单到复杂、从单项到综合的各有侧重又相互衔接的逐阶递进关系。总体来看，小学 1—2 年级是劳动教育的启蒙阶段，3—6 年级是劳动教育的实践体验以及行为习惯养成阶段，中学阶段是劳动教育的拓展和实践探索以及习惯巩固阶段。

（1）小学低年级阶段。小学低年级要注重培养学生的劳动意识，使学生懂得人人都需要劳动，能够感知劳动带来的乐趣，继而珍惜劳动成果。小学低年级劳动教育课程内容主要包括做好个人卫生、整理清洁物品、美化环境、手工制作等。其中，在做好个人卫生方面，包括剪指甲、洗澡、整理仪表等；在整理清洁物品方面，包括擦桌子、扫地、整理书包、鞋柜等；在美化环境方面，包括打扫卫生、布置教室等；在手工制作方面，包括制作小风车、小扇子、简易小汽车等。

（2）小学中高年级阶段。小学中高年级主要以家务劳动两种形式开展劳动教育，引导学生体会劳动是光荣而伟大的，教育学生要尊重每一位劳动者，帮助学生初步养成热爱劳动、热爱生活的态度。小学中高年级劳动教育课程内容主要包括整理清洁物品、美化校园环境、手工制作、美食烹饪、种植养殖以及社会服务等。其中，在个人卫生方面，包括清洗书包、鞋子等；在美化环境方面，包括打扫房间、收拾厨房、学习插花艺术等；在手工制作方面，包括编制"中国结"、修补物品、拼装书柜等；在美食烹饪方面，包括制作蜂蜜柠檬水、番茄炒年糕、包饺子包子、制作大盘鸡等；在种植养殖方面，包括种植花草、麦子、养蚕等；在社会服务方面，包括争做优秀讲解员、参与社区垃圾分类活动、关爱孤寡老人等。在整理清洁物品方面，包括整理书桌、文具、清洗书包等；在美化环境方面，包括布置教室、参与校园绿化活动，如植树、种花、浇水、修剪，打扫房间、收拾厨房等；在手工制作方面，可以通过劳动技术课，教会学生制作手工艺品，如编织"中国结"，修补物品，拼装书柜等。

（3）初中阶段。初中阶段的劳动教育课程内容要兼顾家政学习、校内外生产劳动及服务性劳动，帮助学生开展职业启蒙教育，体会劳动创造美好生活，引导学生养成认真负责、吃苦耐劳的劳动品质和安全意识，增强公共服务意识和担当精神。初中阶段的劳动教育课程内容主要包括家政、手工、烹饪、木工、园艺等，位于山地、丘陵地区的学校，还可以安排石工类、山水文化类等劳动教育内容。

（3）高中阶段。普通高中阶段劳动教育课程内容，注重围绕丰富职业体验，开展服务性劳动和生产劳动，使学生熟练掌握一定劳动技能，理解劳动创造价值，接受锻炼、磨炼意志，具有劳动自立意识和主动服务他人、服务社会的情怀。

第三节　中小学劳动教育课程教学实施

中小学劳动教育课程实施对劳动教育的实效具有关键性影响，是完成劳动教育课程目标的基本途径，主要是指教师对中小学劳动教育课程进行规范、科学的教学设计与实施的过程。

一、劳动教育课程教学目标设计

劳动教育课程教学目标是中小学劳动教育课程开展教学活动的出发点和落脚点，是审视劳动教育课程教学过程的标准，也是评价劳动教育课程教学成效的依据。因此，教师设计劳动教育课程教学目标显得尤为重要。《指导纲要》强调，新时代劳动教育的总体目标是准确把握社会主义建设者和接班人的劳动精神面貌、劳动价值取向和劳动技能水平的培养要求，全面提高学生劳动素养，使学生树立正确的劳动观念，具备必备的劳动能力，培育积极的劳动精神，养成良好的劳动习惯和品质。教师在设计劳动教育课程教学目标时，应注意把握以下三点：

一是培养学生劳动素养。劳动教育课程教学目标设计不仅要求学生掌握生活技能、了解生产技术知识以及懂得相关劳动技能，更为重要的是，应要求学生通过动手实践、出力流汗等，接受锻炼、磨炼意志，以此培养学生正确的劳动价值观和良好的劳动品质与习惯等。

二是符合学生身心发展特点。劳动教育课程教学目标设计应以学生的身心发展和能力水平为基础，以确保教学目标设计的实效性和方向性，继而确保劳动教育教学活动的顺利实施。

三是明确目标设计与表述。劳动教育课程教学目标设计与表述应该具体、详细，不能过于抽象和笼统，以确保劳动教育课程后续教学活动的合理安排、实施与评价。

基于此，教师应以全面提高学生素养为教学目标，结合学生实际及具体劳动主题或劳动项目，将劳动教育课程教学目标设计为具体、可操作的教学目标，具体包括劳动观念目标、劳动能力目标、劳动精神目标、劳动习惯和品质目标。

（一）劳动观念

教师从劳动观念维度设计劳动教育课程教学目标，主要围绕中小学生关于劳动、劳动者及劳动成果等方面的认知和总体看法，以及在此基础上形成的基本劳动态度与情感而展开。具体表现为，要求学生通过参加日常生活劳动、生产劳动和服务性劳动等，懂得崇尚劳动、尊重劳动者及珍惜劳动成果，形成对自身、学校及社会负责任的态度和公德意识。

教师应密切联系学生现实生活，挖掘学生在家庭、学校及社会生活中的劳动教育素材，结合相关劳动知识，将劳动教育与知识学习、劳动实践与劳动观念培养融为一体，设计劳动教育课程教学活动。如，"社区垃圾我分类"劳动主题活动，就是通过设计学生主动参与设计社区的分类回收垃圾箱、制作公益广告牌、讲解社区垃圾分类知识等活动，激发学生热爱社区，增强学生自主参与劳动的意识和社会责任感，传递社会主义核心价值观。[①]

（二）劳动能力

教师设计劳动能力维度目标，应注重与学生年龄及生理特点相适应，如要求学生通过劳动实践掌握的日常生活基本劳动知识和技能、具备正确使用常用劳动工具以及处理生活基本事物的能力，应该提升智力及创造力与实践创新创造能力。

教师在劳动教育课程教学目标的劳动能力维度目标设计过程中，可根据劳动教育课程教学活动主题和学生成长需要，将劳动能力目标设计为了解劳动基本知识、掌握劳动基本技能等。如在"我是扫地小能手"劳动主题活动中，教师可将劳动能力目标描述为：了解扫把的产生、制作方法与程序；能够正确使用扫把；掌握扫地顺序及用力技巧等。

（三）劳动精神

教师设计劳动精神维度目标，应注意把握劳动精神是在培养学生劳动观念、劳动能力、劳动习惯和品质的过程中逐渐形成与发展的关于劳动的信念信仰与人格特质，主要指学生对劳动价值与意义的认识；继承勤俭节约、敬业奉献的优良传统；感知爱岗敬业、甘于奉献的劳模精神；具备开

---

① 李臣之、黄春青：《新时代劳动教育课程设计与实施》，广东教育出版社，2022，第129页。

拓创新、砥砺奋进的时代精神，百折不挠、艰苦奋斗的革命精神以及精益求精、追求卓越的工匠精神等。

教师在实施劳动教育课程教学时，应注重通过劳动产品的价值、劳动人民开展劳动过程的不易以及其中体现出的劳动精神等，帮助学生感知劳动者敬业奉献的精神，激发学生开拓创新的时代意识，培育学生积极的劳动情感。如在"小小皮影我来做"劳动教育主题活动中，教师引导学生通过了解皮影工艺的发展、艺术特色等，认识到陕西皮影是一项有着悠久历史的民间手工艺，了解到每一个精致的皮影都蕴含着皮影手工大师的心血与对非遗文化的传承。教师可将该劳动教育主题活动的劳动精神目标设计为：了解皮影制作方法及皮影的艺术价值；感受皮影非遗大师的事迹及成就，体会榜样的劳动精神；尝试设计制作一个创意皮影，培养学生的劳动创新创造能力。

（四）劳动习惯和品质

教师设计劳动教育课程教学目标的劳动习惯和品质维度目标，主要是指通过组织引导学生参与经常性劳动活动，帮助学生逐渐形成安全规范劳动、坚持劳动的习惯，养成自觉自愿、认真负责、诚实守信、吃苦耐劳、团结合作、珍惜劳动成果等品质。

教师在劳动教育课程教学目标的劳动能力维度目标设计过程中，可通过对劳动活动开展的系统性与连续性进行描述，在此基础上明确培养学生的具体劳动习惯，引导学生体验劳动过程的精细与严谨，了解相应劳动过程中的安全问题，同时，体会劳动过程的不易与艰辛，逐渐培养学生的劳动安全规范、珍惜劳动成果等优秀劳动品质。如在"我是优秀打饭师"劳动教育主题活动中，让学生了解给同学们盛饭、盛菜的数量与质量，应不多不少恰到好处，同时，也不能将饭菜撒出来；让学生注意到在盛饭菜的过程中，不能烫伤或者磕碰到自己；让学生体会食堂师傅每日为同学们服务的不易，懂得体谅他人等。针对这个主题活动，劳动习惯和品质目标可设计为：懂得盛饭盛菜劳动技巧，能够在日常生活中自己盛饭盛菜，养成帮助父母干力所能及劳动的良好习惯；注意盛饭盛菜过程中的安全问题，维护自身及他人安全；理解劳动的不易与艰辛，能够珍惜劳动成果，懂得尊重他人，逐渐形成良好的劳动习惯与劳动品质。

二、劳动教育课程教学方式介绍

"教学方式从整体上考量教学过程，对教学活动进行全局性的统筹规划，内在地规定着教学活动的质量和水平。"[①] 新时代劳动教育课程教学是在教育教学场域中发生的劳动过程，是人全面发展的有机组成部分，具有育人性、实践性、过程性、综合性及协同性等特征，因此，教师开展劳动教育课程教学应加强与自然、社会、生活及学生职业世界的联系，改变以往以讲授为主的教学方式，注重发挥学生学习主体和教师主导的双主体作用。新时代劳动教育课程的教学方式主要包括项目式教学、探究式教学、问题式教学等。

（一）劳动教育课程的项目式教学

1. 定义

项目式教学以杜威（John Dewey）的"做中学"实用主义教学理念与库珀（David Kolb）的体验式学习理论为理论基础，旨在通过现实世界中的真实问题激发学生的兴趣，并引起其深度思考，学生在解决问题的过程中形成对知识技能的掌握以及使高阶思维能力等得到提升。[②]

劳动教育课程的项目式教学主要是指教师根据劳动教育课程教学主题，创设劳动任务或驱动性问题，引导学生运用劳动相关知识，在分析并解决任务或问题的过程中，逐渐形成劳动观念、劳动能力、劳动习惯和品质以及劳动精神等。

劳动教育课程的项目式教学以帮助学生生成劳动知识，培养动手操作能力、生活实践能力、与人合作交流能力等为目标，强调引导学生深度参

---

① 李森、王天平：《论教学方式及其变革的文化机理》，《教育研究》2010 年第 12 期，第 66 页。

② 赵永生、刘霁、赵春梅：《高阶思维能力与项目式教学》，《高等工程教育研究》2019 年第 6 期，第 146 – 147 页。

与有意义的劳动实践活动，注重通过自主学习与小组协作等方式，分析、解决劳动任务，关注整个劳动实践过程，重视对学生参与劳动实践活动开展形成性评价与总结性评价相结合。

2. 特征

项目式教学与劳动教育课程教学具有天然联系，项目式教学具有整合性、实践性及创新性等特点，是开展劳动教育课程教学的重要且有效的教学方式。

（1）注重劳动教育开展的理论与实践相结合。劳动教育课程的项目式教学能够改变传统劳动教育教学中理论教学与实践教学相分离的格局，将劳动知识技能与劳动实践进行有机结合，以调动并发掘学生的劳动创造潜能，它要求学生在解决真实的有价值的劳动实践任务中，掌握知识，形成技能，培养品质。

（2）强调劳动教育开展的真实性情境。真实、具体的劳动情境是劳动教育课程开展项目式教学的关键要素之一。真实性是学生持续接受劳动教育、参与劳动实践的动力，项目式教学能够对学生劳动情境与任务进行恰当融通，有效激发学生参与劳动学习的积极性。教师通过创设真实的劳动探索或生活情境，还原劳动知识技能产生的背景，引导学生参与日常生活劳动、生产劳动以及服务性劳动，能够支持学生劳动素养的培养有效落地。

（3）支持劳动教育与其他学科之间的融合。"单一形态的劳动教育实践难以承载新时期劳动教育功能的实现。"① 劳动教育课程"要在新时代实现新发展，需要在知识融合的视角上实现劳动教育课程的重新整合。"② 劳动教育课程的项目式教学能够将劳动知识、技能等与学生的不同具体学科相融合，以实现其综合育人功能。

---

① 班建武:《"新"劳动教育的内涵特征与实践路径》,《教育研究》2019 年第 1 期,第 25 页。

② 林克松、熊晴:《走向跨界融合:新时代劳动教育课程建设的价值、认识与实践》,《湖南师范大学教育科学学报》2020 年第 2 期,第 59 - 60 页。

（4）强调学生在劳动活动中的团队协同。劳动教育课程的项目式教学以解决真实的劳动问题或完成劳动项目为目标，具有一定挑战性，强调以团队协作的方式开展，其中必然会涉及团队成员之间协作与分工的沟通互动，也会涉及对劳动活动实施方案的探讨与经验分享等，能够让学生深刻认识到劳动实践过程中团队合作的意义与价值，进而有效培育学生劳动实践沟通能力与融入社会的劳动合作精神等。

3. 实施流程

劳动教育课程项目式教学的实施流程主要包括：驱动性问题设计、制订教学方案、劳动实践探究、成果交流分享及反馈评价。教师可根据实际情况对劳动教育课程进行创新设计与有效教学。

（1）选择确定项目。教师根据劳动教育课程教学目标，结合学生学习生活的实际情况，选择确定既可以巩固相关劳动知识技能，又可以锻炼学生劳动能力、形成学生劳动习惯和品质以及劳动精神的项目。教师还应注意，选择确定的劳动教育课程项目应难度适中，是学生通过努力能够完成的项目，还要能够促进学生团队合作，以此培养学生与他人合作的能力。

（2）制订教学方案。首先，合理分组。教师引导学生根据项目任务分组，指定或民主评选小组的项目负责人，由项目负责人对项目的具体开展进行整体部署。其次，确定项目实施方案。在教师协助下，项目负责人组织小组成员集体讨论，鼓励学生发表意见并整理，制订出整体实施方案。

（3）劳动探究实践。首先，学生根据项目任务，广泛收集劳动教育课程项目的相关资料，结合资料学习、思考及探究，并做好劳动探究实践过程中的记录。在此过程中，教师应做好引导与支持。其次，学生结合劳动探究的实际情况，对整个劳动过程进行总结与回顾，盘点劳动收获与经验，发现不足与问题，以改善劳动实践效果，提升自身劳动素养。

（4）成果交流分享。教师可组织各项目小组以照片、视频、图画或参观劳动成果等多种形式，进行项目成果交流分享。其他组同学和教师根据项目完成、汇报情况进行提问、反馈等，以达到相互借鉴、进一步学习的目的。

（5）反馈评价。教师组织学生、其他教师、家长等多主体参与评价，运用过程性评价与结果性评价相结合的方式，对劳动教育课程的项目式教学效果进行评价，如通过学生自评发现自身劳动过程的不足并思考改进，通过小组互评与教师、家长等评价来开发学生思维，培养学生合作交流能力、批判能力及分析解决问题能力等综合劳动素养。

（二）劳动教育课程的探究式教学

1. 定义

劳动教育课程的探究式教学是指教师将探究式教学方式融入劳动教育课程教学中，教师引导学生对真实情境中的劳动任务或问题进行分析与探究，学生在此过程中使自己的劳动意志得到磨炼，获得创造性劳动体验，并提高自身解决问题的能力。学生在"解决问题的过程中始终表达对生活的思考、对问题的探索、对行动的规划、对方案的践行调整等"[①]。

2. 特征

（1）重视培养学生的劳动素养。劳动教育课程的探究式教学旨在培养学生的新时代劳动素养，强调将劳动知识学习与解决问题实践进行融通。在教师引导下，由学生自身提出或发现生活中的劳动问题，综合运用相关劳动知识与技能等对问题进行分析、探究、解决甚至创新，在此过程中，学生的劳动素养得到培养、核心素养得到全面提升。

（2）强调培养学生的研究精神。探究式学习与劳动教育都以研究性为生长点和突破点，进而达成目标且提升品质。劳动教育课程的探究式教学通过学生的发现、思考、质疑、提出方案、实施、检验等活动，使学生在解决劳动问题的过程中，不仅关注学生对劳动相关知识与技能的掌握，而且更加重视发展学生勇于探究、敢于质疑和科学理性的研究精神。

（3）注重形成学生的劳动自主性。劳动教育课程的探究式教学注重学生运用积极主动的个体劳动实践来解决问题，它要求学生利用自身知识经

---

① 李晓燕:《融通综合实践活动课"研究性理念"开发劳动教育课的实践探索》,《教育科学论坛》2021 年第 17 期,第 47 页。

验提出或发现劳动问题，并通过自己的独立思考对劳动问题进行分析与解决，做到知行合一、手脑并用。学生通过自己积极主动的探究活动最终达到对劳动价值与意义的理解。

3. 实施流程

《指导纲要》指出，劳动教育应与学生的个人生活、校园生活和社会生活进行紧密结合，以丰富学生劳动体验、提高学生劳动能力、深化学生对劳动价值的理解。劳动教育课程的探究式教学要求学生在教师的有效指导下，能够主动发现、积极参与、乐于探究生产生活中的劳动问题，并在此过程中自主获取劳动知识、提升劳动能力、形成劳动情感与品质。教师可以参照以下程序对劳动教育课程进行探究式教学设计与实施：

（1）提出劳动任务或问题。教师引导帮助学生发现生产生活中存在的劳动问题，并以此作为劳动教育课程探究式教学的起点。这里的劳动问题必须是与学生学习或生活密切联系的，以此激发学生的好奇心与探究欲望；教师能够确保问题有不止一种解决方式，以激发学生讨论，进而引起学生进一步思考；还必须符合学生身心发展阶段，不宜过难或过易。

（2）探究解决劳动问题。首先，教师引导学生对劳动问题进行讨论与分析。对于小学生而言，还需要教师搭建分析"支架"，即提供必要的子问题、相关资料等来引导小学生分析与理解问题。其次，教师指导学生组建探究合作小组。各探究合作小组根据要解决的劳动任务，讨论需要自主探究与小组合作探究的子任务。最后，小组成员共同制订探究计划。根据劳动合作与自主探究的具体情况，查阅相关资料，学习劳动相关知识与技能；实施劳动活动，并根据探究进展情况，不断调整探究计划，直至最终完成劳动探究任务。

在学生探究解决劳动问题的过程中，学生是学习、探究的主体，教师的主要作用在于引导与指导，对于"学生能独立思考的，教师不提示；学生能独立操作的，教师不替代；学生能独立解决的，教师不示范"[①]，教师

---

① 王方林：《"探究式"教学的实施过程》，《中国教育学刊》2009 年第 8 期，第 70 页。

只在必要时给予支持与帮助，或者引导学生尝试与专业人员交流沟通。

（3）展示劳动探究成果。教师指导、支持学生布置劳动成果展示场地，恰当运用视频、图片、实物等展示劳动探究过程，如个人自主探究过程及阶段性成果、小组合作情况、集中突破情境及最终劳动成果等，同时，引导学生在全班展示他们的劳动学习与实践成果、劳动感悟等。在此过程中，教师应了解并把握成功展示的六个特征：学生会生成手工作品以证明任务已经完成；学生会公开介绍他们的作品，并解释他们的思维活动；学生会回答来自教师和同伴的质疑；教师会根据学生的作品介绍确定学习；教师会以学生的解释为基础，引导反思性思考；教师会用标准调节学生的解释和介绍。①

（4）评价反思总结。首先，在评价方面，教师应根据情况需要，组织多元主体参与评价，如小组之间展开互评、教师、家长及其他专业人员给予客观公正评价；应注意评价内容全面与突出重点相结合，既关注对学生劳动知识、劳动技能及劳动态度、品质等的评价，也能够根据情况对某一方面进行专门评价。其次，在反思总结方面，教师可采用课堂交流、集体反思、小组加工等方式，引导学生反思自己的劳动学习与实践活动。在此方面，教师应注意把握有效反思的主要特征：教师会引导一个对学习情节的集体描述；教师会收集资料，了解学生的个人看法；教师会指出重要观点和普遍存在的错误想法；学生会单独考虑自己的思维活动；有关学生思维活动的记录可以为学习提供支持材料；学生会在学习情节结束后重新审视自身的思维活动。②

（三）劳动教育课程的问题式教学

1. 定义

问题式教学是指教师围绕具体问题组织教与学活动的情境化教学方

---

① 加侬、柯蕾：《建构主义学习设计：标准化教学的关键问题》，宋玲译，中国轻工业出版社，2008，第 158 页。

② 加侬、柯蕾：《建构主义学习设计：标准化教学的关键问题》，宋玲译，中国轻工业出版社，2008，第 184 页。

式，这种方式格外强调理解或解决一个问题的教学过程，其具有问题建构性与知识发生性等特点。

劳动教育课程的问题式教学是指教师以学生日常生产与生活中的问题为起点，有目的地创设真实劳动情境，全方位融合劳动教育课程的教学目标和教学内容等，引导学生在劳动过程中分析问题和收集资料、开展自主学习和小组讨论、持续地解决问题的教学方式。问题式教学有利于打破学科界限，统整各科课程目标，衔接学科与生活，在一系列有组织、有设计的活动推进过程中，实现了问题的解决。①

2. 特征

（1）重视培养学生的问题意识与解决问题的能力。劳动教育课程的问题式教学以与学生实际生活密切的问题为教学起点，能够激发学生劳动的积极性。学生在解决劳动问题的过程中，一方面需要分析问题，通过主动学习不断生成知识，继而解决问题；另一方面，学生在解决劳动问题的过程中，使自身的劳动能力得到提高，劳动知识与技能得到掌握，体会到了劳动的价值，这些将有利于养成学生的良好劳动品质，更为关键的是，学生的问题意识得到了增强，分析问题、解决问题等核心能力得到了提高。

（2）强调问题情境的创设。"问题情境是指与学生所学内容相适切的、包含问题的生动'事件'。"② 劳动教育课程的问题式教学要求提前营造以问题为中心的劳动教育情境，它能将学生带入一种能够意识到劳动目的但不知如何达到的心理困境，以此激发学生参与劳动学习的兴趣。这里的问题情境可以是吸引学生探究的劳动素材，也可以是一些劳动现象，至于具体的解决问题的方法、知识、材料等，则主要由学生进一步搜索、提取与整合。

（3）注重培养面向未来的劳动者。在以问题为起点的学习中，学生从

---

① 陈爱萍、黄甫全:《问题式学习的内涵、特征与策略》,《教育科学研究》2008 年第 1 期,第 39、40 页。

② 王志勇:《高中地理"问题式"教学中问题设计的三环节》,《教学与管理》2018 年第 28 期,第 65 页。

发现、探索问题开始，主动建构知识，获取技能和经验，手脑并用，在劳动中体验解决问题的全过程，使得自身的自主探究、综合分析等解决问题的关键能力得到培养。①劳动教育课程的问题式教学以生产生活中的劳动问题为起点，通过连接劳动知识内容与真实生活，旨在培养面向未来的劳动价值观正确、劳动知识丰富、劳动技能过硬的劳动者。

3. 实施流程

劳动教育课程的问题式教学主要包括创设问题情境、提出并分析问题、寻找解决方案、展示总结评价四个环节。

（1）创设问题情境。第一，教师创设劳动问题情境应密切联系劳动教育课程标准与内容，充分考虑学生的认知水平及原有知识基础。第二，教师应注意创设与学生生活情境相关的劳动问题情境。劳动问题情境与学生真实生活相联系，能够使学生意识到劳动知识的真实生活价值，能够激发学生的好奇心与求知欲。第三，教师应注意创设开放式的劳动问题情境。开放式劳动问题情境通常具有多个认知冲突点，学生能够在劳动问题解决的过程中，围绕某个具体情境进行思考，同时，学生又能根据自身情况将个人兴趣与相关知识与生活实践等相融合。第四，教师应注意创设具有全程性的劳动问题情境。全程性的问题情境不仅能够激发学生在劳动活动开展之初的探究欲望，而且能够牵引学生对整个劳动学习与实践活动的积极参与。

（2）提出并分析问题。教师给学生展示提前创设的劳动问题情境，并以此激发学生参与劳动学习的兴趣。但由于劳动问题情境是开放的、非良构的，因此，还需要教师引导、组织学生对展示的劳动问题情境进行讨论，进一步聚焦并确定需要真正解决的劳动问题。这里需要注意，教师引导学生提出并解决的劳动问题应符合学生的最近发展区。教师可以尝试以下三种做法：第一，创设一个包含某个核心问题的劳动情境，再将核心问

---

① 王小洁：《小种植园里的大乾坤——基于种植课程的劳动教育路径探索》，《考试周刊》2021 年第 46 期，第 18 页。

题划分为若干个相互联系的子问题。纵向问题之间层层深入，横向问题之间相互联系、环环相扣，这些问题既需要学生逐个突破，也是学生探究解决劳动问题的支架。第二，创设一个包含多个劳动问题的大情境，以劳动任务清单的方式提出对应问题的要求，以此引导学生逐个突破。第三，创设一个并列多个劳动问题的大情境，在每个情境背景下则包含多个相关主题的小问题。

（3）寻找解决方案。教师引导学生寻找解决方案，应注意根据实际情况，充分发挥学生的主体地位，综合运用自主学习、合作学习及探究学习等方式。第一，教师根据学生性格特点、兴趣爱好及心理需求，将学生合理分组，同时，综合劳动教育开展情况，及时调整小组结构，使学生发挥团结一致的精神品格，通过自身努力获得集体荣誉感。在此基础上，小组成员集体讨论确定小组合作与个人独立完成的劳动任务。第二，教师引导项目小组开展头脑风暴，分析问题的解决方案并不断完善，同时，教师应注意观察，小组成员是否会因为自身的局限性，而使方案存在一定的偏差。因此，在小组探究的过程中，还需要发挥教师的引导与指导作用，使问题的解决方案逐渐得到优化。第三，在学生个人自主学习与小组合作探究劳动问题的过程中，教师应注意不做过多引导，以确保学生的自主学习与合作探究具有价值和意义；应注意让每一个学生都能参与劳动合作探究的全过程；教师还应注意在劳动合作探究过程中，给学生留有个人独立思考的时间与空间。

（4）展示总结评价。教师在劳动教育课程教学结束时，应注意采用思维导图、口语报告、填写表格等方式，对问题解决过程中的劳动知识、劳动收获及劳动感悟等进行总结和梳理；引导学生对劳动教育课程实施中面临的问题或困惑进行反思与改进等；不仅对学生解决劳动问题的效果进行总结性评价，更要对学生在解决劳动问题过程中表现的劳动态度与品质以及劳动知识应用和技能掌握情况进行过程性评价。

三、劳动教育课程教学活动实施

教师主要围绕劳动教育课程教学目标和内容实施劳动教育课程教学活

动，主要包括教学活动实施、教学活动设计、教学活动介绍、教学活动交流与反思四个环节。

（一）劳动教育课程教学活动实施要求

劳动教育课程的教学实施是学校实施劳动教育的关键环节。教师在设计和开展劳动教育课程教学过程中，应注意把握以下四个要求：

1. 把握新时代劳动教育核心理念

新时代劳动教育倡导围绕劳动教育主题，通过设计制造、职业体验、社会服务等多种方式开展劳动实践活动，学生在探究中开展劳动，在劳动过程中实现创造。把握新时代劳动教育核心理念，教师在劳动教育课程教学过程中，应注重培养学生分析问题、解决问题的能力，引导学生树立正确的劳动价值观；注重引导学生深刻体验劳动过程的艰辛与快乐，鼓励学生在掌握劳动能力的基础上，尝试新方法，探索新技术，培养学生的创新创造能力。

2. 注重新时代劳动教育价值取向

新时代劳动教育旨在培养学生劳动素养，强调在劳动教育开展过程中，引导学生树立正确的劳动观念、具备必要的劳动能力、培育积极的劳动精神、养成良好的劳动习惯和品质。教师不应过分关注劳动知识和技能的教学训练，而应更多关注学生正确劳动价值观的形成与优秀劳动品质的培养，帮助学生真正树立尊重劳动、崇尚劳动、热爱劳动的意识。

3. 坚持劳动知识理论与实践相结合

新时代劳动教育课程教学应坚持理论与实践相结合，其实施重点是在学生系统学习文化知识之外，有目的、有计划地组织学生参加日常生活劳动、生产劳动和服务性劳动，让学生动手实践、出力流汗，接受锻炼、磨炼意志，培养学生正确的劳动价值观和良好劳动品质。

4. 确保劳动教育课程教学过程安全

任何生产生活劳动都可能伴生不同程度与类型的劳动安全问题，造成人员伤害及财产损失等，因此，安全教育是劳动教育课程教学的必要内容。教师在劳动教育课程教学过程中，应注意根据学生的身心健康情况，合理安排劳动强度和劳动时长；增强学生的劳动安全意识，认真排查各种劳动安全隐患，指引、告知学生可能出现的劳动安全问题，维护学生在劳动过程中的身心安全。

（二）劳动教育课程教学活动设计

劳动教育课程教学活动设计是指教师对劳动教育课程内容进行分析，结合学生身心发展及生活实际，运用系统方法对劳动教育课程教学的主题、场所及具体活动等进行设计的过程。

1. 劳动教育课程教学活动主题设计

教师根据学生身心发展的实际情况以及劳动教育课程的实施内容，精心选择设计适当的劳动教学活动主题。教师设计劳动教学活动主题，一是需要权衡能否达到帮助学生动手实践、出力流汗的目的，也就是劳动教学活动应确保适应学生身心发展，达到合适的量；二是需要学生动手动脑，强调学生综合运用劳动知识与技能分析、解决劳动问题，在这个过程中，达到培养学生劳动素养的目的；三是劳动教学活动主题能够涵盖相关劳动知识与技能，也就是在对劳动知识和技能进行项目组合的基础上，结合学生发展和实际生活，设计出劳动教学活动主题。

2. 劳动教育课程教学活动场所选择

教师应以安全、规范、合适为原则，针对不同劳动主题活动与学生年龄特点选择满足条件的劳动场所。在小学阶段，主要以家庭、学校等劳动实践场地为主要劳动场所，如家庭生活空间、学校综合实践活动室、校园小农田、生物角等，同时，教师可根据劳动活动主题与当地社区、村委会开展小学生劳动教育合作。在初中阶段，教师可根据劳动主题活动需要，适当增加校外劳动内容，选择开展生产活动等体验类劳动场所，如工厂车间、田间地头等。在高中阶段，教师可组织学生到学农实践基地、学工实践基地等开展服务性劳动。

3. 劳动教育课程教学具体活动设计

活动是劳动教育课程教学的子单元，是教师根据教学目标和教学主题而确定的达到教学目标的系列子任务或活动。这就要求教师对该主题的劳动活动进行整体规划，具体包括：一是需要考虑所需人力、物力、时间、技术条件及工具材料等；二是需要考虑各个具体劳动活动的操作流程、实施方式，思考教师与学生之间、学生与学生之间的任务分工；三是需要考虑小组合作劳动中各个成员的劳动分工及合作内容，明确活动阶段性劳动成果的形式和要求。

（三）劳动教育课程教学活动介绍

《指导纲要》指出，教师应"围绕劳动为什么、是什么问题，有重点地进行讲解，让学生懂得劳动的意义和价值"。教师在组织学生开展劳动教育课程教学活动时，应首先采用适宜的教学方法，对劳动教育教学活动及所涉及的劳动知识、技能进行介绍，引导学生形成正确的劳动观念。

1. 培养正确劳动观念

教师通过案例分析、知识讲授等方式，让学生明白人类参与劳动的原因，体会劳动创造价值、劳动创造美好生活的道理，懂得劳动的价值和意义，使学生自觉认同不同岗位劳动者的职业及社会价值，尊重劳动人民，并愿意积极参与劳动教学活动。

2. 介绍劳动知识与技能

教师帮助学生了解即将参加的劳动教育教学活动所需知识与技能，懂得相关劳动安全注意事项等，这是劳动教育教学活动顺利开展的基本前提。首先，教师应对与劳动教育教学活动密切相关的劳动知识和技能进行详细介绍，主要包括劳动工具功能、使用方法，劳动材料分类、选用原则，参与劳动教育教学活动所需技术、采用方法等。同时，教师应重点强调劳动教学活动所涉及的安全注重事项，如劳动工具的规范使用。此外，《指导纲要》指出，新时代劳动教育应处理好劳动的传统形态与新形态之间的关系，因此，教师在劳动教育教学活动的开展过程中，应注意兼顾传统技艺和新型劳动形态，如在开展传统劳动活动中，引进信息技术、互联网等现代科学技术。

3. 采用适宜介绍方法

教师在介绍劳动活动时，应尊重学生的学习主体地位，充分考虑学生的身心发展程度及规律，合理设计对劳动教学活动的介绍，如"以问题激发探索欲望，以示范展示劳动之美，以互动拉近师生关系，以案例展现现实冲突，以榜样激发劳动热情"[1]，帮助学生掌握的劳动知识与技能，引导学生树立正确的劳动观念，形成积极劳动态度。

（四）劳动教育课程教学活动实施

"劳动品质是一定社会的劳动原则和规范在个人劳动行为中的体现，是个体的劳动认知经劳动情感和劳动意志的中介作用后，外化为劳动行为的结果。"[2] 在劳动教育课程教学活动实施阶段，教师应重点关注培养学生劳动品质，如规范设计劳动流程和步骤，强调劳动操作的规范意识；关注劳动质量，提醒学生注意劳动操作细节，精益求精，避免因粗心大意而造成的劳动质量欠佳。

1. 教师劳动操作示范

教师在劳动教育课程教学活动中进行规范的劳动操作示范与指导，这是提高学生劳动学习效率与质量的重要保障。教师通过规范的劳动技能示范，帮助学生掌握劳动活动的技能与方法，为后续学生亲自参与劳动实践打下基础。在这个环节，要求教师掌握劳动教学活动所需要的相关劳动知识与技能，做到提前准备、规范劳动操作时序；强调教师采用现场示范、视频展示等方式，让学生清晰、直观地了解、掌握规范的劳动操作。

2. 学生劳动实践操作

教师指导学生进行劳动技能方法练习，帮助学生了解劳动活动所需的相关劳动技巧，这是学生开展真实劳动实践活动的重要基础。教师可根据教学实际，创设真实劳动情境，选择问题探究法、案例分析法或示范带学等适宜的教学方式，帮助学生参与劳动技能技巧的学习与练习。在此过程中，教师主要通过集中指导和个别指导的方式，帮助学生顺利开展劳动实

---

[1] 李臣之、黄春青：《新时代劳动教育课程设计与实施》，广东教育出版社，2022，第133页。

[2] 曲霞：《劳动价值观培养视域下的劳动技术教育课程重构》，《上海课程教学研究》2021年第3期，第4页。

践。集中指导就是教师针对学生劳动实践过程中的共性问题，适时开展集中辅导。个别指导就是教师关注学生的劳动情况，对学生不当操作等行为给予个别指导和帮助。

（五）劳动教育课程教学活动交流与反思

教师组织学生对劳动教育课程教学成果进行展示与交流，对整个教学过程开展反思，是围绕劳动价值意义进行建构，引导学生总结、交流，帮助学生形成反思交流习惯的重要环节，具体包括劳动成果展示、劳动成果交流、劳动过程反思改进三个步骤。

1. 劳动成果展示

首先，教师组织劳动教育课程教学活动成果展示，可以通过两种方式进行：一是开展全校性劳动成果交流展示活动，如组织劳动图片展览、劳动技能展示、劳动竞赛活动、劳动专题活动展览会等；二是开展班级劳动成果交流展示，如小组成果汇报、劳动感悟演讲比赛、劳动技能展示等。其次，在劳动成果展示流程方面，教师协调安排技术设备、汇报流程等，通过微视频、劳动图片等向学生展示劳动片段及活动，引导学生对整个劳动过程进行回顾。在此基础上，教师组织学生以小组或以班级为单位，借助现代信息技术工具，通过实物、视频或图片等进行劳动成果展示。

2. 劳动成果交流

针对学生劳动成果展示情况，教师组织学生分享、交流劳动心得体会，引导学生发现其他同学劳动成果的优点与不足，并尝试提出改进建议。在此基础上，坚持客观公正原则，教师组织学生评选出劳动活动中的优秀成果或个人、小组、班级等，并注重发挥劳动榜样的激励与引领作用，鼓励学生学习他人的优良劳动品质。

3. 劳动过程反思改进

教师根据劳动成果展示与交流情况，组织并引导学生从三个方面对劳动过程进行反思与改进：一是引导学生个体对自身的劳动知识与技能掌握情况等进行反思，寻找不足，并明确改进方法；二是引导学生合作小组对劳动活动设计方案、小组分工合作等情况进行反思，发现问题，并探寻改进方法；三是教师对劳动教育课程教学设计、实施、成果展示等开展全过程反思，发现不足与问题，并积极寻找改进与提高的办法。在对劳动过程进行反思改进的基础上，教师还要重视通过组织学生撰写心得体会，对劳动过程、成果等进行再认识，对劳动创造美好生活等劳动价值观、劳动体验以及如何劳动等劳动经验进行再次梳理与更新，完成对学生劳动价值观的重构过程。

第四节　中小学劳动教育课程教学评价

教学评价是开展劳动教育课程教学活动的"指挥棒"，对引导劳动教育课程教学目标达成和实施、提升学生劳动素养具有重要意义。

一、劳动教育课程教学评价原则

劳动教育课程教学评价的主要作用之一是检验劳动教育课程教学是否实现了培养学生劳动知识、劳动技能和劳动素质的目标。教师制订清晰的劳动教育课程教学评价指标，对于评价效果具有重要影响。在实施劳动教育课程教学评价时，教师应将抽象的、难以把握和测量的劳动教育评价内容清晰化，如可具体化为劳动表现、劳动行为、劳动习惯等，使评价内容清晰明确、简繁适中、可感可知、可评可测。教师开展劳动教育课程教学评价，需要遵循以下四个原则：

（一）以提升学生劳动素养为本

新时代背景下的劳动教育，既不同于传统的以掌握劳动知识、习得劳动技能为核心的素质教育，也有别于单一化、简单化的劳动生产实践，而是"以提升学生劳动素养的方式促进学生全面发展的教育活动"[1]。以往劳

---

[1] 檀传宝：《劳动教育的概念理解——如何认识劳动教育概念的基本内涵与基本特征》，《中国教育学刊》2019 年第 2 期，第 84 页。

动教育课程教学评价更多是对于学生应具备的劳动知识、劳动能力等的评价，而对学生的劳动价值观、劳动精神、劳动品质等关注不够，这使得劳动教育的综合育人价值没有被完全体现。在新时代，教师对劳动教育课程教学进行评价，应以提升学生劳动素养为本，充分发挥劳动教育课程教学评价，促进学生自我完善和全面发展的重要价值。

（二）组织多元主体参与评价

劳动教育课程教学评价主体应包括学校、学生、家庭和其他社会力量等，各方通过对话、合作、协商等方式，对劳动教育教学活动开展评价。教师引导学生针对劳动教育实践过程中的认识、体验、感悟等开展自我评价，促进学生开展自我总结与反思，提升劳动素养。同时，教师根据实际需要，灵活组织劳动合作小组成员、其他教师、家长甚至劳动相关领域专家，共同参与劳动教育活动评价，以激发学生参与劳动的兴趣，提升劳动育人实效。

（三）开展全过程评价

劳动教育课程教学评价不仅关注劳动目标是否有效达成，更关注劳动教学活动的动态劳动过程。中共中央、国务院印发的《深化新时代教育评价改革总体方案》指出，劳动教育评价要"加强过程性评价，将参与劳动教育课程学习和实践情况纳入学生综合素质档案"，这对于纠正以往劳动教育课程教学评价更关注结果性评价，而忽视过程性评价的不当做法具有重要意义。具体表现为，在实施劳动教育课程教学过程中，教师结合过程性评价和结果性评价，综合考量学生在劳动学习与实践过程中的平时与阶段性表现，如采用学生劳动素养提升记录单等形式，对学生劳动教育情况进行及时、全面的跟踪、观察、反馈。

（四）坚持质性评价和量化评价相结合

劳动教育课程教学评价的目的在于立德树人，促进学生全面发展。单纯依靠质性评价或量化评价方法，难以满足劳动教育课程教学评价既关注学生劳动知识、劳动技能的掌握情况，又关注学生劳动观念、劳动精神的培育情况的目标要求，也就很难全面反映劳动教育课程教学的综合育人目标的达成情况。因此，教师在开展劳动教育课程教学评价时，应注重质性评价与量化评价的结合应用。其中，采用量化评价方法能够对学生劳动知识、技能获取情况进行客观的评价分析，采用质性评价方法则能够对学生的劳动精神、劳动价值观、劳动品质进行深入刻画。

二、劳动教育课程教学评价要点

劳动教育课程教学评价的重点，在于教师采用科学、合理的评价方法，帮助和指导学生提升劳动素养，其强调达成性评价而不是比较性评价，因此，需要教师明确学生需要达成的具体劳动效果，如劳动状态、劳动体验、劳动素养目标达成度等；关注学生参与劳动学习与实践全过程的收获；注重学生个体的正确价值观形成、优秀劳动品质与劳动习惯培养以及劳动知识技能的学习进步等。教师开展劳动教育课程教学评价是确保劳动教育课程教学有效实施的关键，具体包括以下四个要点。

（一）制订劳动教育课程教学评价标准

教师制订劳动教育课程教学评价标准，应结合学校人才培养目标要求和劳动教育课程教学具体实践，构建以提升学生劳动素养为核心的，即包括劳动知识、劳动价值观、劳动态度、劳动情感、劳动能力、劳动创造等在内的多维劳动学习成果及其操作性指标。其中，将多维劳动学习成果描述、分解成具体的可操作性指标，即将劳动教育应当培养学生劳动知识、劳动价值观、劳动态度、劳动情感、劳动能力、劳动创造等劳动素养，要具体化为可供观察与测评的指标，这是教师制订劳动教育课程教学评价标准的难点。

针对以上难点，教师可通过与学校管理者、教师同行、劳动教育相关领域专业人士等开展合作，对劳动教育课程教学取得学习成果、实现程度及科学评价方式等进行共同探究。如劳动价值观可以被描述为学生能够端正劳动态度，增强热爱劳动的深厚情感，树立正确的劳动价值观。具体操作性指标可以包括：认同劳动的崇高性，尊重劳动者，爱惜劳动成果，节约劳动资料；体验劳动过程的快乐和收获劳动成果的喜悦，在情感上形成劳动的荣耀感、自豪感；科学认知劳动的价值，将"劳动最光荣、劳动最崇高、劳动最伟大、劳动最美丽"的劳动价值观作为人生信条；具备主动劳动的意识，在劳动中能够坚持不懈，不怕苦不怕累等。①

（二）开发劳动教育课程教学评价工具

教师要根据前期制订的评价标准做好顶层设计，分别设计、制作出适用不同评价主体、不同劳动教学阶段的教学评价工具。如，针对劳动教育课程教学中要求学生掌握的劳动知识、技能等方面，教师可通过编制测试卷等量化评价方式进行评价；针对学生劳动学习成果展示，教师可通过开发劳动学习活动方案评价表进行评价；针对学生劳动学习过程评价，教师可根据评价指标，设计制订学生劳动学习过程记录表；针对学生、小组、家长及领域专家等不同主体参与评价，教师可设计制订学生自我评价表、组内评价表、家长或领域专家评价表等评价工具。

（三）前置劳动教育课程教学评价要求

劳动教育课程教学成果不仅包括学生了解与掌握的相关劳动知识和技能，还包括通过劳动学习与实践而内化到学生心灵深处的劳动价值观、劳动情感、劳动精神、劳动习惯等。为使其他教师、学生、管理人员等评价主体对于劳动教育课程教学所应达成目标和应取得的预期成果具有相对一致的理解，教师可在劳动教育课程教学活动开始之前，与学生、其他教师等共同探究劳动教育课程教学评价要求。

（四）实施劳动教育课程教学评价

教师在学生参与劳动学习与实践的过程中，不仅应注意通过评价学生完成具体劳动任务来体现学生对所学劳动知识的掌握情况、对劳动技能的运用能力和劳动素养的提高，还应关注到学生个体差异，如采用学生等级发展程度对其进行纵向评价。教师根据教学内容和目标，组织校内教师、学生本人、同学、家长等多元主体，运用评价工具并结合多样化的评价方

---

① 李鹏：《劳动教育评价的价值意蕴与优化路径》，《湖北社会科学》2022 年第 8 期，第 151－152 页。

法，如测试、谈话、作业、实操、劳动总结等，全方位评价学生劳动素养提升情况。在评价结果呈现方面，教师应注意兼顾量化（分数、等级）和质化（文字描述、具体建议）的呈现形式，适当采用报告、实践展示等方式，呈现学生不同方面的潜质。

第五节　中小学劳动教育课程教学资源开发

新时代劳动教育的价值与意义已经在政策理论及实践层面获得了高度认同，中小学劳动教育实践必将进入新的发展阶段。中小学校贯彻落实《意见》精神，切实推进劳动教育，就需要加紧劳动教育资源的研发。中小学校研发劳动教育课程教学资源，需要首先明确劳动教育课程教学资源的研发目标，在此基础上，了解劳动教育课程教学资源都包括哪些类型，继而针对不同类型资源进行开发。

一、劳动教育课程教学资源开发目标

中小学劳动教育课程教学资源开发要始终围绕劳动教育目标进行，只有如此，才能确保开发的劳动教育资源不偏离方向，避免将劳动资源与劳动教育资源相混淆。因此，中小学教师在开发劳动教育资源的过程中，要深刻理解与把握劳动教育目标。

《意见》指出，中小学劳动教育总体目标是"通过劳动教育，使学生能够理解和形成马克思主义劳动观，牢固树立劳动最光荣、劳动最崇高、劳动最伟大、劳动最美丽的观念；体会劳动创造美好生活，体认劳动不分贵贱，热爱劳动，尊重普通劳动者，培养勤俭、奋斗、创新、奉献的劳动精神；具备满足生存发展需要的基本劳动能力，形成良好劳动习惯"。由此可以看出，中小学劳动教育总体目标主要包括劳动思想观念、劳动情感态度、劳动能力习惯三个维度。其中，劳动思想观念主要指学生对劳动功能与意义的认识，其目标在于培养学生具有正确的劳动观念；劳动情感态度主要指学生对劳动的态度以及对社会劳动关系的价值判断,其目标在于培养学生具有积极的劳动价值观及劳动精神;劳动能力习惯是指学生获得的动手实践能力,其目标主要在于提升与学生生存相关的基础劳动能力,使学生养成良好的劳动品质与习惯。

劳动思想观念、劳动情感态度更多属于观念意识方面的劳动素养培养,是学生对劳动、劳动者以及劳动产品等进行价值判断时所具有的基本立场与原则,是学生世界观和价值观的反映,这是劳动教育的重要育人目标。针对这一方面的劳动教育课程教学资源研发,中小学教师需要关注有利于使学生产生情感共鸣、增强学生劳动认同感、形成学生观念意识方面的劳动素养的劳动资源。

劳动能力习惯目标则属于学生实践方面的劳动素养,主要体现在学生的劳动实践过程之中。在此需强调的是,培养学生的劳动能力,主要是指与学生的生存发展相关的基本劳动能力,并不是培养学生某一种精深的职业性劳动技能。针对这方面的劳动教育课程教学资源开发,中小学教师需要关注的是能够培养学生基本的通用劳动能力的劳动教育资源,避免过分关注职业化劳动资源,以实现培养学生劳动能力习惯的目标。

二、劳动教育课程教学资源研发类型

(一)劳动者劳动资源

中小学教师在开发劳动教育课程教学资源时,不能只看到物的资源而看不见人的资源,必须高度重视劳动者作为劳动教育课程教学资源的独特与重要价值。劳动者既是客观的生产要素,又是具有主观能动性的劳动主体,能够自我规划与把握劳动实践活动的目标与结果。劳动者身上蕴含着丰富的劳动教育课程教学资源,如劳动经历、劳动态度、劳动精神等,就是生动的劳动教育资源。

1. 教师自身

教师不仅是劳动教育课程教学资源开发的关键主体,而且其本身就是重要的劳动教育课程教学资源。教师可以结合自身劳动实践、专业特点及劳动兴趣爱好等，将自己的劳动态度、劳动观点、劳动习惯等转化为劳动教育课程教学资源，渗透到日常的教育教学活动中，提升学生劳动素养。

2. 学生家长

家长与中小学生具有内在的、天然的亲和力，他们对学校劳动教育的支持成为中小学校开展劳动教育的重要资源。在日常生活劳动中，中小学生往往会受到家长劳动态度、劳动观念与习惯的影响。鉴于此，中小学教师应组织形式多样的家长劳动教育活动，一方面可以丰富学校劳动教育课程教学资源，另一方面可以帮助家长开拓视野，进一步提升家长劳动素养，引导发展家庭劳动教育。

3. 其他社会人士

社会领域集中了各行各业的劳动模范、先进人物，这成为中小学校劳动教育课程教学资源的重要来源。中小学教师应定期邀请不同行业的社会人士，举办以弘扬劳动精神、宣传劳动事迹为主题的讲座、报告等，教育引导学生向劳动模范、先进人物学习，帮助中小学生树立正确劳动意识、形成优秀劳动品质等。

（二）日常生活劳动资源

日常生活劳动中蕴含着丰富的劳动教育课程教学资源，更容易引起中小学生对劳动的认同，对于开展中小学生劳动教育具有重要价值，是中小学校劳动课程教学教育资源开发的重要组成部分。中小学教师应注意引导学生走进真实的日常生活劳动，了解普通劳动者的劳动精神与生活态度，使中小学生体验日常生活得以正常运转的劳动基础。如某学校组织"西安的晨"教育活动，带领学生走进清晨的街道、环卫站、早餐店等场所，引导学生感受、体验与城市苏醒相伴的人们的劳动与价值，使学生从情感上认同劳动，在态度上尊重劳动者，在行动上积极参与劳动活动。

（三）文化与艺术劳动资源

劳动不仅是物质生产实践活动，也是重要的文化与艺术实践活动，文化与艺术中也蕴含着丰富的劳动课程教学教育资源。中小学教师应自觉将劳动文化与艺术中的劳动资源纳入学校劳动教育资源开发范围，引导学生欣赏与学习劳动文化与艺术中的劳动智慧、劳动精神等，有助于学生养成相应的劳动品质。

1. 劳动文化中的劳动资源

人类在几千年的历史发展过程中，围绕着生存与发展的基本主题——劳动，创造了丰富的劳动文化。如在上古时期，人类就总结出了指导农业生产的"二十四节气"；在特定地区产生的与该地生产实践密切相关的劳动文化，体现了当地人诚信劳动、敢于创新的劳动精神，如徽商文化、浙商文化等。文学作品中也包含着丰富的劳动教育资源，如《卖炭翁》通过描写卖炭老人的形象、心理与动作，体现了作者对底层劳动人民的尊重及对其命运的同情；《悯农》体现了作者教育学生珍惜劳动成果、热爱劳动人民、培养正确劳动观的思想；《皇帝的新装》则深刻揭示出只有诚实劳动、辛勤劳动才能赢得别人的尊重，才能创造真正的价值。

2. 劳动艺术中的劳动资源

歌舞艺术中包含丰富的劳动教育资源，如壮族的"扁担舞"、畲族的"猎步舞""栽竹舞"等，都反映了各族人民生动的生产劳动场景。中小学教师通过挖掘艺术中的劳动教育资源，帮助学生了解特定的劳动实践过程，引导学生学习劳动人民不畏艰难、辛勤劳动的乐观主义精神。很多美术作品与劳动活动密切联系，蕴含着积极的劳动资源，对于培养中小学生劳动观念、涵养劳动精神具有重要价值，如罗中立的油画《父亲》，反映了以"父亲"为代表的广大劳动人民形象；陕西省美术馆展出的以黄土高原为主题的美术画展、西安市鄠邑区农民画等，大多都展现了广大群众从事劳动产生的场景，体现了劳动创造美好生活的价值内涵。

（四）实践活动劳动资源

实践活动劳动资源主要指能够培养学生基础劳动能力与劳动习惯的劳动资源。《意见》明确指出，学校劳动教育内容包括日常生活劳动、生产劳动以及服务性劳动。中小学校可以根据自身所处地区的经济特点，选择合适劳动资源，对学生进行基础劳动能力与基本劳动习惯的培养。开发实践活动劳动资源，需把握两点：

1. 选择能够培养中小学生基础劳动能力的劳动教育资源

中小学教师选择培养学生基础劳动能力与基本劳动习惯的资源，首先应对基础劳动能力与基本劳动习惯有所理解。虽然中小学劳动教育不以培养中小学生特定的职业能力为主，但是，职业劳动能力中却包含着需要中小学生养成的基础劳动能力，即职业共通性劳动能力，如创新能力、批判性思维、合作能力、交流能力、信息素养、自我发展素养等①，这是中小学生将来从事任何职业都应具备的能力。因此，中小学教师应根据实际情况，在选择实践性劳动教育资源时，更侧重能够培养学生的基础劳动能力即职业共通性劳动能力的劳动资源。

2. 充分考虑学生实际水平的适切程度

回归劳动教育培养基础劳动能力的目标，要求中小学教师在开发劳动教育资源时，对学生身心发展的实际水平要有充分考虑，避免盲目开发过于拔高水平的劳动教育资源。如对于中学生而言，教师可以组织学生进行一定的实践活动，如参与社会参观、调查和访问，到当地养老院、博物馆、农村等劳动场所进行志愿服务劳动等。

三、劳动教育课程教学资源开发方法

中小学教师在进行劳动教育课程教学资源开发时，应以发展学生劳动素养为导向，不仅注重学生对劳动知识技能的掌握，更关注学生的劳动思维能力、劳动创造能力的提升，可通过以下方式开发劳动教育课程教学资源。

（一）联合学校、家庭及社会力量开发劳动教育课程教学资源

学校、家庭和社会是中小学生生活的三大场域，教师、家长和社会人员是培养中小学生劳动素养的三个主要力量，在劳动教育资源开发中发挥着重要作用。中小学教师应积极与家长、学校教师及社会人员开展合作，

---

① 褚宏启:《21 世纪劳动教育要有更高立意和站位》,《中小学管理》2019 年第 9 期,第 61 页。

系统设计、互相配合、共同开发学校、家庭和社会大环境中的劳动教育资源。

首先，中小学校是劳动教育资源开发的主导力量，其间汇聚了教师、教育管理者等劳动教育人力资源。中小学教师首先应发挥主观能动性，与其他学科教师、学校管理者开展合作，统筹设计，汇聚、融合、开发校内劳动教育资源，同时，为校外劳动教育资源开发提供引导与支持。

其次，家庭是学生成长的重要场所，家庭劳动教育是助力学生劳动素养发展的重要组成部分，家长是有效对接校内外劳动教育资源的中间力量。把劳动教育从校内教学活动延伸到中小学生的日常生活中，家长无疑具有重要作用。

最后，社会是中小学教师发掘校外劳动教育资源的广阔天地，在社会大环境中，蕴含着类型丰富的劳动资源。中小学校开展劳动教育教学活动，需要劳动资源内容不断更新、形式不断创新，丰富多样的社会劳动资源就能很好地满足这一要求。

（二）围绕劳动教育主题开发劳动教育课程教学资源

中小学校内劳动教育资源形式多样、内容丰富，是教师开展劳动教育课程教学活动的主要场所；校外劳动资源灵活新颖，成为校内劳动教育资源的有效补充。中小学教师应围绕劳动教育主题，有效融合、开发校内外丰富劳动资源，以帮助学生在校内外学习生活中均能得到有效引导，继而体会到劳动的美好与价值。一方面，中小学教师需要与家庭、社区等校外力量保持良好沟通和协作关系，与其他教师积极合作，开展细致的组织工作，为后续劳动教育资源开发奠定良好基础。另一方面，中小学教师可以通过设计劳动教育主题，打破现有课程教学单元界限，融合学校、家庭与社会劳动教育资源，在同一年级或不同年级之间开展劳动主题教育教学活动，如将《卖炭翁》《核舟记》《悯农》等教学内容进行整合，形成让学生感悟劳动者生活、珍惜劳动成果的主题活动。

（三）兼顾开发显性与隐性劳动教育资源

按照存在方式，中小学劳动教育资源有显性资源与隐性资源之分。显性劳动教育资源主要指以劳动教育课程教学、劳动教育实践活动等为载体的劳动教育资源，是劳动教育资源的主要组成部分。隐性劳动教育资源是指校园文化、社会环境中内隐的劳动教育资源，主要以潜移默化、润物细无声的方式培养学生的劳动素养。中小学教师应兼顾开发显性与隐性劳动教育资源，从多个方面培养学生劳动素养，发挥劳动教育资源的综合育人价值。

一方面，中小学教师需要创新思路方法，改变传统教学方式，注重挖掘新的劳动教育课程教学资源，运用新的教学方式开展劳动教育课程教学，以引导学生树立正确的劳动态度，形成必要的劳动能力，养成良好的劳动习惯和品质等。如教师可以结合九年级下册第五单元"准备与排练""演出与评议"等学习任务，结合新闻报道中疫情防控的"最美逆行者"、脱贫攻坚的"时代楷模"等先进事迹，组织学生进行话剧表演，让学生在情景体验中感受时代奋斗强音。①

另一方面，中小学教师需要着力开发身边的隐性劳动教育资源，以有效缓解显性劳动教育资源亲和力不足的问题。如在组织学生外出参加劳动实践活动的基础上，开展劳动主题教育班会、演讲比赛等活动，持续提升学生劳动素养；推荐学生阅读有关人工智能、陪诊师等新兴职业的文章，了解社会新兴职业特点，使学生逐渐增强对未来职业的适应能力。

 思考题

1. 对比中小学劳动教育和高校劳动教育有何异同。

2. 设计一节小学三年级的劳动教育课。

3. 列举常见的中小学劳动教育课程教学资源。

---

① 史晓荣、牛文明：《统编初中教材"劳动教育"资源的挖掘与利用》，《语文建设》2020年第 23 期，第 8 – 11 页。

参 考 文 献

[1]陈谟开.高等教育与生产劳动相结合新论[M].长春:东北师范大学出版社,1995.

[2]程凤山.劳动教育[M].大连:大连理工大学出版社,1993.

[3]教育部编写组.习近平总书记教育重要论述讲义.北京:高等教育出版社,2020.

[4]教育部课题组.深入学习习近平关于教育的重要论述.北京:高等教育出版社,2019.

[5]李珂.嬗变与审视:劳动教育的历史逻辑与现实重构[M].北京:社会科学文献出版社,2019.

[6]刘向兵.新时代高校劳动教育论纲[M].北京:社会科学文献出版社,2019.

[7]彭维锋.劳动改变中国(1978－2018)[M].北京:中国工人出版社,2019.

[8]习近平.习近平谈治国理政(第一卷)[M].北京:外文出版社,2014.

[9]习近平.习近平谈治国理政(第二卷)[M].北京:外文出版社,2017.

[10]习近平.习近平谈治国理政(第三卷)[M].北京:外文出版社,2020.

[11]习近平.习近平谈治国理政(第四卷)[M].北京:外文出版社,2022.

[12]杨国华.劳动与人的自由全面发展:马克思的劳动概念及其当代意义[M].上海:上海人民出版社,2015.

[13]朱光潜.给青年的十二封信[M].杭州:浙江文艺出版社,2018.

[14]曹凤月.新时代劳动教育的实践途径[J].人民论坛,2019(36):58-59.

[15]陈龙山,张可,李晓萍,戴瑶.论新时代大学生劳动教育的本质内涵、基本内容及目标要求:学习习近平劳动教育思想的重要性[J].吉林教育,2020(17):10-11.

[16]冯刚,刘文博.新时代加强大学生劳动教育的时代价值与实践路径[J].中国高等教育,2019(12):22-24.

[17]郭维刚.新时代劳动教育的实现路径探析[J].教学与管理,2019(30):41-43.

[18]韩天炜.论大学生劳动教育的价值指向和实践路向[J].学校党建与思想教育,2020(24):29-30.

[19]韩震.劳动教育在构建教育体系中的基础性全局性地位[J].中国高等教育,2018(24):1.

[20]郝志军,王艺蓉.70年来我国中小学劳动教育政策的反思与改进建议[J].西北师大学报(社会科学版),2020,57(3):124-130.

[21]胡君进,檀传宝.劳动、劳动集体与劳动教育:重思马卡连柯、苏霍姆林斯基劳动教育思想的内容与特点[J].国家教育行政学院学报,2018(12):40-45.

[22]纪德奎,陈璐瑶.劳动素养的内涵、结构体系及培养路径[J].天津师范大学学报(基础教育版),2021(3):16-20.

[23]靖庆磊.劳动教育的新时代高校立德树人之维[J].学校党建与思想教育,2020(08):52-54.

[24]乐晓蓉,胡蕾.新时代高校劳动教育的价值考量与整体推进[J].思想理论教育,2020(5):96-101.

[25]雷虹,朱同丹.以学生为中心视域下高校劳动教育的意蕴解读及路径选择[J].黑龙江高教研究,2020(3):134-138.

[26]李皓,向玉乔.工匠精神:劳动实践的内在逻辑和价值引领[J].思想政治教育研究,2018(5):129-132.

[27]李珂,蔡元帅.陶行知劳动教育思想对新时代加强大学生劳动教育

的启示[J].思想教育研究,2019(1):107-110.

[28]李珂,曲霞.1949年以来劳动教育在党的教育方针中的历史演变与省思[J].教育学报,2018(5):63-72.

[29]刘向兵,李珂,彭维峰.深刻理解新时代加强劳动教育的重大意义与现实针对性[J].中国高等教育,2018(21):4-6.

[30]刘向兵,赵明霏.构建新时代高校劳动教育体系的理论逻辑与实践路径:基于知识整体理论的视角[J].中国高教研究,2020(8):62-66.

[31]刘向兵.思想政治教育视域下工匠精神的培育与弘扬[J].中国高等教育,2018(10):30-32.

[32]柳夕浪.全面准确地把握劳动教育内涵[J].教育研究与实验,2019(4):9-13.

[33]卢晓东.劳动,在人工智能时代意味着什么?[J].中国高等教育,2018(21):7-9.

[34]罗腊梅.论高等师范院校加强劳动教育的重要性[J].黑龙江教师发展学院学报,2020,39(10):15-17.

[35]彭泽平,邹南芳.新时代高校加强劳动教育的价值意蕴、逻辑机理与实践方略[J].黑龙江高教研究,2020(12):1-5.

[36]祁占勇.新中国成立70年来我国劳动教育政策的价值选择及其变迁[J].国家教育行政学院学报,2019(6):18-26.

[37]曲霞,刘向兵.新时代高校劳动教育的内涵辨析与体系建构[J].中国高教研究,2019(2):73-77.

[38]申继亮,刘向兵,杨冬梅,等.新时代高校劳动教育实施体系构建的实践与反思[J].劳动教育评论,2020,(3):13-44.

[39]宋敏娟.教育与生产劳动相结合的时代内涵及其实现途径[J].毛泽东邓小平理论研究,2019(1):15-19,107.

[40]宋乃庆,王晓杰.新中国成立以来我国劳动教育政策发展:回眸与展望[J].思想理论教育导刊,2020(2):76-80.

[41]檀传宝.何谓"教育与生产劳动相结合":经典论述的时代诠释

[J].课程.教材.教法,2020(1):4-10.

[42]檀传宝.劳动教育的概念理解:如何认识劳动教育概念的基本内涵与基本特征[J].中国教育学刊,2019(2):82-84.

[43]王洪晶,曲铁华.中国共产党百年劳动教育政策:历程、经验与展望[J].中国教育学刊,2021(8):1-7.

[44]王连照.论劳动教育的特征与实施[J].中国教育学刊,2016(7):89-94.

[45]徐海娇,艾子.新中国成立70年我国劳动教育价值取向的历史进程与反思展望[J].广西社会科学,2019(11):171-176.

[46]徐海娇,柳海民.历史之轨与时代之鉴:我国劳动教育研究的回顾与省思[J].教育科学研究,2018(3):36-41,47.

[47]徐海娇,柳海民.遮蔽与祛蔽:劳动的教育意蕴——基于马克思劳动概念的价值澄明[J].湖北社会科学,2017,(6):13-18.

[48]徐海娇.意义生活的完整性:人工智能时代劳动教育何以必要与何以可为[J].国家教育行政学院学报,2019,(11):88-95.

[49]徐长发.新时代劳动教育再发展的逻辑[J].教育研究,2018,39(11):12-17.

[50]阎燕.构建新时代高校劳动教育与专业教育融合的课程体系[J].中国大学教学,2022(8):56-62.

[51]张铭凯,王潇晨.师范生劳动教育:价值诉求、核心内容与基本方略[J].黑龙江高教研究,2020(12):17-21.

[52]张志勇,杨玉春.深刻认识新时代劳动教育的新思想与新论断[J].中国教育学刊,2020(4):1-4.

附　　录

附录一

中共中央　国务院

关于全面加强新时代大中小学劳动教育的意见

（2020 年 3 月 20 日）

为构建德智体美劳全面培养的教育体系，现就加强新时代大中小学劳动教育提出如下意见。

一、充分认识新时代培养社会主义建设者和接班人对加强劳动教育的新要求

（一）重大意义。劳动教育是中国特色社会主义教育制度的重要内容，直接决定社会主义建设者和接班人的劳动精神面貌、劳动价值取向和劳动技能水平。长期以来，各地区和学校坚持教育与生产劳动相结合，在实践育人方面取得了一定成效。同时也要看到，近年来一些青少年中出现了不珍惜劳动成果、不想劳动、不会劳动的现象，劳动的独特育人价值在一定程度上被忽视，劳动教育正被淡化、弱化。对此，全党全社会必须高度重视，采取有效措施切实加强劳动教育。

（二）指导思想。以习近平新时代中国特色社会主义思想为指导，全面贯彻党的教育方针，落实全国教育大会精神，坚持立德树人，坚持培育和践行社会主义核心价值观，把劳动教育纳入人才培养全过程，贯通大中小学各学段，贯穿家庭、学校、社会各方面，与德育、智育、体育、美育相融合，紧密结合经济社会发展变化和学生生活实际，积极探索具有中国特色的劳动教育模式，创新体制机制，注重教育实效，实现知行合一，促进学生形成正确的世界观、人生观、价值观。

（三）基本原则

——把握育人导向。坚持党的领导，围绕培养担当民族复兴大任的时代新人，着力提升学生综合素质，促进学生全面发展、健康成长。把准劳动教育价值取向，引导学生树立正确的劳动观，崇尚劳动、尊重劳动，增强对劳动人民的感情，报效国家，奉献社会。

——遵循教育规律。符合学生年龄特点，以体力劳动为主，注意手脑并用、安全适度，强化实践体验，让学生亲历劳动过程，提升育人实效性。

——体现时代特征。适应科技发展和产业变革，针对劳动新形态，注重新兴技术支撑和社会服务新变化。深化产教融合，改进劳动教育方式。强化诚实合法劳动意识，培养科学精神，提高创造性劳动能力。

——强化综合实施。加强政府统筹，拓宽劳动教育途径，整合家庭、学校、社会各方面力量。家庭劳动教育要日常化，学校劳动教育要规范化，社会劳动教育要多样化，形成协同育人格局。

——坚持因地制宜。根据各地区和学校实际，结合当地在自然、经济、文化等方面条件，充分挖掘行业企业、职业院校等可利用资源，宜工则工、宜农则农，采取多种方式开展劳动教育，避免"一刀切"。

二、全面构建体现时代特征的劳动教育体系

（四）把握劳动教育基本内涵。劳动教育是国民教育体系的重要内容，是学生成长的必要途径，具有树德、增智、强体、育美的综合育人价值。实施劳动教育重点是在系统的文化知识学习之外，有目的、有计划地组织

学生参加日常生活劳动、生产劳动和服务性劳动，让学生动手实践、出力流汗，接受锻炼、磨炼意志，培养学生正确劳动价值观和良好劳动品质。

（五）明确劳动教育总体目标。通过劳动教育，使学生能够理解和形成马克思主义劳动观，牢固树立劳动最光荣、劳动最崇高、劳动最伟大、劳动最美丽的观念；体会劳动创造美好生活，体认劳动不分贵贱，热爱劳动，尊重普通劳动者，培养勤俭、奋斗、创新、奉献的劳动精神；具备满足生存发展需要的基本劳动能力，形成良好劳动习惯。

（六）设置劳动教育课程。整体优化学校课程设置，将劳动教育纳入中小学国家课程方案和职业院校、普通高等学校人才培养方案，形成具有综合性、实践性、开放性、针对性的劳动教育课程体系。

根据各学段特点，在大中小学设立劳动教育必修课程，系统加强劳动教育。中小学劳动教育课每周不少于1课时，学校要对学生每天课外校外劳动时间做出规定。职业院校以实习实训课为主要载体开展劳动教育，其中劳动精神、劳模精神、工匠精神专题教育不少于16学时。普通高等学校要明确劳动教育主要依托课程，其中本科阶段不少于32学时。除劳动教育必修课程外，其他课程结合学科、专业特点，有机融入劳动教育内容。大中小学每学年设立劳动周，可在学年内或寒暑假自主安排，以集体劳动为主。高等学校也可安排劳动月，集中落实各学年劳动周要求。

根据需要编写劳动实践指导手册，明确教学目标、活动设计、工具使用、考核评价、安全保护等劳动教育要求。

（七）确定劳动教育内容要求。根据教育目标，针对不同学段、类型学生特点，以日常生活劳动、生产劳动和服务性劳动为主要内容开展劳动教育。结合产业新业态、劳动新形态，注重选择新型服务性劳动的内容。

小学低年级要注重围绕劳动意识的启蒙，让学生学习日常生活自理，感知劳动乐趣，知道人人都要劳动。小学中高年级要注重围绕卫生、劳动习惯养成，让学生做好个人清洁卫生，主动分担家务，适当参加校内外公益劳动，学会与他人合作劳动，体会到劳动光荣。初中要注重围绕增加劳动知识、技能，加强家政学习，开展社区服务，适当参加生产劳动，使学生初步养成认真负责、吃苦耐劳的品质和职业意识。普通高中要注重围绕丰富职业体验，开展服务性劳动、参加生产劳动，使学生熟练掌握一定劳动技能，理解劳动创造价值，具有劳动自立意识和主动服务他人、服务社会的情怀。中等职业学校重点是结合专业人才培养，增强学生职业荣誉感，提高职业技能水平，培育学生精益求精的工匠精神和爱岗敬业的劳动态度。高等学校要注重围绕创新创业，结合学科和专业积极开展实习实训、专业服务、社会实践、勤工助学等，重视新知识、新技术、新工艺、新方法应用，创造性地解决实际问题，使学生增强诚实劳动意识，积累职业经验，提升就业创业能力，树立正确择业观，具有到艰苦地区和行业工作的奋斗精神，懂得空谈误国、实干兴邦的深刻道理；注重培育公共服务意识，使学生具有面对重大疫情、灾害等危机主动作为的奉献精神。

（八）健全劳动素养评价制度。将劳动素养纳入学生综合素质评价体系，制定评价标准，建立激励机制，组织开展劳动技能和劳动成果展示、劳动竞赛等活动，全面客观记录课内外劳动过程和结果，加强实际劳动技能和价值体认情况的考核。建立公示、审核制度，确保记录真实可靠。把劳动素养评价结果作为衡量学生全面发展情况的重要内容，作为评优评先的重要参考和毕业依据，作为高一级学校录取的重要参考或依据。

三、广泛开展劳动教育实践活动

（九）家庭要发挥在劳动教育中的基础作用。注重抓住衣食住行等日常生活中的劳动实践机会，鼓励孩子自觉参与、自己动手，随时随地、坚持不懈进行劳动，掌握洗衣做饭等必要的家务劳动技能，每年有针对性地学会1至2项生活技能。鼓励学校（家委会）和社区等组织开展学生生活技能展示活动。学生参加家务劳动和掌握生活技能的情况要按年度记入学生综合素质档案。鼓励孩子利用节假日参加各种社会劳动。家庭要树立崇尚劳动的良好家风，家长要通过日常生活的言传身教、潜移默化，让孩子养成从小爱劳动的好习惯。

（十）学校要发挥在劳动教育中的主导作用。学校要切实承担劳动教育主体责任，明确实施机构和人员，开齐开足劳动教育课程，不得挤占、挪用劳动实践时间。明确学校劳动教育要求，着重引导学生形成马克思主义劳动观，系统学习掌握必要的劳动技能。根据学生身体发育情况，科学设计课内外劳动项目，采取灵活多样形式，激发学生劳动的内在需求和动力。统筹安排课内外时间，可采用集中与分散相结合的方式。组织实施好劳动周，小学低中年级以校园劳动为主，小学高年级和中学可适当走向社会、参与集中劳动，高等学校要组织学生走向社会、以校外劳动锻炼为主。

（十一）社会要发挥在劳动教育中的支持作用。充分利用社会各方面资源，为劳动教育提供必要保障。各级政府部门要积极协调和引导企业公司、工厂农场等组织履行社会责任，开放实践场所，支持学校组织学生参加力所能及的生产劳动、参与新型服务性劳动，使学生与普通劳动者一起经历劳动过程。鼓励高新企业为学生体验现代科技条件下劳动实践新形态、新方式提供支持。工会、共青团、妇联等群团组织以及各类公益基金会、社会福利组织要组织动员相关力量、搭建活动平台，共同支持学生深入城乡社区、福利院和公共场所等参加志愿服务，开展公益劳动，参与社区治理。

四、着力提升劳动教育支撑保障能力

（十二）多渠道拓展实践场所。大力拓展实践场所，满足各级各类学校多样化劳动实践需求。充分利用现有综合实践基地、青少年校外活动场所、职业院校和普通高等学校劳动实践场所，建立健全开放共享机制。农村地区可安排相应土地、山林、草场等作为学农实践基地，城镇地区可确认一批企事业单位和社会机构，作为学生参加生产劳动、服务性劳动的实践场所。建立以县为主、政府统筹规划配置中小学（含中等职业学校）劳动教育资源的机制。进一步完善学校建设标准，学校逐步建好配齐劳动实践教室、实训基地。高等学校要充分发挥自身专业优势和服务社会功能，建立相对稳定的实习和劳动实践基地。

（十三）多举措加强人才队伍建设。采取多种措施，建立专兼职相结合的劳动教育师资队伍。根据学校劳动教育需要，为学校配备必要的专任教师。高等学校要加强劳动教育师资培养，有条件的师范院校开设劳动教育相关专业。设立劳模工作室、技能大师工作室、荣誉教师岗位等，聘请相关行业专业人士担任劳动实践指导教师。把劳动教育纳入教师培训内容，开展全员培训，强化每位教师的劳动意识、劳动观念，提升实施劳动教育的自觉性，对承担劳动教育课程的教师进行专项培训，提高劳动教育专业化水平。建立健全劳动教育教师工作考核体系，分类完善评价标准。

（十四）健全经费投入机制。各地区要统筹中央补助资金和自有财力，多种形式筹措资金，加快建设校内劳动教育场所和校外劳动教育实践基地，加强学校劳动教育设施标准化建设，建立学校劳动教育器材、耗材补充机制。学校可按照规定统筹安排公用经费等资金开展劳动教育。可采取政府购买服务方式，吸引社会力量提供劳动教育服务。

（十五）多方面强化安全保障。各地区要建立政府负责、社会协同、有关部门共同参与的安全管控机制。建立政府、学校、家庭、社会共同参与的劳动教育风险分散机制，鼓励购买劳动教育相关保险，保障劳动教育正常开展。各学校要加强对师生的劳动安全教育，强化劳动风险意识，建立健全安全教育与管理并重的劳动安全保障体系。科学评估劳动实践活动的安全风险，认真排查、清除学生劳动实践中的各种隐患特别是辐射、疾病传染等，在场所设施选择、材料选用、工具设备和防护用品使用、活动流程等方面制定安全、科学的操作规范，强化对劳动过程每个岗位的管理，明确各方责任，防患于未然。制定劳动实践活动风险防控预案，完善应急与事故处理机制。

五、切实加强劳动教育的组织实施

（十六）加强组织领导。在党委统一领导下，各级政府要把劳动教育摆上重要议事日程，出台相关政策措施，切实解决劳动教育实施过程中的重大问题，做好督促落实。省级政府要加强劳动教育工作的统筹协调，明确市地级、县级政府及有关部门加强劳动教育的职责，推动建立全面实施劳动教育的长效机制。

（十七）强化督导检查。把劳动教育纳入教育督导体系，完善督导办法。对地方各级政府和有关部门保障劳动教育情况以及学校组织实施劳动教育情况进行督导，督导结果向社会公开，同时作为衡量区域教育质量和水平的重要指标，作为对被督导部门和学校及其主要负责人考核奖惩的依据。开展劳动教育质量监测，强化反馈和指导。

（十八）加强宣传引导。引导家长树立正确劳动观念，支持配合学校开展劳动教育。加强劳动教育科学研究，宣传推广劳动教育典型经验。积极宣传企事业单位和社会机构提供劳动教育服务的先进事迹。注重挖掘在抗疫救灾等重大事件中涌现出来的典型人物和事迹，大力宣传不畏艰难、百折不挠、敢于担当的高尚品格。鼓励和支持创作更多以歌颂普通劳动者为主题的优秀作品，大力宣传辛勤劳动、诚实劳动、创造性劳动的典型人物和事迹，弘扬劳动光荣、创造伟大的主旋律，旗帜鲜明地反对一切不劳而获、贪图享乐、崇尚暴富的错误观念，营造全社会关心和支持劳动教育的良好氛围。

附录二
大中小学劳动教育指导纲要（试行）

为深入贯彻习近平总书记关于教育的重要论述，全面贯彻党的教育方针，落实《中共中央 国务院关于全面加强新时代大中小学劳动教育的意见》，加快构建德智体美劳全面培养的教育体系，制定本指导纲要。

一、劳动教育性质和基本理念

（一）劳动教育性质

劳动是创造物质财富和精神财富的过程，是人类特有的基本社会实践活动。劳动教育是发挥劳动的育人功能,对学生进行热爱劳动、热爱劳动人民的教育活动。当前实施劳动教育的重点是在系统的文化知识学习之外,有目的、有计划地组织学生参加日常生活劳动、生产劳动和服务性劳动,让学生动手实践、出力流汗,接受锻炼、磨炼意志,培养学生正确劳动价值观和良好劳动品质。

劳动教育是新时代党对教育的新要求,是中国特色社会主义教育制度的重要内容,是全面发展教育体系的重要组成部分,是大中小学必须开展的教育活动。它具有鲜明的思想性,必须将马克思主义劳动观贯彻始终,强调劳动是一切财富、价值的源泉,劳动者是国家的主人,一切劳动和劳动者都应该得到鼓励和尊重;倡导通过诚实劳动创造美好生活、实现人生梦想,反对一切不劳而获、崇尚暴富、贪图享乐的错误思想。具有突出的社会性,必须加强学校教育与社会生活、生产实践的直接联系,发挥劳动在个人与社会之间的纽带作用,引导学生认识社会,增强社会责任感;同时注重让学生学会分工合作,体会社会主义社会平等、和谐的新型劳动关系。具有显著的实践性,必须面向真实的生活世界和职业世界,引导学生以动手实践为主要方式,在认识世界的基础上,获得有积极意义的价值体验,学会建设世界,塑造自己,实现树德、增智、强体、育美的目的。

(二)劳动教育基本理念

1. 强化劳动观念,弘扬劳动精神。将劳动观念和劳动精神教育贯穿人才培养全过程,贯穿家庭、学校、社会各方面。注重让学生在学习和掌握基本劳动知识技能的过程中,领悟劳动的意义价值,形成勤俭、奋斗、创新、奉献的劳动精神。

2. 强调身心参与,注重手脑并用。把握劳动教育的根本特征,让学生面对真实的个人生活、生产和社会性服务任务情境,亲历实际的劳动过程,善于观察思考,注重运用所学知识解决实际问题,提高劳动质量和效率。

3. 继承优良传统,彰显时代特征。在充分发挥传统劳动、传统工艺项目育人功能的同时,紧跟科技发展和产业变革,准确把握新时代劳动工具、劳动技术、劳动形态的新变化，创新劳动教育内容、途径、方式，增强劳动教育的时代性。

4. 发挥主体作用，激发创新创造。关注学生劳动过程中的体验和感悟，引导学生感受劳动的艰辛和收获的快乐，增强获得感、成就感、荣誉感。鼓励学生在学习和借鉴他人丰富经验、技艺的基础上，尝试新方法、探索新技术，打破僵化思维方式，推陈出新。

二、劳动教育目标和内容

（一）总体目标

准确把握社会主义建设者和接班人的劳动精神面貌、劳动价值取向和劳动技能水平的培养要求，全面提高学生劳动素养，使学生：

树立正确的劳动观念。正确理解劳动是人类发展和社会进步的根本力量，认识劳动创造人、劳动创造价值、创造财富、创造美好生活的道理，尊重劳动，尊重普通劳动者，牢固树立劳动最光荣、劳动最崇高、劳动最伟大、劳动最美丽的思想观念。

具有必备的劳动能力。掌握基本的劳动知识和技能，正确使用常见劳动工具，增强体力、智力和创造力，具备完成一定劳动任务所需要的设计、操作能力及团队合作能力。

培育积极的劳动精神。领会"幸福是奋斗出来的"内涵与意义，继承中华民族勤俭节约、敬业奉献的优良传统，弘扬开拓创新、砥砺奋进的时代精神。

养成良好的劳动习惯和品质。能够自觉自愿、认真负责、安全规范、坚持不懈地参与劳动，形成诚实守信、吃苦耐劳的品质。珍惜劳动成果，养成良好的消费习惯，杜绝浪费。

（二）主要内容

主要包括日常生活劳动、生产劳动和服务性劳动中的知识、技能与价值观。日常生活劳动教育立足个人生活事务处理，结合开展新时代校园爱国卫生运动，注重生活能力和良好卫生习惯培养，树立自立自强意识。生产劳动教育要让学生在工农业生产过程中直接经历物质财富的创造过程，体验从简单劳动、原始劳动向复杂劳动、创造性劳动的发展过程，学会使用工具，掌握相关技术，感受劳动创造价值，增强产品质量意识，体会平凡劳动中的伟大。服务性劳动教育让学生利用知识、技能等为他人和社会提供服务，在服务性岗位上见习实习，树立服务意识，实践服务技能；在公益劳动、志愿服务中强化社会责任感。

（三）学段要求

1. 小学

低年级：以个人生活起居为主要内容，开展劳动教育，注重培养劳动意识和劳动安全意识，使学生懂得人人都要劳动，感知劳动乐趣，爱惜劳动成果。指导学生：（1）完成个人物品整理、清洗，进行简单的家庭清扫和垃圾分类等，树立自己的事情自己做的意识，提高生活自理能力；（2）参与适当的班级集体劳动，主动维护教室内外环境卫生等，培养集体荣誉感；（3）进行简单手工制作，照顾身边的动植物，关爱生命，热爱自然。

中高年级：以校园劳动和家庭劳动为主要内容开展劳动教育，体会劳动光荣，尊重普通劳动者，初步养成热爱劳动、热爱生活的态度。指导学生：（1）参与家居清洁、收纳整理，制作简单的家常餐等，每年学会1—2项生活技能，增强生活自理能力和勤俭节约意识，培养家庭责任感；（2）参加校园卫生保洁、垃圾分类处理、绿化美化等，适当参加社区环保、公共卫生等力所能及的公益劳动，增强公共服务意识；（3）初步体验种植、养殖、手工制作等简单的生产劳动，初步学会与他人合作劳动，懂得生活用品、食品来之不易，珍惜劳动成果。

2. 初中

兼顾家政学习、校内外生产劳动、服务性劳动，安排劳动教育内容，开展职业启蒙教育，体会劳动创造美好生活，养成认真负责、吃苦耐劳的劳动品质和安全意识，增强公共服务意识和担当精神。让学生：（1）承担一定的家庭日常清洁、烹饪、家居美化等劳动，进一步培养生活自理能力和习惯，增强家庭责任意识；（2）定期开展校园包干区域保洁和美化，以及助残、敬老、扶弱等服务性劳动，初步形成对学校、社区负责任的态度和社会公德意识；（3）适当体验包括金工、木工、电工、陶艺、布艺等项目在内的劳动及传统工艺制作过程，尝试家用器具、家具、电器的简单修理，参与种植、养殖等生产活动，学习相关技术，获得初步的职业体验，形成初步的生涯规划意识。

3. 普通高中

注重围绕丰富职业体验，开展服务性劳动和生产劳动，理解劳动创造价值，接受锻炼、磨炼意志，具有劳动自立意识和主动服务他人、服务社会的情怀。指导学生：（1）持续开展日常生活劳动，增强生活自理能力，固化良好劳动习惯；（2）选择服务性岗位，经历真实的岗位工作过程，获得真切的职业体验，培养职业兴趣；积极参加大型赛事、社区建设、环境保护等公益活动、志愿服务，强化社会责任意识和奉献精神；（3）统筹劳动教育与通用技术课程相关内容，从工业、农业、现代服务业以及中华优秀传统文化特色项目中，自主选择1—2项生产劳动，经历完整的实践过程，提高创意物化能力，养成吃苦耐劳、精益求精的品质，增强生涯规划的意识和能力。

4. 职业院校

重点结合专业特点，增强职业荣誉感和责任感，提高职业劳动技能水平，培育积极向上的劳动精神和认真负责的劳动态度。组织学生：（1）持续开展日常生活劳动，自我管理生活，提高劳动自立自强的意识和能力；（2）定期开展校内外公益服务性劳动，做好校园环境秩序维护，运用专业技能为社会、为他人提供相关公益服务，培育社会公德，厚植爱国爱民的情怀；（3）依托实习实训，参与真实的生产劳动和服务性劳动，增强职业认同感和劳动自豪感，提升创意物化能力，培育不断探索、精益求精、追求卓越的工匠精神和爱岗敬业的劳动态度，坚信"三百六十行，行行出状元"，体认劳动不分贵贱，任何职业都很光荣，都能出彩。

5. 普通高等学校

强化马克思主义劳动观教育，注重围绕创新创业，结合学科专业开展生产劳动和服务性劳动，积累职业经验，培育创造性劳动能力和诚实守信的合法劳动意识。使学生：（1）掌握通用劳动科学知识，深刻理解马克思主义劳动观和社会主义劳动关系，树立正确的择业就业创业观，具有到艰苦地区和行业工作的奋斗精神；（2）巩固良好日常生活劳动习惯，自觉做好宿舍卫生保洁，独立处理个人生活事务，积极参加勤工助学活动，提高劳动自立自强能力；（3）强化服务性劳动，自觉参与教室、食堂、校园场所的卫生保洁、绿化美化和管理服务等，结合"三支一扶"、大学生志愿服务西部计划、"青年红色筑梦之旅""三下乡"等社会实践活动开展服务性劳动，强化公共服务意识和面对重大疫情、灾害等危机主动作为的奉献精神；（4）重视生产劳动锻炼，积极参加实习实训、专业服务和创新创业活动，重视新知识、新技术、新工艺、新方法的运用，提高在生产实践中发现问题和创造性解决问题的能力，在动手实践的过程中创造有价值的物化劳动成果。

三、劳动教育途径、关键环节和评价

（一）劳动教育途径

将劳动教育纳入人才培养全过程，丰富、拓展劳动教育实施途径。

1. 独立开设劳动教育必修课

在大中小学设立劳动教育必修课程。中小学劳动教育课平均每周不少于 1 课时，用于活动策划、技能指导、练习实践、总结交流等，与通用技术和地方课程、校本课程等有关内容进行必要统筹。职业院校开设劳动专题教育必修课，不少于 16 学时；主要围绕劳动精神、劳模精神、工匠精神、劳动组织、劳动安全和劳动法规等方面设计。普通高等学校要将劳动教育纳入专业人才培养方案，明确主要依托的课程，可在已有课程中专设劳动教育模块，也可专门开设劳动专题教育必修课，本科阶段不少于 32 学时；课程内容应加强马克思主义劳动观教育，普及与学生职业发展密切

相关的通用劳动科学知识，并经历必要的实践体验。

2. 在学科专业中有机渗透劳动教育

中小学道德与法治（思想政治）、语文、历史、艺术等学科要有重点地纳入劳动创造人本身、劳动创造历史、劳动创造世界、劳动不分贵贱等马克思主义劳动观，纳入歌颂劳模、歌颂普通劳动者的选文选材，纳入阐释勤劳、节俭、艰苦奋斗等中华民族优良传统的内容，加强对学生辛勤劳动、诚实劳动、合法劳动等方面的教育。数学、科学、地理、技术、体育与健康等学科要注重培养学生劳动的科学态度、规范意识、效率观念和创新精神。

职业院校要将劳动教育全面融入公共基础课，要强化马克思主义劳动观、劳动安全、劳动法规教育。专业课在进行职业劳动知识技能教学的同时，注重培养"干一行爱一行"的敬业精神，吃苦耐劳、团结合作、严谨细致的工作态度。

普通高等学校要将劳动教育有机纳入专业教育、创新创业教育，不断深化产教融合，强化劳动锻炼要求，加强高等学校与行业骨干企业、高新企业、中小微企业紧密协同，推动人才培养模式改革。专业类课程主要与服务学习、实习实训、科学实验、社会实践、毕业设计等相结合开展各类劳动实践，注重分析相关劳动形态发展趋势，强化劳动品质培养。在公共必修课中，要进一步强化马克思主义劳动观教育、劳动相关法律法规与政策教育。

3. 在课外校外活动中安排劳动实践

将劳动教育与学生的个人生活、校园生活和社会生活有机结合起来，丰富劳动体验，提高劳动能力，深化对劳动价值的理解。

中小学每周课外活动和家庭生活中劳动时间，小学1至2年级不少于2小时，其他年级不少于3小时；职业院校和普通高等学校要明确生活中的劳动事项和时间，纳入学生日常管理工作。

大中小学每学年设立劳动周，采用专题讲座、主题演讲、劳动技能竞赛、劳动成果展示、劳动项目实践等形式进行。小学以校内为主，小学高年级可适当安排部分校外劳动；普通中学、职业院校和普通高等学校兼顾校内外，可在学年内或寒暑假安排，以集体劳动为主，由学校组织实施。高等学校也可安排劳动月，集中落实各学年劳动周要求。

4. 在校园文化建设中强化劳动文化

学校要将劳动习惯、劳动品质的养成教育融入校园文化建设之中。要通过制定劳动公约、每日劳动常规、学期劳动任务单，采取与劳动教育有关的兴趣小组、社团等组织形式，结合植树节、学雷锋纪念日、五一劳动节、农民丰收节、志愿者日等，开展丰富的劳动主题教育活动，营造劳动光荣、创造伟大的校园文化。

要举办"劳模大讲堂""大国工匠进校园"、优秀毕业生报告会等劳动榜样人物进校园活动，组织劳动技能和劳动成果展示，综合运用讲座、宣传栏、新媒体等，广泛宣传劳动榜样人物事迹，特别是身边的普通劳动者事迹，让师生在校园里近距离接触劳动模范，聆听劳模故事，观摩精湛技艺，感受并领悟勤勉敬业的劳动精神，争做新时代的奋斗者。

（二）劳动教育关键环节

各地和学校要注重围绕劳动教育的目标和内容要求，从提高劳动教育的效果出发，把握劳动教育任务的特点，抓住关键环节，选择适宜的劳动教育方式。

1. 讲解说明。围绕劳动为什么、是什么问题，有重点地进行讲解，让学生懂得劳动的意义和价值。加强劳动观念、劳动纪律、劳动相关法律法规的正面引导，指明轻视劳动特别是轻视普通劳动的危害，让学生明辨是非。加强劳动知识技能的讲解，让学生认清事理，掌握实践操作的基本原理、程序、规则，正确使用工具的方法和技术。讲解要与启发思考、示范、练习等结合起来。

2. 淬炼操作。围绕如何做的问题，注重示范与练习，让学生会劳动。强化规范意识，注重从最基本的程序学起，严守规则，避免主观随意。强化质量意识，注重引导学生关注细节，每个步骤、环节都要精准到位。强化专注品质，注重引导学生对操作行为的评估与监控，做到眼到手到心到，有始有终。

3. 项目实践。围绕劳动能力的培养，让学生完成真实、综合任务，经历完整劳动过程。注重劳动价值体认，引导学生从现实生活中发现需求，选择和确定劳动项目。强化规划设计意识，充分发挥学生的主动性、积极性、创造性，引导学生对项目实践进行整体构思，综合运用所学知识、技术，不断优化行动方案。强化身体力行，锤炼意志品质，敢于在困难与挑战中完成行动任务。

4. 反思交流。围绕劳动价值意义的建构，引导学生总结、交流，促进学生形成反思交流习惯。指导学生思考劳动过程和结果与社会进步、个体成长的关联，避免停留在简单的苦乐体验上。组织学生交流分享劳动的体验和收获，肯定具有积极意义的认识，纠正观念上的偏差。将反思交流与改进结合起来，使学生在劳动中获得成长。

5. 榜样激励。围绕劳动的精神追求，树立典型，激发劳动热情。注意遴选、树立多类型榜样，不仅要有大国工匠、劳动模范，还要有身边劳动表现优异的普通劳动者和同学。指导学生从榜样的具体事迹中领悟他们的高尚精神和优良品质。明确要求学生在日常劳动实践中努力向榜样看齐。

（三）劳动教育评价

将劳动素养纳入学生综合素质评价体系。以劳动教育目标、内容要求为依据，将过程性评价和结果性评价结合起来，健全和完善学生劳动素养评价标准、程序和方法，鼓励、支持各地利用大数据、云平台、物联网等现代信息技术手段，开展劳动教育过程监测与纪实评价，发挥评价的育人导向和反馈改进功能。

1. 平时表现评价

要在平时劳动教育实践活动中及时进行评价，以评价促进学生发展。要覆盖各类型劳动教育活动，明确学年劳动实践类型、次数、时间等考核要求。关注学生在劳动教育活动中的实际表现，注重从行为表现中分析把握劳动观念形成情况。以自我评价为主，辅以教师、同伴、家长、服务对象、用人单位等他评方式，指导学生进行反思改进。要指导学生如实记录劳动教育活动情况，收集整理相关制品、作品等，选择代表性的写实记录，纳入综合素质档案，作为学生学年评优评先的重要参考。

2. 学段综合评价

学段结束时，要依据学段目标和内容，结合综合素质档案分析，兼顾必修课学习和课外劳动实践，对劳动观念、劳动能力、劳动精神、劳动习惯和品质等劳动素养发展状况进行综合评定。建立诚信机制，实行写实记录抽查制度，对弄虚作假者在评优评先方面一票否决，性质严重的应依法依规严肃处理。在高中和大学开展志愿者星级认证。高中学校和高等学校要将考核结果作为毕业依据之一。推动将学段综合评价结果作为学生升学、就业的重要参考。

3. 开展学生劳动素养监测

将学生劳动素养监测纳入基础教育质量监测、职业院校教学质量评估和普通高等学校本科教学质量评估。可委托有关专业机构，定期组织开展关于学生劳动素养状况调查，注重学生劳动观念、劳动能力、劳动精神、劳动习惯和品质等的监测。发挥监测结果的示范引导、反馈改进等功能。

四、学校劳动教育的规划与实施

（一）整体规划劳动教育

学校是劳动教育的实施主体，应根据国家相关规定，结合当地和本校实际情况，对劳动教育进行整体设计、系统规划，形成劳动教育总体实施方案。方案要明确劳动教育目标内容、课时安排、主要劳动实践活动安排、劳动教育过程组织与指导及考核评价办法等。同时要基于学生的年段特征、阶段性教育要求，研究制定"学校学年（或学期）劳动教育计划"，对学年、学期劳动教育实践活动做出具体安排，特别是规划好劳动周等集中劳动，细化有关要求。使总体实施方案和学年（或学期）活动计划相互配套、衔接，形成可持续开展的劳动教育实施方案。

学校在劳动教育规划时要注意处理以下几个方面的关系：

1. 理论学习和实践锻炼的关系

理论学习和实践锻炼都是劳动教育的必要内容。理论学习重在让学生理解和掌握"劳动创造了人本身""劳动创造世界"等历史唯物主义基本理论主张以及劳动相关法律、法规、政策,作为行动的指南。实践锻炼重在将所学知识转化为真正有用的实际本领,形成良好的劳动习惯,弘扬劳动精神。规划劳动教育时,要两者兼顾,坚持以实践锻炼为主,切实保证每一个学生都有必要的劳动实践经历,不能只是口头上喊劳动、课堂上讲劳动。要通过学生实践前的计划构想、实践中的观察思考和实践后的反思交流,加深对有关思想理论、法规政策的理解,实现理论学习和实践锻炼的统一。

2. 劳动教育与其他教育活动的关系

在开足专门劳动教育必修课的同时,中小学劳动教育必修课实践环节中与综合实践活动的社会服务、设计制作、职业体验重叠部分,可整合实施。职业院校、普通高等学校劳动教育中学生生产劳动和服务性劳动可以通过专业实习、实训、创新创业等实践环节完成,日常生活劳动可以通过学生管理落实。

3. 劳动的传统形态与新形态的关系

将日常生活劳动教育贯穿大中小学始终。在安排生产劳动和服务性劳动项目时,中小学要以使用传统工具、传统工艺的劳动为主,引导学生体会劳动人民的艰辛与智慧,传承中华优秀传统文化,兼顾使用新知识、新技术、新工艺、新方法的劳动。职业院校、普通高等学校要注重结合产业新业态、劳动新形态,选择现代农业、工业、服务业项目,提升创造性劳动能力。

(二)劳动教育的组织实施

1. 实施机构和人员

学校要建立健全劳动教育组织实施的工作机制。明确主管校领导,设置机构或明确相关部门负责劳动教育的规划设计、组织协调、资源整合、师资培训、过程管理、总结评价等。

要建立专兼职相结合的劳动教育教师队伍。根据学校劳动教育需要，明确劳动教育责任人，进行劳动教育规划、组织实施、评价等，配齐劳动教育必修课教师，保持教师队伍的相对稳定性。要充分发挥教职员工特别是班主任、辅导员、导师的作用，利用少先队、共青团、党组织以及学生社团等各方面的力量，合力开展劳动教育实践活动。充分利用家长及当地人力资源，聘请相关行业专业人士担任劳动实践指导教师。

2. 劳动安全风险防范与管理

学校要把劳动安全教育与管理作为组织实施的必要内容，强化劳动安全意识，建立健全安全教育与管理并重的劳动安全保障体系。

要依据学生身心发育情况，适度安排劳动强度、时长，切实关注劳动任务及场所设施的适宜性。科学评估劳动实践活动的安全风险，认真排查、清除学生劳动实践中的各种隐患。在场所设施选择、材料选用、工具设备和防护用品使用、活动流程等方面制定安全、科学操作规范，强化劳动过程每个岗位的管理，明确各方责任，防患于未然。制定劳动实践活动风险防控预案，完善应急与事故处理机制。要特别关注劳动过程中的卫生隐患，按照疾控、卫生健康部门及行业有关规定，采取相应措施，切实保护学生的身心健康。鼓励购买劳动教育相关保险。

3. 建立协同实施机制

中小学要推动建立以学校为主导、家庭为基础、社区为依托的协同实施机制，形成共育合力。学校要通过家长会、家长学校、社区宣讲、网络媒体等途径，引导家长树立正确的劳动观；明确家长的劳动教育责任，让家长主动指导和督促孩子完成家庭、社区劳动任务；学校要与相关社会实践基地共同开发并实施劳动教育课程。

职业院校、普通高等学校要建立学校负责规划设计，行业企业社会机构主要负责业务指导，双方共同管理的劳动教育实施机制。通过建立劳模工作室、技能大师工作室，设置荣誉教师、实务导师岗位等，多渠道引入社会力量参与学校劳动教育。要联合社会力量，共建共享稳定的劳动实践基地、校外实习实训基地、各类型创新创业孵化平台，多渠道拓展劳动实践场所。

265

五、劳动教育条件保障与专业支持

地方教育行政部门要切实加强对劳动教育工作的组织领导，明确机构和人员承担区域推进劳动教育的职责任务，切实加强条件保障、专业支持和督导评估，整体提高大中小学劳动教育质量和水平。

（一）条件建设

1. 丰富和拓展劳动实践场所

地方教育行政部门要统筹规划和配置劳动教育实践资源，满足学校多样化劳动实践需求。充分利用现有综合实践基地、青少年校外活动场所、职业院校和普通高等学校劳动实践场所，建立健全开放共享机制，特别是充分利用职业院校实训实习场所、设施设备，为普通中小学和普通高等学校提供所需要的服务。可安排一批土地、山林、草场等作为学农实践基地，确认一批厂矿企业作为学工实践基地，认定一批城乡社区、福利院、医院、博物馆、科技馆、图书馆等事业单位、社会机构、公共场所作为服务性劳动基地。推动学校充分利用校内学习、生活有关场所，逐步建好配齐劳动技术实践教室、实训基地，丰富劳动教育资源。

2. 加强师资队伍建设

要明确劳动课教师管理要求，保障劳动课教师在绩效考核、职称评聘、评先评优、专业发展等方面与其他专任教师享受同等待遇。推动中小学、职业院校与普通高等学校建立师资交流共享机制，发挥职业院校教师的专业优势，承担普通学校劳动教育教学任务。建立劳动课教师特聘制度，为学校聘请具有实践经验的社会专业技术人员、劳动模范等担任兼职教师创造条件。

高等学校要加强劳动教育师资培养，有条件的院校开设劳动教育相关专业。把劳动教育纳入教育行政干部、校长、教师、辅导员培训内容，开展全员培训，强化劳动意识、劳动观念，提升劳动教育的自觉性。对承担劳动教育课程的教师进行专项培训，提高劳动育人意识和专业化水平。

3. 健全经费投入机制

各地要统筹中央补助资金和自有财力，多种形式筹措资金，加快建设校内劳动教育场所和校外劳动教育实践基地，加强学校劳动教育设施建设，建立学校劳动教育器材、耗材补充机制。学校可按照规定统筹安排公用经费等资金开展劳动教育，可采取政府购买服务方式，吸引社会力量提供劳动教育服务。

（二）加强专业研究和指导

1. 加强劳动教育研究与指导

在全国教育科学规划、教育部人文社会科学研究项目中支持劳动教育研究。地方教育行政部门鼓励和支持相关机构设立劳动教育研究项目。设立一批试验区或试验学校，注重开展跟踪研究、行动研究。举办论坛讲座，营造良好学术氛围。

各级中小学教研机构要配备劳动教育教研员，组织开展专题教研、区域教研、网络教研，通过协同创新、校际联动、区域推进，提高劳动教育整体实施水平。鼓励高等学校依托有关专业机构开展劳动教育教学研究。

2. 组织开展劳动教育课程资源研发

基于劳动教育教学的实际需要，省级教育行政部门明确中小学劳动实践指导手册编写要求，体现"一纲多本"，满足不同地区学校的多样化需求，负责组织审查。职业院校可组织编写劳动精神、劳模精神、工匠精神专题读本，由编写院校或委托专业机构进行审查。鼓励学校、学术团体、专业机构等收集整理反映劳动先进人物事迹和精神的影视资料，组织研发展示劳动过程、劳动安全要求的数字资源，梳理遴选来自教学一线的典型案例和鲜活经验，形成分学段、分专题的劳动教育课程资源包，促进优质资源的共享与使用。

（三）督导评估与激励

1. 加强对学校劳动教育实施情况的督查

把劳动教育纳入教育督导体系，完善督导办法。对地方各级人民政府和有关部门保障劳动教育情况进行督导。对学校劳动教育开课率、学生劳动实践组织的有序性,教学指导的针对性,保障措施的有效性等进行督查和指导。督导结果要向社会公开,作为衡量区域教育质量和水平的重要指标,作为对被督导部门和学校及其主要负责人考核奖惩的依据。

2. 建立健全劳动教育激励机制

在国家级、省级教学成果奖励中,将劳动教育教学成果纳入评奖范围,对优秀成果予以奖励。依托有关专业组织、教科研机构等开展劳动教育经验交流和成果展示活动,激发广大教师实践创新的潜能和动力。积极协调新闻媒体传播劳动光荣、创造伟大思想,大力宣传劳动教育先进学校、先进个人。